Frank Schäfer

ICH BIN DANN MAL WEG

MAL WEG

STREIFZÜGE DURCH
DIE POP-KULTUR

Schwarzkopf & Schwarzkopf

INHALT

II. Das ist die Art von Gewalt, die wir sehen wollen. Die 80er Jahre

III. If You Want To Be Free. Die frühen Jahre

7

I.

WILLE UND TRIEB

Die 90er Jahre bis heute

Niedersachsen entschlackt

Autofahren macht ja keinen Spaß mehr, wenn einem die Haare schon langsam aus den Ohren wachsen, erst recht nicht im Niedersächsischen ab Mitte Mai, denn da ist alle Jahre wieder – Spargelzeit. Der Hutträger im 300er Benz vor einem sitzt ständig auf der Bremse und hält Ausschau. Sechsmarkfünfzig das Pfund, aber unsortiert. Lieber nicht, nachher sind da zuviele Strippen mit bei, die kann »Mutti« nicht richtig schälen. Weiter. Achtmark erste Sorte, in die Eisen, links raus, auf die paar Mark kommt es jetzt auch nicht mehr an. Kommt es natürlich doch. Vor allem, wenn man einen 300er Benz fährt – das sind immer noch die schlimmsten Knauserköppe.

Ich halte nicht an, nicht mal für Achtmark erste Sorte, denn Spargel macht Stunk. Den regulären Niedersachsen ficht das aber nicht an, er ist sturmfest und an der Erbse verwachsen. Das kommt vom vielen Spargelessen. Ob mit Klößen, Schinken oder Schnitzel, 8 Wochen im Jahr versenkt er die versauten weißen Erdstrünke dutzendweise in seinen vom Doppelkorn schon ganz hornhäutigen Schlund. Denn Spargel entschlackt, und das Entschlacken nimmt er ernst, der Niedersachse, und viel mehr macht er denn auch nicht in den 8 Wochen der Ernte. Entschlacken. Wer dann in Peine, Celle oder Braunschweig das Pissoir aufsucht, der riecht es schon von weitem: Niedersachsen entschlackt. Und man kehrt unverrichteter Dinge wieder um, so dringend ist es nun auch wieder nicht. Es sei denn, man hat zuvor das Tagesmenü gewählt und sich bei der obenanstehenden »Niedersachsensuppe« nichts Schlimmes gedacht. Das sollte man aber, denn darin schwimmen kurze weiße Stifte. Die »treiben«, und dann ist es plötzlich doch dringend.

Auf dem Abtritt erfährt man die merkwürdigsten Sachen. »Wenn's nach mir ginge, könnt's je'en Tach Spargel gehm«, knödelt ein Wesen breitbeinig hervor und läßt dann langgezogen sein Gekröse sprechen. Es ist also ein Schwein. Die augenscheinlich befreundete Kreatur nebenan imitiert einen Lachsack und gnibbelt sich etwas Beifälliges aus seinen Wurstlippen, das nicht mal seine Mutter verstanden hätte. Es klingt wie: »Dakanzulautsan!« Nur noch die Marmorausbuchtung zwischen diesen beiden Urviechern ist frei, und der Spargel tut das, was er immer noch am besten kann: »treiben«. So stelle ich mich also dazu, und sie verstummen schlagartig. Hier bist du nicht erwünscht, denke ich noch. Und in der Tat, nur allzu deutlich geben sie mir zu erkennen, daß ich ein angeregtes Gespräch gestört habe. Das war nicht meine Absicht, aber nun ist es mal passiert. Um die Situation etwas zu entspannen, pfeife ich die Melodie vom »Jäger aus Kurpfalz«, werde aber durch wütende Blicke demoralisiert und breche schon bald wieder ab. Für eine quälend lange halbe Minute stehen wir nun schweigend nebeneinander, und die gekachelten Wände verstärken alle unsere Geräusche ins unermeßlich Peinliche. Es macht keinen Spaß. Endlich gehen meine beiden Nachbarn mürrisch ihres Weges und entsorgen die Papierhandtücher, die sie sich vorher zum »Festhalten« gezogen haben. Das spart den leidigen Händewusch, wie praktisch! »Hastu gesehn? Dem wachsn ja schon die Haare ausn Ohrn raus«, sagt das Schwein, und dann höre ich nur noch das irre Kichern eines langsam leiser werdenden Lachsacks ...

Auf dem Weihnachtsmarkt

»Wie die Engländer an der Bushaltestelle«, sagte meine kluge und weitgereiste Begleiterin, als wir auf die wahrhaft akkurat eingenordete Menschenschlange stießen und scheinbar endlos neben ihr her defilierten. Fast hätte ich mich auch angestellt. Hier gab es doch augenscheinlich etwas umsonst!? Meine Begleiterin indes war zu klug und zu weitgereist, zog mich einfach fort, und ich dankte es ihr bald darauf mit einem sanften Händedruck. Denn am vielfräßigen Kopf der Schlange gab es doch nur »Einen halben Meter Wurst im Brot«.

»Komm doch weg hier«, flehte sie nun, und ich gab ihr gerne nach. Wir ließen uns eine Weile treiben mit dem nach rechts abbiegenden Humanoidenstrom. Einfach so. Vorbei an der »Schreinerwerkstatt«, die Selbstgedrechseltes für das Kind ab vierzig feilbot, vorbei an der »Jumbowaffeltüte« und auch noch vorbei an »Warmes aus Wolle«, dessen Verkäufer so ein breites Grinsemaul herzeigte, als hätte er sich die Stricknadel quer eingezogen. Am Karussell staute es sich, wie jedes Jahr. Da muß man dann zuhören. Zwei elegante Kaschmirmäntel vor uns, so der Typ feister Kleinunternehmer oder Bundeskanzler, nutzten die Gelegenheit.

»Eng wie inner Jungfrau hier«, schrie der eine den anderen an.

Ja, und beifällig brandete auch schon Gelächter herüber. Aber der andere retournierte sogleich, schließlich stand seine Krämerehre auf dem Spiel: »Kannste wenigstens nich umfallen.«

Neidlos koyotete da sein fideler Kollege in die kalte Winternacht. Und diesmal mußte sie auch gar nichts sagen. Ich kam von ganz alleine mit. Zu den Bilderbüchern. Dickbäuchige, aber trotz ihres immensen Übergewichts freundlich lachende Nilpferde sah man da herumtollen, Pinguine im Frack, viele Elche auch.

Hier ist es schön, dachten wir wohl beide, da drängelte sich ein anämisches Wesen mit ganz dunklen Augenringen zwischen uns. Sie trug einen Evergreen, einen Jeanszweiteiler, die Jacke mit obligatem Fellkragen, und hatte eine rote Weihnachtsmann-Mütze auf.

Sie besah sich das Bilderbuchangebot, und ihre Augenringe wurden dunkler und dunkler.

»Habt ihr auch was über Trennung?«

» – – – Trennung?« Wie soll ich jetzt den Gesichtsausdruck der hilflosen, aber natürlich auch ungelernten Buchhändlerin beschreiben? Inständig baten ihre Augen um Beistand, aber ich Feigling stellte mich lesend.

»Ja ... Scheidung«, versuchte sie es noch einmal.

»Ich habe leider nur Weihnachtsgeschichten da«, murmelte die Verkäuferin verzweifelt. Was in gewisser Weise ja einleuchtete. Die Melancholia in Jeans nickte denn auch verständig und ging wortlos davon. Wir blickten ihr noch lange hinterher. Wahre Trauer hat keine Worte.

Open Air

Oder: Neulich beim AC/DC-Konzert um halb elf

No Pain, No Gain, so dachten wir wohl alle,
geduldeten uns schön. »Die kommen gleich«,
versetzte diese pralle platinblonde Schnalle
neben mir und schaute arg gedankenreich.

Endlich Umbaupause. »Hab ich doch gesagt«,
triumphiert die hochtoupierte Metalmaus.
Noch ein Schlückchen schwarze Brause,
mitgebrachtes Hühnerbeinchen abgenagt
und dann konzentrieren, Augen immer geradeaus.

Wie erwartet, wall of sound, Distortion satt.
Johnson auch ganz gut bei Mörder-Messer-Stimme.
Immer mal so zwischendurch zeigt die Lead-Gitarre
ihre vielen forschen Watt
Angus indes, auf dem Höhepunkt der Show, die Kimme.

Nachher noch sein langes Solo und der Ritt
auf des Lieblingsroadies Schultern durch die Menge
dummerweise spielt nun gerade heute der
Gitarrensender nicht mehr mit
und des Mixers Antlitz zieht sich ergo ganz schön in die Länge:

Der nun dreht dem Reitenden den Hahn zu.
Bruder Malcolm aber, von Beruf der Rhythmuskärrner,
plays on ten.
Was nicht heißen soll, daß diesem Stoiker der kreative Wahn nu'
packt, viel lieber übt er sich derweil in Zen,
schlägt das drei Akkorde-Riff fürder und schlägt und schlägt,
schon beim zehnten Durchlauf hat sich's bei uns unauslöschlich
eingeprägt.

Langsam, blutorangen sinkt die Sonne hinters Stadionrund –
geht dann plötzlich wieder auf, erstrahlt in purpurn Lichte und

seine abgewichsten Griffe klingeln nun wie hellster Glockenschall,
alles, und ich meine wirklich alles, bleibt wie angewurzelt stehen:
Malcolm in der Rhythmus-Mühle bringt nichts mehr zu Fall –
ach, verweile doch Moment, du bist so schön!

Wille und Trieb

Jetzt aber mal ein paar eherne Worte unseren vielen Studenten ins Stammbuch. Spätestens ein Semester vor dem geplanten Studienende sollte man nicht versäumen, sich mal ein paar Gedanken um seine Zukunft zu machen! Denn natürlich kann dieses unbeschwerte Lotterleben bar jeder Verantwortung (wenn Sie sich das unbedingt bildlich vorstellen wollen, denken Sie einfach an offene Haare im Wind oder an eine gewaltige Kneipentheke, die wie die chinesische Mauer langsam am Horizont verschwindet), kurzum: dieser schier endlose Sommer kann eben nicht endlos so weitergehen. Für alle, die sich aus individuellen, familiären oder gar volkswirtschaftlichen Erwägungen schließlich doch noch für den Berufseinstieg oder für eine akademische Laufbahn entscheiden, wird es nun Zeit für die »Zeit« und ihren Stellenteil. Nicht daß es viel Sinn hätte, dort Anzeigen durchzuforsten – es sei denn, Sie sind »weit unter 25«, »eine 100 % parkettsichere und formvollendete Dame«, »sprechen sieben bis zehn Fremdsprachen«, haben »langjährige Erfahrung in Führungs- und Leitungsfunktionen«, vor allem aber einen »katholischen Glauben und eine lebendige Beziehung zur Kirche«. Wie gesagt, Sinn hat es wenig – da können Sie suchen, bis Sie einen schwarzen Zeigefinger haben.

Aber keine Regel ohne Ausnahmen: bisweilen findet man eben doch etwas Passendes. Die Uni Bremen beispielsweise benötigt für ihr DFG-gefördertes soziologisch-historisches Forschungsprojekt »Wille und Trieb« »dringendst« einen neuen wissenschaftlichen Mitarbeiter. Die Projektgruppe analysiert Straftaten, die gemeinhin als »grauenerregend« gelten. Interessant, interessant, denken wir und rufen beim verantwortlichen Institut für Empirische und Angewandte Triebforschung an. Glücklicherweise befindet sich der Institutsleiter gerade auf Exkursion bei den Menschenfressern am Kap, so spreche ich mit seiner übernervösen, aber überaus leutseligen Sekretärin, die mich über die Hintergründe der Stellenausschreibung aufklärt. Der vorherige Assistent war ebenso plötzlich wie spurlos verschwunden; nach einigen Tagen bekam dessen verzweifelte Frau eine große, nicht bestellte Lieferung Dosenwurst nebst einem Begleitschreiben, aus dem hervorging ... na, Sie wissen schon. Seine eigene Mutter hat ihn nicht mehr wiedererkannt. Die Anzeige habe ich dann weggeworfen – war auch nur 'ne halbe Stelle.

Auch der Düsterweg Verlag wartet mit Interessantem auf – und sucht zur Verstärkung seiner Belletristik-Redaktion eine Volontärin für Gewaltpornographie:»Sie haben ein Studium der Medizin (Spezialgebiet Urologie) abgeschlossen und bereits gewisse ›Erfahrungen‹ mit diesem ›Medium‹ gemacht. Sie sind nicht zugeknöpft, sehr phantasievoll, nicht nachtragend, haben Lust auf große Aufgaben und nehmen gern selbst mal das Ruder in die Hand. Bei uns erwartet Sie ein junges, gesundes und engagiertes Team von Redakteuren und Autoren. Sie lernen die gesamte Bandbreite der Gewaltpornoproduktion kennen und können schon nach kurzer Zeit bei der Bewältigung unserer Aufgaben mit anpacken. Das Volontariat ist auf ein Jahr befristet.« Nun, für ein Jahr kann man das ja mal machen.

Opera Inedita Schmidtii

Auf meinen Exkursionen als Forschungsreisender in Sachen Literatur machte ich vor einigen Wochen halt in Darmstadt, genauer in der Inselstraße 42. Hier müßten Kenner eigentlich aufhorchen, denn ebendort befand sich ja einstmals Arno Schmidts verhaßtes Hessen-Domizil. Für solche Fälle wohlvorbereitet, wählte ich Plan B, verkleidete mich wie gewohnt als Telekom-Mitarbeiter, verschaffte mir beim vermeintlichen mit ballonseidenen Beinkleidern angetanen Hausmeister Einlaß, verfügte mich in den weitläufigen Keller und begann nun zu suchen. Die ersten zwei Stunden Stöberei waren aufschlußreich (was die Leute alles wegschmeißen!), aber leider gänzlich erfolglos, naja, bis auf die vollständige Sammlung »Cobra«-Comics aus den Spätsiebzigern, die ich unbemerkt in meinem geräumigen Lieferwagen verschwinden ließ. Es fand sich jedoch nichts, das man mit dem wohl bedeutendsten deutschen Erzähler der Nachkriegszeit hätte in Verbindung bringen können. Dann jedoch bemerkte ich eine Mauerwand, die jünger zu sein schien als der Rest des labyrinthischen Kellergewölbes, höchstens 40 Jahre (man bekommt so einen Blick dafür). Glücklicherweise habe ich immer passendes Werkzeug dabei, schon nach einer guten Viertelstunde strammer Arbeit am Vorschlaghammer war der Durchbruch geschafft, und ich schlüpfte hinein. Links von mir in der Ecke stand eine mittelgroße, übervolle Schatulle, deren papierner Inhalt an allen Seiten herausquoll. Auf dem Deckel der Kiste las ich eine lateinische und im Strahl meiner abenteuererprobten Osram-Grubenlampe hübsch fluoreszierende Aufschrift, die mir für Sekunden den Atem raubte: »Opera Inedita Schmidtii«. Unveröffentlichte Werke Arno Schmidts! Ich stürzte mich darauf, nahm das erstbeste Blatt heraus, las, und mir blieb fast der Verstand stehen. Durch seine Diktion, vor allem aber durch das aus den »Stürenburg-Geschichten« wohlbekannte Personal ließ sich dieser Text eindeutig als eine Erzählung Arno Schmidts bestimmen. Das launige Schicksal hatte mir hier einen kleinen literarischen Schatz in die Hände gespielt, und ich will nun auch nicht anstehen, ihn mit dem interessierten Publikum zu teilen, mithin die Manuskripte peu à peu zu veröffentlichen. Der Schatullen-Reihenfolge entsprechend, beginne ich hier erst einmal mit der schon genannten obenaufliegenden »Stürenburg-Geschichte«. Der Abdruck folgt philologisch akkurat dem Typoskript; rechts oben auf dem ersten Blatt steht eine handschriftliche Notiz: »Taugt nichts!!! Zu nüchtern beim Schreiben!«

Saurer Hering.

Der blutrote Burgunderschinken hing fest am Himmelshaken. Vom Dümmer rollte ein Windwalze heran, und das trockene Laubicht nahm angstvoll davor reißaus. Die nicht ungeräumige Terrasse von Vermessungsrat a.D. Stürenburg frischte merklich auf. Und natürlich flüsterfragte zuerst Frau Dr. Waring, die am wenigstens zuzusetzen hatte – ihr Hautana höchstens Größe 4 ! – : ob man ›nicht lieber ins Haus gehen solle, es sei ja doch hohe Zeit‹; und befahl dann ammenhaft ihrer Nichte:»Emmeline, knöpf' deine Strickjacke zu, du bist doch so empfindlich !« Die Witwe hatte – wie auch ich! – bemerkt, daß ihre Spitzbrüste sichtbarlich durchs Leibchen piekten.

Auch Apotheker Dettmer schlug ein dürres Armkreuz und rieb sich höchst ostentativ die Schultern, der Schüdderump; trompetete dann ängstlich=sorgsam in seine phalltige Brasil. Hauptmann von Dieskau führte noch geschwind zwei Slibowitze an den hageren Atheistenschädel, verzog aber jedesmal flämisch=ungläubig das schmale Gelippe ob solcher Zivilistereien. Stürenburg und ich willfahrteten umstandslos.»Nu«, nickte der Vermessungsrat noch seinem Faktotum Hagemann zu; der verstand's auch gleich und packte grämelnd à la ›muß wohl sein‹ die schon nicht mehr so volle Schwedenplatte; trug sie uns hinterher.

Drinnen wartete Stürenburg duldsam lächelnd, bis sich Alles behaglich ins ledrige Sesselrund geschmiegt hatte und hob wie immer seufzend an :»Tjaaa« – (des Hauptmanns Kreolengesicht wurde noch skeptischer; Dettmer nahm sich männlich die zweite Zigarre) – und dann erzählte er :»Ich war noch ein ganz junger Mensch damals, noch mitten im Studium, da nahm unser Professor mich und ein paar vertraute Kommilitonen mit auf eine Exkursion: nach Celle; zum Spaß und zur Übung ein wenig die Heide auswinkeln sollten wir dort und seinen Lehrer, den alten Vermessungsrat Krause, damals schon a.D. wie ich, um den sich so manches Legendchen rankte, kennenlernen. Nun, einen gab es unter uns, ein roher, ungeschlachter Naturmensch, so gar nicht nach meiner Weise, Klinger mit Namen – «

»Wie das Kraftgenie, dem der ›Sturm und Drang‹ seine Benennung verdankt«, versetzte Dettmer pennälerhaft=beflissen, erschreckte sich aber sogleich gebührend, als Stürenburg ihm mit einem dräuenden Zigarrenwink zu schweigen gebot.»Ach Emmeline, bestes Kind«, rief nun auch Frau Dr. Waring mit besorgtem Gesicht, froh über die Unterbrechung,»geh’ doch in die Küche und schmiere uns noch ein paar Brötchen!« Zum Hausherrn mit siegesgewissem Lächeln:»Nur wenn sie darf!?!« Stürenburg nickte gravitätisch, – und Sie schob maulend ab, gefolgt von meinem langen Blick, den der Alte mit einem feinen Lächeln bedachte; paffte noch ein-, zwei-, dreimal beschaulich und fuhr dann fort :

»Klinger hatte auch schon seinen geliehenen Theodoliten zu Klump geschmissen und derlei andere grobe Alfanzereien angestellt. Meinen lieben Freund Heinz zum Beispiel, er ist später im Krieg gefallen,« Stürenburg schnob tollwütig durch die Nase –»hat er des Nachts in einen Düker gestoßen, – und dafür selbstredend zwei saftige Ohrfeigen gehalten. Wir waren nämlich spät noch einmal ins Feld gefahren und hatten uns die prächtigen Orioniden angesehen, die just in dieser Zeit, es war der 20. Oktober, tja, wohl 1926, verläßlich schwärmen.« Von Diskau rasselte säbeln dazwischen:»Nur zwei Wochen zuvor ward General von Seeckts Chef der obersten Heeresleitung – « und sein haariger Handrücken wienerte hausfraulich das EK Erster.

Stürenburg nickte :»Und nun saßen wir jungen Geodätchen zum Mittag beim alten Krause in der Stube. Man sah zum Fenster heraus auf eine gleich unten befindliche Fleischbude. Auf einmal fing Klinger beim Anblick der schönen Schöpskeule auf der Tafel gewaltig über die Ausartung des Menschengeschlechts zu wehklagen an, und pries das Zeitalter, wo die Menschen das Fleisch noch roh verzehrt hätten. Der ehrwürdige Rat fragte, ob er nicht Lust habe, zur Ehre jener Heroen ein Stück rohes Fleisch sogleich auf der Stelle zu verschmausen. ›Warum nicht?‹ beschied Klinger. Man wettet, und der alte Rat läßt augenblicklich durch seinen Bedienten« – (Hagemann schüttelte bedenklich den Kopf, ›was das wohl wieder gibt‹) – »ein Pfund Fleisch in seiner natürlichen Sauce heraufholen. Klinger schaut einmal triumpfierend in die kleine Runde und verschlingt spornstreichs die gut drei Pfund.«

Frau Dr. Waring legte das angebissene Brötchen zurück; keiner sagte ein Wort. Zufrieden klopfte Stürenburg das graue Mehl von der guten Zigarre. »Nun, der Rest des Tages verlief ohne weitere Vorkommnisse. Wir fuhren nach Göttingen zurück und gaben uns desweiteren nicht mehr mit ihm ab, hörten aber einige Wochen später, er habe sich einen Bandwurm geholt. Unsereins lachte nicht wenig darüber, denn wir wußten ja woher.« – »Während gegen die meisten Cestodes wirkungsvolle Präparate zur Verfügung stehen,« pschyrembelte der Apotheker schuldig=achselzuckend, »fehlen weiterhin finnenwirksame Arzneimittel.« Emmeline brachte die Brötchen. Aber – : »Tee fehlt auch noch«, sagte die Witwe entschieden; und schon schmollte sie wieder davon.

»Das Dumme war nur, dieser Kraftkerl wollte sich natürlich von keinem Arzt behandeln lassen.« – »Und? Ist er dran krepiert?« Als Infanterist war Dieskau an Verluste gewöhnt. »Neinnein«, beeilte sich Stürenburg, er geriet vorher an ein altes Hausmittel; ein stadtbekanntes Kräuterweib, das damals in der Judengasse wohnte, hatte es ihm verraten.« (Dettmer rückte nun näher heran, ›vielleicht fiel ja was dabei ab‹.) »Er hängte sich einen sauren Hering, an dem eine feste Angelschnüre befestigt war, tief in den Schlund, und als der Plattwurm angebissen hatte, zogen ihn zwei Verbindungsbrüder mit roher Gewalt und unter großen Schmerzen ans Tageslicht.« Die Witwe stöhnte auf; Dettmer fiel in sich zusammen. Nur der Hauptmann bemühte sich um Haltung. Hagemann, der sich abseits aufgestellt hatte, trat nun in unseren Kreis und breitete die mächtigen Arme aus: »Das können solche Kawennsmänner werd'n, so einen hab' ich selbst mal gesehen.«

An diesem Abend nahm selbst Dieskau nur mehr ein paar Cognäckchen zu sich.

Meine Himmelsleitung
bricht niemals zusammen

Etwas am Rande des bundesdeutschen Blätterwalds gedeiht eine gesunde und im Vergleich mit so manchem anderen Bäumchen sich ganz prächtig ausnehmende Eiche – der »Kriegsruf«, die »Zeitschrift der Heilsarmee«, die schon seit geraumer Zeit allen modernen und dennoch gläubigen Menschen Woche für Woche die christlich-spirituelle Atzung kredenzt, der sie so dringend bedürfen.

»Die Heilsarmee ist eine internationale Bewegung und Teil der universalen christlichen Kirche«, verkündet die Satzung betont sachlich. Gegründet wurde sie von William Booth (nicht »Booze«, wie atheistische Scherzbolde bisweilen glauben machen wollen); ihr derzeitiger Befehlshaber, wenn wir mal für einen Moment vom Herrn der Heerscharen absehen, ist General Paul A. Rader, ihr »Territorialleiter« für Deutschland Oberst Siegfried Clausen. »Der Kriegsruf« ist das »offizielle« Truppenorgan. Stellvertretend für viele andere wirklich sehr gelungene Ausgaben möchte ich an dieser Stelle Heft Nr. 27 vom 4. Juli 1998 herausgreifen und etwas eingehender vorstellen, weil es die Stärken dieser Zeitschrift in, ja sagen wir ruhig: archetypischer Weise offenbart. Wir haben es hier mit einem Themenheft zu tun, in dem sich alles ums Telefonieren dreht. Im ersten Beitrag, für den wohl die alerte Redakteurin Frau Majorin Evelin Binsch verantwortlich zeichnet, wird sehr schön herausgearbeitet, was den normalen Handy-Besitzer von Gott unterscheidet: »Ich persönlich habe die Erfahrung gemacht, daß Menschen – trotz Handy – oft nicht zu erreichen sind, wenn man sie wirklich braucht. (...) Wer will denn schon wirklich rund um die Uhr überall erreichbar sein? Wohl niemand! Doch, einen kenne ich: Sein Name ist Gott. Seine Nummer besteht nicht aus einer Aneinanderreihung von Zahlen, sondern er ist unter einem Wort mit fünf Buchstaben zu erreichen: GEBET. Wir können ihn jederzeit ›anrufen‹ – und zwar gebührenfrei!«

Dieser kräftige Besinnungsaufsatz wird flankiert von einer wie gewohnt spritzigen Glosse der beliebten Gastkolumnistin Frau

Kommandeur Flora Larsson, die ganz ähnliche Erfahrungen gemacht hat:»Meine Himmelsleitung bricht niemals zusammen oder verstrickt sich mit denen anderer Menschen, so daß ich Teile ihres Monologes und sie Teile meines mit anhören können. Das fände ich sehr peinlich! Außerdem fallen keine Gebühren an, denn von dir kommt keine Rechnung, Herr. Ich muß für dieses Vorrecht auch keine Grundgebühr bezahlen. Danke, Herr – ein großes Dankeschön!« Und einer Erleuchtung gleich wird dem Leser jetzt auch langsam das intrikate Motto verständlich, mit dem sich die Titelseite schmückt:»Gottes Angebot (zum Nulltarif): Rufe mich an in der Not, so will ich dich erretten, und du sollst mich preisen. Psalm 50, 15.«

Aber das ist längst nicht alles. Ziemlich unter die Haut geht der Artikel»Wenn Gott ruft ...« aus der beliebten Serie»Blickpunkt Kuba«, in dem wir Zeuge werden, wie die atheistisch (am Ende wohl gar kommunistisch?) erzogene Katerina»erste Erfahrungen« mit der Liebe Gottes sammelt – und sich ihm schließlich ganz hingibt:

»Eines Tages erkrankte Katarina und suchte einen Arzt auf. Weil sie starke Schmerzen hatte, gab ihr der Arzt eine Spritze. Aber die Schmerzen blieben. ›Ich kann außerdem noch etwas für sie tun‹, sagte der Arzt. [Und trillerte dabei vermutlich auffordernd mit der blutroten, unnatürlich weit herausgestreckten Zunge, F. S.] ›Was meinen Sie?‹ fragte Katerina, und als er antwortete ›ich kann für sie beten‹, war sie geschockt. (...) Bevor sie noch irgend etwas tun konnte, begann der Arzt zu beten, und sie fiel in tiefen Schlaf. Als sie wieder aufwachte, waren die Schmerzen weg, und seitdem hat sie nie mehr so starke Schmerzen gehabt.« Im Gegenteil, die »Gebete« haben ihr von Mal zu Mal mehr »Glückseligkeit« geschenkt, sie wollte sie schließlich gar nicht mehr missen. Allmächtiger, sind wir nicht allzumal arme Sünder?

Aber so langsam geht die wahrlich kurzweilige »Kriegsruf«-Lektüre nun auch ihrem Ende zu. Am Schluß jeder wöchentlichen Glaubensschlacht werden, wie bei einer richtigen Bataille, die Verluste gezählt. Allein, bei den Soldaten Christi wird natürlich nicht ordinär

»gestorben«, »dahingerafft« oder »abgenippelt«, sondern preußisch stramm »zur Herrlichkeit befördert«. Wenn schon, dann soll es sich ja schließlich auch lohnen. Und so einen richtig pflichtschuldigen Heilsarmisten, den kann man eben nur mit einer waschechten Beförderung ködern.

Wie gefährlich ist die Nuckelflasche?

Ein Kind zu bekommen, ist für »beide« nicht leicht. Die Welt färbt sich aschgrau. Man fühlt sich hilflos, vom Schicksal furchtbar verdroschen. Und es tut weh. Junge Eltern nehmen fremden Ratschlag daher bereitwillig an, wenn es die ersten Entscheidungen zu fällen gilt, die ja das weitere Leben des neuen Erdenbürgers so maßgeblich determinieren. Nicht von der Oma, wie es alter Brauch wär', sondern viel lieber, eigentlich am liebsten von »amerikanischen Wissenschaftlern«. Und wenn die Belehrung dann auch noch ganz umsonst ist, dann hat man es sogar am allerliebsten, denn die Fixies »Wohlfühlwindeln« sind teuer, das niedliche Strickjäckchen spannt auch schon wieder über dem gar nicht mal so kleinen Wanst, und die wöchentliche Krabbelgruppe mit anschließendem Frustsaufen der Herren geht auch ganz schön ins Geld. Gut, daß hier die Zeitschrift »Baby«, das Apothekenpendant zur »Bäckerblume«, in die monetäre Bresche springt und praktische Aufklärung an der Basis leistet. Es macht schließlich sonst keiner. Und es gibt so viele Fragen. Was etwa ist zu tun, wenn der kleine Wurm Blähungen hat wie ein Großer? Zum Weglaufen ist das. Was also tun? Sich damit abfinden? Abwinken à la »ganz die Mutter«? Nein, der verantwortungsbewußte »Baby«-Leser greift zur »Windsalbe®«: »Beugen Sie natürlich vor: Bäuchlein freimachen. Windsalbe um den Nabel kreisförmig einmassieren.« Und dann nur weg. Schnell wie der Wind.

Ohnehin muß das Problem erst noch geboren werden, das von diesem Fachblatt nicht gelöst wird. Zum Beispiel haben kranke Bälger oftmals keinen großen Appetit. Gibt es ja gar nicht, beruhigt der weltweise Babybote da: »Lieblingsspeisen rutschen immer«! Ansonsten rät man zur Besonnenheit, gerade wenn die kleinen Larven sich mal wieder etwas anstellen oder simulieren: »Zwingen Sie Ihr Kind nicht zum Essen – der Körper holt sich, was er braucht.« Und fürs Frühstück hat man sich ein besonderes Schmankerl ausgedacht: »Lustige Kinderflakes in Form von Tieren, Märchenfiguren oder Früchten verführen auch kleine Frühstücksmuffel zum

Löffeln. Günstig: wenn Sie auch ungesüßte Flocken dazumischen.«
Ungünstig: wenn Sie kübelweise nachsüßen müssen, weil der Pamps
sonst stehenbliebe.

Aber das Hochglanzmagazin weicht unpopulären Fragestellun-
gen keineswegs aus – etwa:»Wie gefährlich ist die Nuckelflasche?« Und es stellt gern Erfin-
dungen vor, mit denen die Last des Elternwerdens sich in eine ein-
zige Lust verwandelt. Im instruktiven Februarheft stoßen wir zum
Beispiel auf die – wenn man den vielen überzeugten Benutzern
Glauben schenken darf – phänomenale, noch dazu recht vielfältig
einsetzbare »Avent Isis-Milchpumpe«. »GK« aus Monheim zum Beispiel ist dummerweise etwas grobmotorisch disponiert, aber selbst
sie schwärmt:

»Besser als jede elektrische Milchpumpe und natürlich wesent-
lich handlicher.« Natürlich! »ND-C« aus Velbert ist eine moderne
souveräne Frau mit einem ausgeprägten Bedürfnis nach Selbstbe-
stimmung und Bewegungsfreiheit – und auch sie kann sich eines
kleinen zufriedenen Schnurrers nicht entraten: »Die Pumpe hat mir
Unabhängigkeit gegeben. Sie war sehr sanft und hat mir die Still-
zeit sehr angenehm gemacht.« Sogar ein Ehemann meldete sich zu
Wort, »HS« aus Böhlen , offenbar ein passionierter Hobbyklemp-
ner mit leicht sadistischer Ader: »Sehr bedienerfreundlich. Vor
allem gefällt mir das einfache Zusammensetzen der Teile und daß
ich den Pumprhythmus selbst bestimmen kann.« Der Onanist »BS«
aus Würzburg hingegen hat das Gerät einfach ins autoerotische Lie-
besspiel eingebaut – mit großem Erfolg: »Klein, handlich und
unglaublich effektiv.

Ich hätte nie gedacht, daß eine Handmilchpumpe soviel Kraft hat
und dabei so sanft ist.« Und auch die karrieregeile, besetzungscou-
cherprobte Schauspielmutter hat mit der Milchpumpe nur gute
Erfahrungen gemacht: »Seit zwei Wochen gehe ich wieder arbeiten. Es war kein Problem, im Büro die Pumpe anzuwenden, da
innerhalb von 5 bis 10 Minuten alles erledigt war.« Man muß es
wohl glauben, hier hat die Wissenschaft wirklich einmal neue Wege
gewiesen.

Und nach der Lektüre dieses feinen Journals? Butter bei die Babys – und rasch bei »Baby Butt, Buttstraße 2, 86646 Buttenwiesen« den neuen Katalog angefordert! Denn dort finden Sie so ziemlich alles: »für die werdende Mutti Tag- und Nachtwäsche«, »komplette Erstlingsausstattungen« – und »Hochstühle«. Niedlich, sogar für den Kleinen vom Förster ist etwas dabei.

Wenn Höllenhunde zum Gebet bellen

Braunschweig? Puha, werden Sie denken, jetzt fährt er aber ganz schweres Geschütz auf, denn hier, das weiß die Republik nicht erst seit gestern, hat die Obszönität ihre Heimstatt: Trinken Wolters, haben den Hitler satisfaktionsfähig gemacht, lesen Wilhelm Raabe! Ach, die Tasse wäre allzu trüb, wenn nicht gelegentlich der Polit-Clown Gerhard »Heimbs Kaffee« Glogowski mit seinen kleinen Eulenspiegeleien für gute Laune sorgte. Seit einiger Zeit nun schon freut man sich hier an der Schunter über ein splendides Stadtmagazin. Das nennt sich »X-Rated« und ist im deutschsprachigen Raum zur Zeit das maßgebliche »Organ« für den Horror- resp. Gewaltporno-Film, jene beliebten und interessanten Sujets, die im bürgerlichen Feuilleton leider immer noch ein Schattendasein fristen.

Der Macher dieser Hochglanzgazette heißt oder nennt sich doch zumindest Andreas Bethmann und führt im Brotberuf den Video-Verleih AB VIDEO-PRO – klingt nicht doll, aber Obacht! hinter diesem unscheinbaren Namen verbirgt sich Niedersachsens heißeste Adresse für Bückware jeglicher Couleur. Bethmann, der Antichrist, der noch nie eine Kirche von innen gesehen hat, kennt die Szene wie kein zweiter. Er hat Bücher geschrieben (u.a. über den »König der Sexploitation« Jess Franco, der auch dem Laien mit seinen »Mondo Cannibale«-Streifen noch in guter Erinnerung geblieben ist), er hat Director's-Cut-Versionen von Horrorklassikern »besorgt«, selbst Regie geführt bei semiprofessionellen, aber immer gut ausgeleuchteten Slasher-, Splatter- und Fickel-Movies – und wenn er zur Feder greift, spritzt Herzblut. Mit diesem Doyen des Horrors an der Spitze, der die »Freiwillige Selbstkontrolle« für einen kaum wiedergutzumachenden Fehler hält, ist »X-Rated« mittlerweile zu einem Spartenblatt avanciert, zu dem es keine ernstzunehmende Alternative gibt. »Das Magazin mit dem besten Preis-Leistungs-Verhältnis«, tönt Bethmann selbstbewußt. Und er hat recht. Denn für fünf lumpige Mark hält der Freund sinn- und mitleidloser Gewalt eine informierte, kritische, dabei immer

29

geschmackssichere und noch dazu reich bebilderte Postille in den Händen, die – von kleinen Startproblemchen vor allem auf dem syntaktischen und orthographischen Felde abgesehen – fast nichts zu wünschen übrigläßt.

Da lesen wir warmherzige Porträts über die künstlerisch oftmals stark angefeindeten Regisseure des Genres (etwa über Antonio Margheritt, der einem breiteren Publikum bekannt wurde durch Streifen wie »Vier Halleluja für Dynamit-Joe«, »Fünf blutige Stricke«, »In meiner Wut wieg ich vier Zentner«, »Einen vor den Latz geknallt« und nicht zuletzt »Höllenhunde bellen zum Gebet«); da gibt es Previews, Drehberichte und einen reichhaltigen Rezensionsteil, in dem nicht Zensuren, Punkte oder Sternchen, sondern, wie billig, Knochen vergeben werden – und dem man erfreulicherweise anmerkt, daß hier keine intellektuellen Wasserköppe und zynischen Mietschreiberlinge ihr kalkuliertes Handwerk verrichten, sondern passionierte Fans mit liebevoller Aufmerksamkeit ihren Gegenstand herzen: »Jeder kennt den Klassiker ›Man-Eater‹ von Joe d'Amato. Um so größer war die Freude, als ich diesen Film endlich auf DVD sah. Doch die Ernüchterung kam, als mir mein Händler versicherte, die beiden Szenen mit dem Embryo und den Gedärmen am Ende fehlen, also geschnitten.« Deshalb, folgerichtig, nur zwei Knochen.

Das Herzstück des Magazins sind aber seine sogenannten »Schnittberichte«, mutige, aufrüttelnde Analysen, in denen die Autoren geschnittene und ungeschnittene Fassungen miteinander vergleichen und die zensierten Passagen akribisch-minutiös, nein sekundös in aufrichtige und einfühlsame Worte kleiden – das auf so infame Weise zerstörte visuelle Erlebnis, man denke, durch die und in der Sprache restaurieren. Im jüngsten Heft nimmt sich der verdiente Mitarbeiter »Slasher« (ein Pseudonym!) »Die Nacht der Creeps« vor. Schnell wird die Handlung rekapituliert: »1957 landet in der Nähe einer US-Kleinstadt ein geheimnisvoller Trichter, der von einem Raumschiff abgeschossen wurde. Der Inhalt besteht aus einem Haufen kleiner Schleimraupen, den Creeps. Diese nisten sich in einem menschlichen Wirtskörper ein, der daraufhin zum mordenden Zombie wird.«Klingt schon mal interessant! Aber wirklich spannend ist es dann, wie Slasher der FSK den Spiegel vorhält und den ganzen Skandal vor uns ausbreitet. Das alles nämlich wurde uns bisher vorenthalten:»71:32 (2,5 sec) Nur in der TV-Fassung sieht man den Treffer im Schädel des Zombies und das anschließende Heraustreten der Creeps ...« Und das:»71:56 (11 sec) Es fehlt, wie Cindy mit dem Flammenwerfer noch einen Zombie verbrennt. Danach schießt sie noch einem Zombie in den Kopf, gefolgt von weiteren Creeps, die herausflutschen ...« Auch das noch:»72:45 (2 sec) Nachdem Chris auf den Untoten geschossen hat, fehlt auf Video ein Treffer ...« Man könnte so fortfahren.

Ganz milde, nachgerade vorweihnachtlich aber stimmt uns dann, daß selbst solche harten Hunde wie Slasher und Bethmann noch nicht abgestumpft sind von ihrem schwierigen, fast hätte ich gesagt: schmierigen, aber, wie wir gesehen haben, ja notwendigen Job. Beim italienischen Blut-und-Hoden-Streifen »Junge Mädchen zur Liebe gezwungen« etwa verschlägt es sogar ihnen die Sprache:»Der Film ist super krank und bekommt 10 Punkte auf der Skala der frauenfeindlichen Richterskala. Daß die ungeschnittene Version bei uns verboten wurde, ist sicherlich in ganz kleinem Maße verständlich.« In ganz kleinem Maße! Man sieht, hier schreiben keine verbohrten Ideologen, sondern kritische Aufklärer, die sich ihrer Verantwortung jederzeit bewußt sind. Einmal »Skala« müssen wir allerdings abziehen.

In der Spur bleiben

Ich saß in meinem Wohnzimmer, vor dem größten Fernseher der Welt. Es war Mittag, und ich befand mich in einem Zustand ziemlich übler Konfusion. Ich denke, Ihr versteht das. Wenn sich alle gegen einen verschworen haben: Frauen, Freunde, der Kerl vom Feuilleton, das Wetter und die Hunde. Am Ende fühlt man sich wie ein Wurm, der von einem Angler aus der Büchse genommen wird und gleich am Haken zappelt. Man hockt da und wartet, als würde man an der Bushaltestelle auf der Bank sitzen – und den nächsten Bus steuert der grimmige Schnitter.

Da kam die Neue von Tom Waits. Rezensionsexemplar. Der aufmerksame Letterman brachte sie bis an die Tür. Darauf erst mal einen doppelten Robby 54. Zum Henker, die Lux waren alle. Ich mußte heute also doch noch mal raus und dachte bei mir: In dieser Welt, das weißt du nun, muß Gott dem Teufel dienen.

Nach den drei Etagen Treppensteigen war mir hundeübel, ich schaffte es gerade noch aus dem Haus und reiherte lange in den Garten nebenan. Die ältere Dame aus dem Erdgeschoß, die sich für einen geringen Mietnachlaß um den Vorgarten kümmerte, hatte wieder mal alles gesehen und kam recht behende anschlawienert.

»Das machen Sie aber weg«, ging die Sirene, »das machen Sie sofort weg!«

Ich wischte mir den Mund, schon wieder voll da. »Gute Frau«, begann ich langsam und fühlte mich dabei wie ein alter Mann, »da nehmen Sie einen Spaten, stechen das betroffene Gebiet großzügig ab und werfen es hernach auf den Kopf ...«

»Das ist doch ...«

»Und wir sprechen einfach nicht mehr von diesem kleinen Malheur, ja?« Ich warf ihr noch eine Kußhand zu und ließ sie stehen.

Am Kiosk standen drei Ballonseidene, sie begrüßten mich mit meinem Vornamen, was mir irgendwie zu denken gab, und tranken Wolters. Ich ließ mich heute auf keine Diskussion mehr ein, nahm die zwei rotweißen Päckchen und schlurfte wieder zurück in meine Wohnung – zu Tom Waits.

Immerhin, seit sechs Jahren das erste Lautzeichen vom Drifter des Blues 'n' Bar-Jazz, vom Müllmann des American Dream:»Mule Variations«.»Mule« – das Maultier, oder der Kerl, der sich so benimmt wie eins. Auch wenn ihm das Joch des Daseins ebenso ins Fleisch schneidet wie jedem anderen, auch wenn er eine Zeitlang ohne Murren den Pflug zieht, seine Last schleppt, diese phänomenale Sturheit schläft ja nur. Eines Tages wird er einfach stehenbleiben, kein Zuckerbrot und keine Peitsche ihn dann noch in Bewegung setzen; er legt sich erst wieder ins Zeug, wenn er es will – und nur er.»Got to get behind the Mule«, blackunddekkert Waits im Titelsong, bis wir alle nachts davon träumen. Halt dich immer schön hinter dem Maultier! Bleib in seiner Spur, denn von dem kannst Du vielleicht doch eine Menge lernen, wer weiß.

Daß man den Titel auch physiognomisch deuten könnte, fällt mir noch ein. Das ist nicht bloß Boshaftigkeit. Mir hat sich diese stoische Pferdefresse Waits' schon in die Hirnrinde geritzt, da kannte ich nicht viel mehr von ihm als sein vollends kaputtes, zossenhaftabgearbeitetes»Good evening« von irgendeinem Live-Album.

Bleiben wir also in der Spur. Auf dem Booklet figuriert Waits als Vogelscheuche. Ein Korpus auf einen Stock gespießt, unten weht das Stroh raus – und nicht ganz zufällig auch noch einige andere Dinge: Ein Signalhorn zuallererst, das steht für die Musik; ein Blatt Papier, die Poesie; Knochen und Uhr, die Vanitas-Chiffren (es ist alles eitel, drum nutze den Tag!); schließlich die Flasche, da sind wir auch schon beim Klischee!

Waits sagte mal:»Ich bin ein Image, und damit verdiene ich Geld. Aber deshalb bin ich noch lange nicht dieses Image.« Natürlich nicht nur, aber doch auch. Warum denn sonst dieser alte verlauste Filzhut und die Hobo-Kluft?

Die grobtextilene Arbeiterjeans ist denn aber auch das adäquate Sinnbild für die Welthaltigkeit seiner Musik, die immer ein bißchen nach Provinz und viel Gegend riecht. Von treudeutscher Piefigkeit allerdings keine Spur. Seine vermeintlich kruden Sound-Experimente sind auch nicht kruder als das Dasein auf diesem zerklüfteten Felsen, den wir uns angewöhnt haben, Erde zu nennen; die Surrealität einiger Songs ist in Wirklichkeit dem Leben abgelauscht. Hier wird ein musikalischer Realismus zelebriert, dem ein schopenhauersches Mitleid den Weg weist, jenes unbedingte Insistieren auf der Würde der Kreatur. Ein Journalist hat ihn mal gefragt, ob ihm noch etwas unter den Nägeln brenne, das er unbedingt der Welt mitteilen müsse. Waits darauf abgründig: »Na klar. Ein Blauwal wiegt soviel wie dreißig Elefanten, ist so lang wie drei Greyhound-Busse. Wußtest du, daß eine Giraffe länger ohne Wasser auskommt als ein Kamel? Die Zunge einer Giraffe ist zwölf Zentimeter lang, sie kann die Nasenlöcher bei Bedarf schließen oder öffnen, sie galoppiert schneller als ein Rennpferd; und ist dabei auch noch fast geräuschlos ...«

Mit dem rechten Fuß gebe ich der leeren Robby 54-Flasche einen Stoß, sie rollt dumpf auf dem Dielenfußboden davon, kommt dann aber wieder zurück wie ein apportierender Hund. Offenbar ist es abschüssig bei mir. Noch einmal. Die Flasche kommt immer wieder zurück ...

Viva El Amor

Eines Tages war er einfach überraschend zu Besuch gekommen. In seinen südtirolerschnitzelgroßen Pranken hielt er ein paar Platten und blätterte sie vor meinen Augen durch, offenbar, um mich zur Begrüßung nicht umarmen zu müssen. Alles Namen, die ich nicht kannte. Und Schriftzüge, die ich nicht lesen konnte, denn sie gaben sich wirklich alle Mühe, gemein und kryptisch auszusehen.

»Gemein ist gar kein Ausdruck«, nickte Jerry konspirativ und wedelte mit der freien Rechten, als hätte er sich verbrannt. Dann aber gewahrte er die seichte Sixties-Mucke aus dem Off resp. dem »Sozialraum«, schob mich augenverdrehend beiseite und marschierte ein, inquisitorengleich.

»Was hamsen dir da jetz' schon wieder aufs Auge gedrückt?«

Ich zögerte. Sollte ich sagen: »Ach, ist nur Radio, eben kam ›Am Morgen vorgelesen‹, ich habe einfach vergessen, es danach auszuschalten«? Aber dann erinnerte ich mich an die Worte meiner Therapeutin. »Sie müssen ehrlich sein. Vor allem zu sich selbst. Nur dann können Sie sich auch achten – und lieben.«

Also riß ich mich am Riemen, ging langsam zur Anlage, die Medikamente hatten mich so furchtbar träge gemacht, und zeigte ihm die blutrote neue Pretenders-CD.

»Mit besten Genesungswünschen von der Redaktion«, lachte ich.

Er pfiff durch die Zähne.

»Viva El Amor!« las er, »bescheuerter Titel, klingt nach Billig-Kosmopolitismus, Kuba-Mania.« Beim letzten Wort biß er sich auf die Lippen, angesichts meiner »schwierigen Lage« schien ihm die Psychiatrie-Metapher wohl fehl am Platz, aber er hatte sich gleich wieder gefaßt.

»War aber auch schon mal, tja, ähm ... rebellischer, die Hynde, was?«

»Je nun ...«, begann ich und wußte auch schon nicht mehr, was ich sagen wollte. Aber diese Stimme! Die schmiegte sich an, zärtlich, mit unterkühlter Passion, um einem im nächsten Moment mit scharfen Fingernägeln die Wange aufzuschlitzen.

35

»Why did you send me roses?
Save them for someone's death
The love you have to offer
It's only baby's breath ...«
»Ich meine, auf dem Cover diese Kämpferpose, die paßt doch nicht zum aalglatten, üppig gebauten Silikon-Sound. Klingt ja fast wie eingeölt. Und der Gitarrist ist redundant, muß alleweil die Chorusmelodei nachpfeifen, wenn er sich nicht gerade als The Edge verkleidet, U2-Standards psalmodiert und ...«

»Aber diese Stimme«, unterbrach ich ihn atemlos, mußte mich beeilen, solange ich den Gedanken noch festhalten konnte. »Wirklich alle Valeurs ... von latent gewalttätig, sanft und fragil bis zum Ausbruch ... erotisch, Mann! ... Hör dir bloß ›Human‹ an, als wenn da gleich irgendwas kaputt geht bei ihr ... Oder jetzt, hör hin jetzt! Zerdehnt und zerstöhnt ... ›Biker‹ ...«

»You bring the Biker out in me ... Baby!«

Er war verblüfft, soviel Widerstand hatte er nicht erwartet.

»Reg dich ab, Mann! Aber wirklich geklotzt wird da doch ...«

»Legalize Me«, widersprach ich ihm lethargisch und schlurfte zur Anlage. Die CD war zuende, und ich tippte mich zu diesem Song durch, um ihn noch einmal anzuspielen. Die Zeit kam mir vor wie Quecksilber.

»Karamba, hier spuckt der Gitarrist ja reine Lava. Kinder, der hat Dynamit in seinem Slide«, er verzog seinen Mund und mit der linken Hand besorgte er es einer unsichtbaren Gitarre mit einem ebenso unsichtbaren Bottleneck.

»Jeff Beck«, beruhigte ich ihn. »Eins seiner Gastspiele.« Und ich tippte noch mal zu »Nails In The Road« zurück.

Jerry sagte nichts mehr. Wir saßen stumm nebeneinander, und unsere Ohren dehnten sich, wurden länger und länger und krochen schließlich ganz hinein in die Lautsprecherboxen. Jäh unterbrach uns da ein resolutes Mädchen in Weiß.

»Ihr Einlauf, Herr Schäfer!«

Mein Lieblingslied

Es sei kompletter Unsinn zu behaupten, »eine Beziehung hätte Zukunft, solange die Plattensammlungen ganz und gar nicht harmonieren und die Lieblingsfilme sich nicht grüßen würden, wenn sie sich auf einer Party träfen«. Diese These, es ist ja schon fast eine Theorie, die der kluge Nick Hornby in seinem Roman »High Fidelity« aufstellt, will ich gern bestätigen. Für ihre Wahrhaftigkeit spricht auch, daß sich ohne weiteres und ohne große Denkanstrengung Ableitungen und Varianten formulieren lassen, die genauso unmittelbar einleuchten. Um es hier gar nicht erst ins Akademische schwappen zu lassen, gleich zu den Beispielen. Wenn man etwa auf einem Fest, sagen wir, auf der Konfirmation des Neffen eine alte Bekannte wiedertrifft, sagen wir, die just volljährige, kaum wiederzuerkennende, nämlich rattenscharfe Cousine zweiten Grades, der man vor einem guten Jahrzehnt noch aus »Petzi«-Büchern vorgelesen hat, dann scheint sich diese langweilige Familienfeier auf einmal ganz prächtig zu entwickeln. Ein Weile jedenfalls, bis ..., ja bis ...

»Sag mal, was hörst'n du so?«

»Ach, eigentlich alles. Was grad so im Radio läuft.«

Und dann bittet man den freundlichen Ober um eine neue Flasche Wein, steckt ihm einen Zwanzigmarkschein zu und ersucht flehenden Blickes, den Nachschub ja nicht stocken zu lassen ...

Oder man trifft auf einer »Germanisten-Fete«, auf der sich männliche Studenten aller Professionen besonders wohl fühlen, weil hier endlich mal Weibsvolk zugegen ist, man trifft also jemanden aus diesem Verein, der sich dann auch noch »Jump« wünscht, und denkt: »Na, immerhin.« Und fragt: »Hey, wenn du Van Halen hörst, dann magst du vielleicht auch Metallica?«

»Ach nee du«, sagt das Mädchen, na, es ist schon eine junge Frau, »eigentlich nicht, aber die haben da ein Stück, das ist 'n bißchen ruhiger, ich weiß jetzt nicht, wie das heißt, aber das finde ich echt gut. Weißt du, welches ich meine?«

»O ja«, sagt mancher dann, weil er kein Rückgrat hat, oder die Phantasie ihm Dinge vorgaukelt, die ihn schier um den Verstand bringen,»oh ja, und du, stell dir vor, das ist mein Lieblingslied, ist das nicht ein Zufall?«

Der Realist allerdings, und man muß nur ein paar Germanisten-Feten mitgemacht haben, der Realismus kommt dann von ganz allein, der Realist jedenfalls kippt nun sein Einbecker, Germanisten sparen ja gern beim Bier, und seine Stimme wird bedrohlich leise: »Ja, verdammt, ich weiß, was du meinst, und der Gedanke daran macht mich wütend, sogar ziemlich wütend!«

Nun also, was ich damit sagen will: Es gibt keinen zuverlässigeren, keinen täuschungssichereren, unkorrumpierbareren Sympathie-Indikator als die Musik. Man ist, was man hört resp. gehört hat. Und wenn einer in all den Jahren das komplett Falsche gehört hat, ist halt nichts mehr zu machen.

Wie nun aber die nächste Frage aussehen muß, kann sich jeder denken. – Gut, ich sage Ihnen, was das Richtige ist. Wenn Sie summend durchs winterlich überheizte Kaufhaus trödeln und ein ganz fremder Mensch plötzlich Ihre Hand nimmt und Ihnen einen langen zärtlichen Blick schenkt, dann, ja dann liegen Sie goldrichtig!

Halt's Maul und spiel deine Gitarre

Plattenkritiken

Wildlederjacke nebst langen Fransen dran, Holzfällerhemd, staubige Siebenmeilenstiefel, eine untertassengroße Gürtelschnalle mit Adler-Prägung und nicht zu vergessen die Les Paul Gold Top hoch droben unterm Kinn – fertig ist der »Ramblin' Man«. Dickey Betts, die schärfste Klinge westlich des Mississippi. Seit Duane Allmans Motorradtod 1971 hauptverantwortlich für das Schnitzeln von flirrendem Solo-Lametta bei den legendären Allman Brothers. Wir können uns nun wieder setzen.

Noch in den Neunzigern hat Betts mit dem sauguten Warren Haynes am abgesägten Ofenrohr fünf Alben veröffentlicht. Eins anachronistischer als das andere, ja, nachgerade geschichtsverneinend. Konföderierter Rhythm'n'Blues mit Country-Einwehungen und vereinzelten Rock'n'Roll-Eruptionen, der in seinen besten Momenten diesen spezifischen 70er-Dunst heraufbeschwört, dieses Sehnsuchtsgefühl, das bereits Nostalgie war, als es entstand, diese blaue Vergänglichkeits-Laune, die den Sensibilisierten zum Beispiel bei Paul Kossoffs »Leaves In The Wind« überkommt. Ein gutes Beispiel. Auf »Mycology – an Anthology« (Sony), einem Querschnitt der letzten Allman Brothers-Produktionen aus den Jahren 1990 bis 1995, befinden sich noch mehr so gute Beispiele: die elfminütige Gitarren-Odyssee »Nobody Knows« mit sirenenschönen Sooloexkursionen, das leicht lateinamerikanisch temperierte »No One To Run With« oder »End Of The Line«, wo Bottleneck-Haynes seinen Sechssaitenkojoten savannenhaft aufjaulen läßt. Hier sind zwei gitarristische Garköche der Bocuse-Klasse am Werk, die noch aus einem eher diätetischen Country-Magerquark (»Seven Turns«) ein opulentes Festmahl für die Ohren zaubern. Und die es nach all den Jahren fast zur spielerischen Verschmelzung gebracht haben.

Dennoch (ein »dennoch« muß sein, ein klitzekleines nur, mit bloßem Auge ist es fast gar nicht zu sehen): Wir werden die Allman Brothers nie wirklich, vollständig verstehen können. Ein Rest, eine

Leerstelle bleibt. Es sei denn, ihre Eltern hätten sich beim Square-
dance kennengelernt, ihre Vorfahren eine gut gehende Baumwoll-
plantage besessen und zum Fasching oder zu anderen Gelegenheiten gern ein weißes Bettlaken mit Kucklöchern übergeworfen.

Bei David Lindley ist alles anders! Er liebt enervierend-polychrome
50er-Jahre-Hawaii-Hemden aus edelsten, hübsch geruchsintensi-
ven Plastikgewirken. Für die ist er bekannt. Noch bekannter freilich, und das mit Fug und Recht, sind seine beiden ersten durch die
Bank grandiosen Alben »El Rayo-X« (1981) und »Win This Record«
(1982). Lindley mischt Folklorestile aus aller Herren Länder mit
Bluegrass, Ragtime und Jazz, nicht zuletzt auch einer großen Portion cool groovenden Reggaes. Sein Englisch weiß er zu quetschen
und zu quengeln, als hätte er sein ganzes Leben ganjarauchend und
dreadlockflechtend an den himmlischen Gestaden Jamaikas ver-
bracht. Und er hat die Ruhe weg. Ein Slideman, der sich auf seinem harten Sitz entspannt zurücklehnen kann und dabei allem irdi-
schen Trübsinn gerne den Buckel runterrutscht. In Sachen Rutschen
ist Lindley in der Tat eine Referenzgröße, eine Instanz, die sich
auch echte Spezis in diesem Fach, wie Ry Cooder, Joe Walsh, Lowell
George und Paul Barrere, immer wieder für ein Solo oder mehr ins
Studio geholt haben. Ohne Wanken spielt er fast alles, was man
sich auf die Knie legen und mit einem Flaschenhals ordentlich
abwienern kann: Vox Mando-Bässe, Bronson Honolulus, die billigen Danelectros, die auch wirklich billig klingen, Lap-Steel-Gitar-
ren in Manipelstärke, Ukulelen, Banjos, Harfengitarren, Saz', Ouds,
Bouzoukis, Gamben etc. Ein Ethnologe des Griffbretts.

Nun, der »King Of Polyester« ist zurück. Unplugged und nur vom
Schlagwerker Wally Ingram begleitet. Mit der vollständig live ein-
gespielten Acht-Spur-Aufnahme »Twango Bango Deluxe« (ulfTone
music). Acht Spuren reichen völlig (auch wenn die Snare schon mal
arg nach Mülltonne klingt). Lindley pickt sich und gleitet mit beinahe schüchternem Reggae-Temperament durch die Traditionals
und Fremdkompositionen (von Ry Cooder, Little Steven, John
Hiatt bis Bob Dylan), macht sie sich zu eigen. Nur zwei Songs stam-

men von ihm selbst, einer davon (»Spodie«) ist noch dazu ein alter Hut. Aber was soll's, wenn olle Slowblues-Schnurren wie »Do You Want My Job?«»und »Waimanalo Blues« sich nicht zuletzt aufgrund seines klagenden Timbres zu wahrhaft seinssetzenden Ereignissen mausern. Freilich, die Slide-Sahne, die einstmals so sämig aus seinem alten »Howard Dumble Overdrive 50W Special« troff, war noch um einiges gehaltvoller. Nicht wahr, Dave, demnächst wieder mit Strom!?

Während sich Lindley nur um seine kleine Gruppe von echten Addicts schert, schielt Santana auf den ganz großen Markt. Und so war es natürlich knallhartes Dollarkalkül, das ihn zu den Kollaborationen mit Dave Matthews, Everlast, Lauryn Hill, Rob Thomas, Eagle-Eye Cherry, Eric Clapton etc. bewogen hat – und nicht so sehr die »göttliche Hand«, wie der spirituell immer noch schwer angekränkelte Devadip in einem Interview weismachen wollte. Er sucht eben einfach Anschluß an die Hörgewohnheiten der, ähm, Jüngeren und stellt den unzähligen Congas und Timbales auch mal einen Rhythmuscomputer an die Seite, mixt seine Sambas, Salsas, Merengues und was weiß ich für Fruchtbarkeitstänze mit etwas Funk, Jazz, Soul, Wohnzimmer-Rap und vor allem viel Pop. Dagegen wäre gar nichts einzuwenden, wenn er's durchgezogen hätte. Aber da war die Plattenfirma vor, die den konservativen, nun immerhin auch schon fünf Jahre nach einem neuen Machwerk jiepernden Hörer nicht einfach verprellen wollte. So ist »Supernatural« (BMG/Arista) eine ganz und gar halbherzige Sache geworden.

Sechs der dreizehn Songs sind probate Latino-Rocker mit Blues-Einspritzung, die man erwarten konnte, die aber nichtsdestominder einen sehr agilen, auf dem Griffbrett wacker Meter machenden, bisweilen sogar richtig exaltierten Santana zeigen. Bei »Migra« etwa tritt er das Wah-Wah-Pedal endlich mal wieder bis zum Anschlag durch und läßt seine Paul Reed Smith kreischen wie eine wütende Erinnye; und aus dem Eingangsstück »(Da Le) Yaleo« sprühen einem die Töne wie Schweißperlen entgegen. Der Mann hat seinen Spaß, das hört man, und dieser warme, leicht näselnde

Gitarrenton besitzt immer noch einigen Charme, aber man kennt das andererseits auch schon so gut und so lange ... Auf den restlichen Stücken (zumeist Fremdkompositionen) gibt Santana dann einen besseren Sideman ab, sie stehen und fallen mit dem jeweiligen Partner. Während das Instrumental-Duett mit Clapton auf der Stelle tritt, weil beide vor gegenseitigen Bücklingen über die Aufwärmphase nicht hinauskommen, trifft Everlasts unheilschwangeres Timbre und sein sarkastisch-düsterer Appell »Put Your Lights On« voll den Gänsehautnerv. Wenn dessen Rhythmusgitarre im instrumentalen Mittelteil dann auch noch ein paar große, reichlich zerklüftete Akkordfelsen auftürmt, hat auch der vom Gitarrengott Gebenedeite wirklich beide Hände voll zu tun, die aus dem Weg zu schaffen. Soviel Reibungshitze entsteht, wie gesagt, nicht bei allen Paarungen. Und leider schafft Santana es auch nicht, das sehr heterogene Material zu einem Ganzen zusammenzuschnüren. Sechs Gitarrensaiten reichen da ja auch kaum hin.

Selbstredend hat auch Buzz Feiten, die einstige – und immer mal wieder frequentierte – Session-Hure bei Bob Dylan, Stevie Wonder, Aretha Franklin und den anderen, immer noch alle sechs Saiten auf dem Steg, aber er macht bei »Whirlies« (ulfTone music) nicht den beliebten Fehler vieler Filigranos mit Freigang – und knallt noch das letzte freie Fitzelchen Tonband mit solistischer Renommisterei voll. Mitnichten! Feiten beschränkt sich vielmehr auf, dochdoch, vervige Fills, Kurzsprints, geschmackvolles, ja seriöses Picking und zeigt auch schon mal mit einem surrealen Tremolo-Schlinger, daß er Jeff Beck auswendig kann – er stellt seine Kunst mithin ganz in den Dienst der Songs. Dummerweise sind die genauso entspannt, gepflegt und unaufdringlich, so daß in der Synthese nur mehr handwerklich astreine Unverbindlichkeit dabei herauskommt. Nun, die wird, wenn man mal freie Fahrt hat auf der hochsommerlichen Lakritzstraße und das Leben mehr und mehr nach Haribo schmeckt, bestimmt gern auf dem Lenkrad mitgeklopft und hilft dem einen oder anderen zögerlichen Menschen sicher auch bei den anstehenden Entscheidungen im Supermarkt – aber dafür der ganze Aufwand? Die Bezugsgrößen sind Little Feat und noch so ein paar Nudeln aus der Westcoast-Wassersuppe. Und daß die Musiker gerne dem AOR-Radio lauschen, wohl auch gern so viele Platten verkaufen möchten wie, sagen wir, Foreigner oder Journey, läßt sich ebenfalls nicht bestreiten. Vor allem aber muß ihnen jeden Morgen schon früh die Sonne ins Fenster scheinen, anders ist diese ständige gute Laune ja gar nicht zu verstehen.

Nun, daß man als fast Volljähriger mal zur Gitarre greift, um sich streng autodidaktisch dieses und jenes draufzuschaffen, besonders solche immergrünen Riff-Standards wie die von »Smoke On The Water« oder wahlweise auch »Paranoid«, soll ja vorkommen. Daß man sich aber innerhalb einer Dekade zum Fusion-Taifun hinauffrickelt und bald von solchen – na, sagen wir mal zusammenfassend – Jazz-Rock-Formationen wie Tempest, Gong, Soft Machine und UK bestallt wird, ist doch einigermaßen originär. Nur jeweils ein Album durfte Allan Holdsworth bei den genannten Gruppen aufmöbeln, auf Dauer war denen seine juvenile Legato-Verve vielleicht lästig. Seit den Achtzigern ist er dann vornehmlich solo tätig und hat sich mit seiner immer viel Staub aufwirbelnden Griffbrett-Hasterei alsbald einen ziemlichen Ruf als Gitarrist für Gitarristen erlaufen – kein Wunder, daß schließlich auch ein Metal-Flitzefinger aufmerksam wird, Jeff Watson von Nightranger nämlich, und ihn für seine Sprint-Staffel akquiriert.

Auf seinem neuen Album »The Sixteen Men Of Tain« (Fenn Music) klingt alles etwas moderater und gelassener. Der Mann ist schließlich auch schon über fünfzig. Die Rock-Elemente sind ziemlich ausgedörrt, machen allseits einem unaufdringlichen, auch schon mal indifferenten Ambient-Jazz Platz, der sich im melodischen Bereich durchaus folkaffin gibt und nur, wenn Holdsworth das Fuzz-Pedal tritt, ein wenig auf Touren kommt. Die ausgreifenden Solo-Improvisationen sind freilich immer noch furios und agil, aber leider immer noch kaum nachvollziehbar. Nachspielbar ohnehin nicht, er hat ja einen Ruf zu verlieren. Dennoch, die beiden ruhigen, gemütvollen Instrumental-Elegien »Downside Up«

und »Eidolon«, so die alte Kritikerphrase, sind allein den Kauf wert. Vor allem letzteres Stück, bei dem altenglische Folk-Schnurrpfeifereien nachgerade palimpsestartig durch die musikalische Oberflächentextur hindurchzuschimmern scheinen, wird einem ganz – und auch schön – schwermütig ums Herz.

Nicht so bei Joe Satriani. Dessen Equilibristik auf den sechs Seilen klang immer schon etwas technoid: kühl und kopflastig, kalkuliert und ohne rechtes Sentiment. Kleine Gitarren-Logeleien für Arithmetik-Freunde waren das, von einem Neunmalklugen aufs Blatt geworfen, ohne Schweiß und Tränen. Blut sowieso nicht, er hat ja keins. Bisweilen bekam man auch dieses ungute Gefühl nicht weg, daß seine Kompositionen das papierne Medium gar nicht unbedingt hätten verlassen müssen. Schaut doch mal die vielen Noten, und wie sie auf den Linien tanzen, sieht doch gut aus!

Und seitdem er sich mit scheißcooler Sonnenbrille und Intellektuellen-Glatz' dem Silversurfer, der das Frontcover seines 86er Erfolgsalbums »Surfing With The Alien« ziert, auch optisch irgendwie angenähert hat – – ähm, weiß ich jetzt auch nicht, was seitdem ist, jedenfalls stand so ein herzloses High-Tech-Album, das er uns mit »Engines Of Creations« (Epic/Sony) just beschert hat, beinahe zu erwarten. Wie Jeff Beck auf seinem letzten Streich »Who Else« – merkwürdige Korrespondenz eigentlich! – spielt er mit Sequenzern, HipHop-Grooves, Drum 'n' Bass-Sperenzchen; freilich auch mit einem Gitarrensynthesizer, der nicht nur gepflegtes Science-Fiction-Ambiente hinzugibt, sondern durchaus auch rauhbauzige Riff-Patterns, die nur so metallisch glänzen und die dann endlich mal den Druck haben, den man so oft vermißte. Nachgerade mimetisch klingt die Synthaxe etwa bei »Borg Sex«: Dieser ins Akustische transzendierte Kampf zwischen Holz und Computer, Natur und Intellekt hat etwa denselben hybriden Charme wie Seven-Of-Nine, das scharfe Ding vom Raumschiff Voyager. Und als ob das immer noch nicht anspielungsreich genug wäre, turnt Satriani zwischendurch in höchsten Höhen herum – er pfeift sich eins in atonaler Ekstase. »Devil's Slide« ist auch so ein Glücksfall. Wenn da die Arpeggios wie flüssiger Stahl durch die futuristisch-triste Wolkendecke des Songs regnen, wenn Sechzehntel-Unisonos von Gitarre und Drumcomputer wie Hammerschläge Luzifers herniederkrachen, dann ist die Zukunft bereits angebrochen, und sie verheißt nichts Gutes.

Bemerkenswerterweise lassen diese industrialisierten und am Bildschirm designten Soundlandschaften mehr Passion und Ehrgeiz erkennen als die eine melodiös-balladeske Klangmalerei in der klassischen Trio-Besetzung (»Until We Say Goodbye«), die sich noch aus dem letzten Jahrtausend hinübergerettet hat und auch sogleich als Single-Auskopplung herhalten muß (augenscheinlich um eine konservativere Käuferschicht nicht gänzlich zu verprellen). Man kennt diese falsche Gefühligkeit noch (vgl. etwa »Cryin'« vom 92er Album »The Extremist«), und man kennt auch noch die Enttäuschung, wenn sich die hoffnungsvoll erwartete Gänsehaut partout nicht einstellen will. Leider gehen Satriani am Ende die Ideen oder Disketten aus, bei »The Power Cosmic 2000-Part II« etwa plagiiert er dreist Melodie-Muster aus dem zweiten Stück »Flavor Chrystal 7«. Und die letzten beiden Tracks schnuckeln so vor sich hin, auf einer zermürbend-eintönigen Rhythmus-Basis. Ansonsten aber, alle Achtung! Wenn er so weitermacht, wird er noch Zukunftsminister der Gitarrenrepublik.

Wer über das unschöne Thema Selbstplagiat spricht, der muß auch über George Thorogood & The Destroyers sprechen. Der Mann ist ja nur des einen Solos mächtig. Sie wissen schon, dieses eine, wo die Soapbars seiner Gibson Byrdland richtig schön schmieren und das Eisenrohr über dem kleinen Finger infolgedessen recht naßforsch die Bünde entlangflutscht. Volldampf voraus resp. all men play on ten! Das reicht nicht, schon gar nicht, wenn seine musikalischen Supplemente aus einer heiseren, intonationsschwachen »Röhre«, der ewig knarzigen Gießkanne, einem tumben Walking Bass und der bisweilen kitschig daherorgelnden Farfisa bestehen. Rhythm 'n' Blues mit Rockabilly-Einwehungen und leichter Punk-Attitüde. Hatten wir schon. Wollen wir nicht mehr. Und der Live-

Mehrwert auf »Live In '99« (SPV) erschöpft sich dann auch in kaum noch nachvollziehbarem Zerdehnen der Simpelsongs. Wahrlich bad to the bone!

Wie – auch schon eine Weile! – Gary Moore. Nachdem dieser Gitarrenelektriker, nein, -eklektiker, die Postmoderne auf sechs Saiten gleichsam, mit seinen letzten beiden Versuchen, sich aktuelle Musizier- und Produktionsweisen anzuverwandeln, wieder mal grandios gescheitert ist, macht er mit »Back To The Blues« (Sanctuary) das, was er auch nicht richtig kann. Eben! Den Blues spielen. Schon 1990 (»Still Got The Blues«) glaubte er sich mit einem gehörigen Schuß Konservativismus der nicht mehr nur drohenden und auch schon nicht mehr nur schleichenden Marginalisierung entgegenstemmen zu können. Genützt hat es ihm nichts, die Blueser mit Verstand haben kübelweise Spott über sein obsessions- und orientierungsloses Gezuppel ausgegossen – und die alten Hardrock-Fans verziehen ihm vieles, aber das dann doch nicht!

Nun, zehn Jahre später, klingt er immer noch wie eine mittelmäßige Coverband, und zwar nicht nur bei den Standards, sondern sogar bei seinen eigenen Stücken. Das wunderschöne alte und wirklich einmal glutvolle »Parisienne Walkways« wird hier so dummdreist plagiiert (»Picture Of The Moon«), daß man gar nicht weiß, ob man darüber noch lachen soll. Wieder und wieder kaut er diese von sich selbst geklaute Gimpelphrase durch, als würde er immer noch daran üben. Aber ist der Ruf erst ruiniert, spielt es sich ganz ungeniert. Schamlos könnte man auch sagen. Etwa wenn man an die dackelige Devotion denkt, mit der er sich bei »Drowning In Tears« einmal mehr vor seinem frühen Mentor Peter Green in den Staub wirft – und sich jaulend darin wälzt. Oder auch wenn man sich durch die überanstrengte Passioniertheit, durch die infantile Übermotiviertheit seiner »Ain't Got You«-Version gequält hat. Die Stimme war ja immer das Problem. Gottchen, es reicht eben nicht, den Blues zu haben, man muß ihn auch singen können.

Aber wie ist diesem Mann nun zu helfen, um am Ende der Kritik auch noch mal etwas Konstruktives, ähm, einzubringen? Man wird so leicht als zersetzender Geist mißverstanden. Es gibt zwei Auswege aus der künstlerischen Agonie – und sie sind so offensichtlich, daß es beinahe weh tut. 1. Bei Thin Lizzy einsteigen und wieder guten alten Hardrock spielen. Oder 2. Erneut mit Glenn Hughes kooperieren. Und wieder guten alten harten Rock spielen. Aus die Maus.

Eine Frage

Neulich erzählte mir ein nicht unbekannter Literaturkritiker, er sei dabeigewesen, als der bekannte und große Schriftsteller Ernst Jünger auf seiner letzten längeren Lesetournee durch Großdeutschland in Hamburg Station und etwa 200 begeisterten Zuhörern noch einmal so richtig die Hölle heiß machte. Und das soll folgendermaßen gewesen sein. Gerade liest er ein paar besonders irritierende, aber eben auch irisierend funkelnde Perlen aus »Strahlungen«, da läuft er plötzlich rot an. Seine Augen treten aus den Höhlen, der Mund verformt sich zu einer großen Null, pfeifend saugt er Luft ein, um dann mit schmerzverzerrtem Gesicht aufzuspringen, beide Hände wie schützend vor den Schritt haltend, und zu schreien: »Alter Schwede ... hab ich ein Ei am Wandern!«
Jetzt meine Frage: Stimmt das?

Nur die Sonne war Zeuge

Von AOL, dieser dicken Spinne, ins Netz gezogen worden zu sein, erwies sich schon so manches Mal als großes Übel. Beispielsweise belästigte einen anfangs alleweil dieser Mensch vom Service und erläuterte eindringlich, wie ein ostfälischer Gauleiter, was man doch für ein Glück habe, hier »Mitglied« sein zu dürfen. Warum überhaupt Mitglied! Will ich nicht einfach nur Kunde sein, ohne gleich mit der ganzen Bande Schweine zu hüten? Doch. Und nach dem Duschen noch auf ein Bier ins Vereinsheim? Nein. Aber wem manchmal so richtig groovy zumute ist, wie mir, den macht es auch sehr froh, dabeizusein, denn die AOL-Sekte hat ja auch ein hehres lebenspraktisches Ziel: Sie möchte ihre Mitglieder zu witzig-abgespaceten Hedonisten erziehen – und da kann man ja nur für sein!

Jüngst riet man mir, der ich zur Schüchternheit, zum Klemmi neige, es doch mal mit »Sex im Freien« zu versuchen à la »Nur die Sonne war Zeuge«. Und die Begründung war auch so schlecht nicht: »Sommertage. Wir sind viel und gerne draußen! Da ist es kein Wunder, wenn wir das gemütliche Plätzchen auf der Wiese nicht nur für ein Picknick nutzen möchten: Eine wunderbare Alternative zu Stullen, Wurst und Bier ist Freiluft-Sex!« Vorsichtshalber hat man aber doch noch vom »Bier« einen Link zu »Grillen im Internet« gelegt, für all die erotischen Temperenzler, präsenilen Bettflüchtlinge und frühfossilierten Loverboys da draußen.

Wer nun dabeibleibt, sich nicht wegklickt ins versaute Universum von Karlsquell und Grill-Lümmel, der bekommt noch mehr so schlagende Argumente handgereicht: »Viel Vorbereitung braucht ein derartiges Vergnügen nicht. Anders als bei den meisten Outdoor-Aktivitäten benötigen wir für Sex unterm Himmelszelt auch keine Spezialausrüstung, sondern nur (Abenteuer-)Lust und Fantasie.« Und davon, aber hallo, haben wir ja doch genug, nicht wahr? Und weil wir soviel davon haben, müssen wir uns auch diese Tips durchlesen, denn vor lauter (Abenteuer-)Lust und Fantasie wird uns manchmal richtiggehend blümerant unterm Skalp, und das Naheliegende rückt in so weite Ferne. Deshalb nur keine falsche

Scham, und rüstig fürder gelesen:»Unsere Ideen, ein verbündeter Wetterfrosch und das richtige Herzblatt bringen bei jedem die Schmetterlinge im Bauch zum Flattern und können geradewegs auf den Rasen führen!« Oder wir packen einfach keine Badehose ein und fahren raus zu irgendeinem See:»Wir hören das Meeresrauschen. Eine sanfte Brise weht, zarte Wellen umspielen unsere Körper, und die Sonne verabschiedet sich am Horizont. Wir liegen im Sand. Genau dort, wo sich der Strand und das Meer vereinigen. Wir sind nicht allein! Eine Woge erfaßt und durchströmt unsere Körper und schürt die pure Lust.« – Himmel, ich werde ohnmächtig. Und»als wir nach einer halben Ewigkeit aus dem Sinnestaumel zu zweit erwachen, steht der Mond schon hoch über der Bucht und wirft sein fahles Licht auf unser zerwühltes Wasserbett.« Whooosh!

Als Alternative kommt natürlich allemal auch»eine romantische Ruderpartie auf dem lokalen Stadtparksee in Frage«. Man muß nur genau hinschauen:»Die Trauerweiden am Ufer mit ihren herabhängenden Ästen scheinen eine intime Rast geradezu einzuklagen.« Und dann?»Den Takt gibt das Schwanken des Bootes vor, zuverlässig und angenehm monoton.« Aber Obacht!»Eventuelle Seekrankheiten sollten im Vorfeld einkalkuliert werden. Ansonsten könnte die romantische Bootspartie durch ein dramatisches SOS ein jähes Ende finden.«

Jetzt bleibt eigentlich nur noch eine Frage offen: Wann draußen? Nun:»Im Gegensatz zu unserem Körper sind unsere Hormone frühmorgens um acht Uhr schon hellwach und pochen mit Nachdruck auf Beschäftigung! Lassen wir sie also nicht warten, sonst ziehen sie sich womöglich trotzig in den hintersten Winkel ihres Gastwirtes zurück. In diesem Fall müßten wir nämlich leider bis zum Five o'Clock Tea warten«. Genau, da gehört er hin, dieser spitzmündige, spreizfingrige, sabberlappige, biskuitige Teekränzchen-Sermon der Ladies und Gentlemen von AOL. Wenn ich könnte, würde ich jetzt einen Link legen zu»Kaffeeklatsch im Internet«. »Tupper-Party« ginge auch.

Wir essen den Gegner auf

Die ohnehin schon in Richtung Mahagoni gebeizte, durch die stete Tabakräucherung aber noch einmal nachgedunkelte Holzvertäfelung verleiht der »Funzel« eine frugale, archaische Aura, die vom Pächterduo Achim und Jackson durch gewohnheitsmäßiges Tragen von Holzfällerhemden, ausgewaschenen Jeanshosen und -jacken noch einmal nachdrücklich untermauert wird. Hier brauchst du dich nicht verkleiden, wollen diese Attribute sagen, denn hier bekommst du sowieso nur Feldschlößchen Pilsener, Fürst Bismark, Penny-Weißwein und einen schwarzen Sirup, den man für Grafschafter Goldsaft halten könnte, wenn man nicht Kaffee bestellt hätte – also nichts, was eine Verkleidung lohnte. Schlipsträgern und allzu adrett gekleideten Damen gehen die beiden denn auch schon mal freundlich entgegen, wohlwissend, daß sie sich hier nur verlaufen haben können:»Ach, etwas essen wollen Sie? Ja, da habe ich einen guten Tip, da gehen Sie die Straße ganz runter, dann rechts und dann gleich wieder links, da kann man gut essen ...«

Jackson ist der kühl kalkulierende Kopf der beiden, der Rechner, der auch im bibeldicken Deckelstapel nie die Übersicht verliert und immer gerade zur rechten Zeit, nämlich bevor sie der Kuckuck holt, die immensen Außenstände eintreibt.»Stammkunden«, sagt er achselzuckend. Und es ist klar, was die Geste meint:»Wenn ich die erziehen wollte, die Penner, würden die alle zum ›Anno‹ abwandern, und dann könnte ich den Laden hier gleich dichtmachen.«

Achim, sein Partner, hat die schlechtesten Zähne Braunschweigs, aber ein gesundes großes Herz, noch dazu auf dem rechten Fleck. Ein Mann von einem gewaltigen Harmoniebedürfnis, der den Film »Muriels Hochzeit« nicht zu Ende sehen konnte, weil ihn das darin geschilderte menschliche Elend zu sehr an seine Kindheit erinnerte, ein Mann, der auch noch freundlich lacht, wenn ihn zwei verhaltensgestörte Maschbauer ob des Flippers anranzen, der hier sinnigerweise auf dem Klo steht:»Ey, Achim, ich will jetzt ja nicht meckern, aber der Triple Jack Pot ist im Arsch, das mußte bei Gelegenheit mal reparieren lassen ...«

Dieser zur Spielhölle transformierte Abort verrät schon von weitem seine eigentliche, ursprüngliche Bestimmung – und so kommt es denn alle sechs Wochen vor, daß einer der beiden, immer alternierend, also immer Achim, zur Tat schreitet. Meistens am Vormittag, weil da nur ein paar Studenten die geschwänzten »Veranstaltungen« absitzen (die Funzel befindet sich nämlich im Braunschweiger Uni-Viertel, das im Grunde nur ein Achtel ist). Vor dem halben Dutzend E-Technikern also, die das Schauspiel schon kennen und deshalb nicht mal aufsehen, statt dessen lieber einen verteufelt guten Skat kloppen, streift sich Achim den für diese Zwecke vorgesehenen einen Gummihandschuh über, nimmt die mittlerweile postgelbe Klobürste nebst WC-Ente zur Hand und flucht sein notorisches »Mann, jetzt kommt diese Scheiße wieder ...«. Die zwei verhaltensgestörten Flipper-Lunatics lassen dafür sogar das Spiel sausen, sie würden jetzt ja nur stören!

Ein gutgeführtes kleines Lokal, könnte man aufgrund des Voranstehenden vielleicht meinen, das sich um seine Existenz wirklich keine Sorgen zu machen brauchte. Nun, ganz so rosig sieht es leider nicht aus. Die beiden Wahlbraunschweiger mußten in den letzten Jahren einsehen, daß gerade auch den kleinen Eckkneipen ein schärferer Wind um den Schornstein weht, und haben infolgedessen, wenn auch schweren Herzens, den Schritt zur Event-Gastronomie gewagt. So gibt es hier nun auch gelegentliche Jazz- und Blues-Konzerte und sogar Dichterlesungen, bei denen man den Künstlern generöse hundert Mark Honorar zahlt, aber am Ende des Abends abrechnet wie ehedem in Bob's Country Bunker: »So, ihr Jungs bekommt hundert Mark, wie abgemacht, und auf euren Deckeln stehen zusammen, na, laßt mich noch mal nachrechnen, genau 137, 50 ...«

Etwas ganz Besonderes hat man sich jedoch für die Hochsaison, also für Fußball-Europa- und -Weltmeisterschaften ausgedacht. Da werden Tische und Stühle zu einer veritablen Tribüne übereinandergestapelt, zwei Fernsehgeräte aufgestellt – und die gemütliche Gaststätte verwandelt sich in einen emotionalen Hexenkessel. Illegale Wettlisten gehen herum, mit denen schon mancher ein kleines Vermögen gemacht hat, kurz vor der Pause schmeißt einer der Stammgäste, der zur Zeit etwas klamm ist, auf dem Parkplatz nebenan den Grill an und brät schon mal ein paar Würstchen vor. Oder spektakuläre Aktionen wie »Wir essen den Gegner auf!« halten die Gäste bei Laune – je nach Kontrahenten werden dann Pizza und Baked Beans gereicht. Nur wenn Deutschland einmal zu oft verliert, läßt auch ein Jackson einmal alle Contenance vermissen: »So, wer jetzt noch lacht, ist ein Vaterlandsverräter!« Und eine Welle des Gelächters schlägt über ihm zusammen.

Den Schmerz ernstnehmen

Ziemlich miese Gegend. Ich beuge mich nach vorn übers Lenkrad, versuche, das graffitiverschmierte Straßenschild zu entziffern und biege dann langsam in die Einbahnstraße ab. Zwei Jugendliche sehen mich feindselig an, wärmen ihre Hände an einer brennenden Mülltonne. Und das mitten im Hochsommer. Hier also wohnt die Frau, mit der ich mich heute abend treffen will, um etwas mehr über die Geschichte der Schmerzen zu erfahren: Dr. Dolores Hartmann, enzyklopädisch gebildete Kulturhistorikerin, seit einem halben Jahrzehnt Leiterin des Fachbereichs Neuere Geschichte am Max-Greger-Institut für angewandte Kulturwissenschaften. Seit eben dieser Zeit arbeitet sie an ihrer zunächst auf sieben, mittlerweile neun Bände projektierten »Großen Weltgeschichte der Pein unter besonderer Berücksichtigung körperlicher Qual«, dem »Brockhaus des Schmerzes«, wie die Zunftgenossen ihr ein wenig neidisch attestieren.

Als sie mich an der Wohnungstür begrüßt und in den dunklen, aber nicht ungemütlichen Flur bittet, gibt sie mir ihre Linke, die andere Hand ist dick einbandagiert. Sie habe sich gestern beim Zwiebelschneiden in den Finger gesäbelt, sagt sie mit schuldbewußtem Lächeln. Ich sehe mir daraufhin noch einmal die Bandage an. Offensichtlich benutzt sie sehr große Messer.

Nach einem kleinen Floskel-Abtausch zum Warmwerden geht sie schließlich voran ins Arbeitszimmer. Noch bevor ich eintreten kann, stößt sie zwischen zusammengepreßten Zähnen eine zischende Warnung hervor. »Seien Sie vorsichtig, hier ist alles voller Reißzwecken.« Frau Dr. Hartmann ist mitten hindurchgegangen. Und jetzt bemerke ich auch, daß sie barfuß läuft. Ich sehe mich ein wenig um. Der mit Bücherregalen und merkwürdigen Gerätschaften, deren Funktion mir nicht gleich einleuchtet, ziemlich vollgestellte Raum macht einen sauberen, ordentlichen Eindruck. Wir setzen uns in die etwas antiquierte Polsterkombination ans Fenster, und ich beginne nun langsam, mich zum Thema vorzutasten.

54

Sie habe eine Dissertation über das ausgeklügelte Terror-System der Jakobiner zur Zeit der französischen Revolution geschrieben, erzählt sie mir, aber das sei ihr später dann doch zu theoretisch gewesen. »Ach, die vielen Namen, dieser hatte das gesagt und mußte deshalb eliminiert werden, jener hatte sich dort danebenbenommen, man stieg da ja gar nicht mehr richtig durch.« Vor allem aber habe ihr der unmittelbar sinnliche Aspekt an der Geschichte gefehlt. »Darüber schweigen die Quellen sich nämlich meistens aus. Da steht dann nur ›Tod durch den Strang‹ oder ›Guillotine‹ oder ›Rad‹, aber wie genau das vor sich ging, und vor allem was die Menschen dabei fühlten«, sie schüttelt indigniert den Kopf, »Fehlanzeige!«

Aber woher kommt ihr persönliches Interesse an diesen Dingen? Sie beugt ihren Kopf zu mir herüber, spricht nun leise, aber bestimmt. »Wenn man einen anständigen Schmerz spürt«, sie schlägt zweimal fest mit der gesunden Faust in die weiße Mullhand und lächelt nun mit ganz rosigen Wangen, »weiß man doch noch am ehesten, daß man lebt, oder?« Da ich mir in diesem Punkt nicht so sicher bin, frage ich schnell, was sie von eingebildeten bzw. psychosomatischen Schmerzen oder von Hypochondrie hält. Jetzt holt sie weit aus. »Ach, wissen Sie, da gibt es doch diesen schönen Witz von Fips Asmussen ... Kommt eine Frau zum Arzt. Sagt sie: Ich hab so ein komisches Ziehen zwischen den Zehen. Sagt der Arzt: Zwischen welchen denn? Darauf sie: Zwischen den beiden großen!« Ich lache höflich, obwohl ich die Pointe schon kenne, und frage mich, was sie eigentlich damit meint.

»Man muß den Schmerz ernstnehmen«, erklärt sie sich dann, »ihn wie einen guten Freund behandeln, mit Aufmerksamkeit und Geduld, dann wird er einen nie im Stich lassen.« Aber dann verfinstert sich ihr Gesicht. »Wofür ich allerdings überhaupt kein Verständnis habe, das ist dieser ganze modische Heuschnupfen- und Neurodermitis-Kokolores. Wenn Sie mich fragen, eine einzige Anstellerei, weiter nichts. Die Menschen haben einfach Langeweile. Gebt ihnen einen Besen oder einen Spaten, ein bißchen körperliche Arbeit, und es hat sich was mit ihren Allergien ...«

Nach gut zweieinhalb Stunden, in denen ich auch sehr ein-
drücklich erklärt bekomme, was es mit den vielen herumstehenden
Werkzeugen auf sich hat, gehen mir langsam die Fragen aus, und
so mache ich nun Anstalten, mich zu verabschieden. »Warten Sie,
ich möchte Ihnen noch ein kleines Andenken an diesen schönen
Abend mitgeben.« Sie eilt aus dem Raum und holt eine mit
schwarzem Samt bespannte Schachtel, darin befindet sich zu meiner großen Überraschung und Freude eine Taschen-Guillotine aus
Gußeisen. Sie deutet auf die kleine Halterungsmanschette unter der
Klinge. »Sehen Sie, und da kann man den Finger hineinstecken.«
Zunächst will ich das großzügige Geschenk ablehnen, es sei doch
viel zu wertvoll, aber sie besteht darauf. Ich müsse es annehmen.
Und bevor sie die Wohnungstür endgültig verschließt, zwinkert sie
mir zum Abschied noch einmal spitzbübisch zu, so als hätten wir
beide jetzt ein kleines Geheimnis.

Hölle Provinz

Plattenkritiken

Mal sehen, was haben wir denn da. Einen über fünfzigjährigen Möbelspediteur aus Ithaca, New York, dessen musikalische Wurzeln allerdings ein paar tausend Kilometer weiter südlich vergraben liegen, da unten bei den Sümpfen – und der von sich folgendes vernehmen läßt: »If Rock 'n' Roll was a religion, I'd be a preacher in need of a church.« Na, die Kirche muß erst noch gegründet werden, die sich diesen akustischen Paranoiker zu seinem Hirten erkiest. Aber möglich ist alles, man hat ja schon Päpste vorm Aldi onanieren sehen. Vielleicht ist Johnny Dowd aber auch gar nicht bekloppt. Vielleicht wird man ja so in Ithaca, New York. Als Möbelspediteur. Da lernt man wohl, daß der Zuckerguß des Lebens dünn ist und außerdem nicht satt macht. Wenn so einer zur Gitarre greift, sind weichzeichnende Harmonien nicht zu erwarten, haben Schönklang und Assonanz gemeinhin ausgespielt. Und wenn so einer auch noch dilettantisch genug ist – die Stimme immer wieder speckseitendick danebenliegt, der ausgehaltene Ton eiert wie ein besoffner Seemann und er sich um den gitarristischen Kommang keinen Kopf macht –, dann bekommt die Bricolage aus Country, Blues und Rock einen ziemlichen Hau ins nervenaufreibend Psychotische. So geschehen auf »Pictures from Life's Other Side« (Glitterhouse/TIS).

Dowds kantig-kauziger Sprechgesang und dessen musikalische Verlängerung, die unartikuliert fuzzig-schmutzigen Gitarrenfills, werden durchbrochen von der zweiten Stimme, und die gehört Kim Sherwood-Caso. Sie ist kein menschliches Wesen, sondern eine Elfe. Seltener sorgt sie sich um den Background, in der Regel fällt sie ganz weit vorne dem leidenden Chef ins Wort – und gießt heißes Wachs in seine Wunden. Sie evoziert noch einmal das verschlossene Paradies, von dem Dowds Realität nicht weiter entfernt sein könnte. Wer sollte da nicht wahnsinnig werden?

Dagegen hilft wohl nur Sarkasmus. Sein überdrehtes Leidenspathos ist denn im Grunde immer auch Selbstkarikatur und Persiflage. »Blood Evidence« zum Beispiel bricht er mittendrin ab, man hört nurmehr das Zerreißen des Textblattes und sein ärgerliches »Christ!«. Der Song war ihm augenscheinlich zu schlecht. Vermutlich viel zu glatt. Der eine oder andere Walzer erinnert von ferne an Zirkusmusik – freilich durch einen wackeren Acid-Trip gejagte Zirkusmusik. Das Instrumental »Vietnam« klingt für einen Moment nach den frühen Fleetwood Mac und dann auch schon wieder nicht mehr. Bei »Bad Memories« singt er wie eine alte Frau. Und auf »Mystery Woman« gibt es ein Wiederhören mit der fettigen Farfisa-Orgel aus den Fünfzigern ... Zehnmal habe ich die Platte durchgehört – und immer noch nichts verstanden. Was wir wissen: Johnny Dowd ist ein Möbelspediteur aus Ithaca, New York. Und er ist auf der Suche nach einer Kirche.

John Hiatt hat die längst gefunden. Archaische Westerngitarren scheppern sich eins, daß es eine Art hat, ein knisterndes Lagerfeuer ... nein, das habe ich mir nur eingebildet. Aber flinke Mandolinentöne schlängeln hier und da über den feuchten konföderierten Mutterboden, und auch ein Banjo tänzelt wohl bisweilen ausgelassen. Hiatt ad fontes. Von dem Roots-Rock der letzten Platten, unvergeßlich »Perfectly Good Guitar« (1993), hat er auf »Crossing Muddy Waters« (Sanctuary/edel) das Rock fürs erste gestrichen, seine Band in die Wüste geschickt; er selbst hingegen ist in die Sümpfe gegangen, da wo die Mythen an den Bäumen wachsen und man sich die traurigsten Geschichten erzählt. Etwa die von der Frau, die vor Anbruch des Tages ein Flachboot aus dem Ufergesträuch zieht und ihren Ehemann und ihr Baby verläßt: »She's crossing muddy waters ...« Und alle werden ihres Lebens nicht mehr froh. Und manchmal, wenn der Fluß besonders viel Wasser führt und wild rauscht und es windig ist, es kann ja ziemlich windig werden da unten, dann meint man ihr Schluchzen zu hören, nein, man hört es wirklich. Sie weint um Mann und Kind. Und ich will verdammt sein, dieses knarzige, in den höheren Lagen sogar leicht meckrige, aber nie nervige Blues-Timbre Hiatts und diese beiden ganz rudimentären, sich gegenseitig umspielenden Akustik-Gitarren sorgen dafür, daß aus der Kitsch-Prosa, die man eben bei mir lesen konnte, ein veritables vierminütiges Stück Poesie wird.

Hiatt konzentriert sich hier mal aufs Wesentliche, spielt Country, Bluegrass, Blues und auch schon mal lebenslustigen Tex Mex, fast vollakustisch – nur auf dem Gospel-affinen »Lift Up Every Stone« zeigt eine Crunch-Gitarre, wenn auch dezent, ihre Zähne. Und die Produktion ist so roh und ungeschliffen, wie es solche traurigen Weisen brauchen. Und ein Lagerfeuer hat da doch geknistert.

Calvin Russel kennt das nur zu gut. Der Mann ist die wandelnde Übererfüllung des straßenweisen Hobo-Barden: Texaner mit wild oszillierendem Lebenslauf, an Halloween geboren, in einer Kneipe aufgewachsen. Wenn er wenigstens nicht so ein pockennarbiges, schicksalszerfurchtes Gesicht hätte! Und dann seine Kluft – die staubt sicher, wenn man ihm auf die Schulter klopft. Genauso trocken und gebeutelt und schrundig klingt auch seine Stimme, der er dann aber doch ein gewisses Maß an Melodik und unsentimentaler Emotionalität abtrotzt. Abtrotzt, fürwahr, denn wenn man die erste gesprochene Ansage hört auf »Crossroad« (SPV), dieser vollakustischen, ziemlich erdigen, wunderschön intim produzierten Live-Platte, wie er da sein lakonisches, aber sichtlich gerührtes »Merci« rausröchelt (er ist auf Frankreich-Tour!), dann staunt man nicht schlecht, daß eben dieses heisere, ausgefranste Organ derlei tonale Harmonie zuwegegebracht haben soll. Er kaut die Worte, stöhnt und spricht auch mehr, als er singt, nur einmal entfährt ihm ein fast kojotenhaftes Jaulen (»Let The Music Play«), dann hat er sich aber schon wieder in der Gewalt.

Sein Gitarrenspiel ist im besten Sinne rudimentär, grobkörnig und absolut unfiligran. Gerade so schnarrend, daß man Russel das Autodidaktentum vollends abnimmt, und gerade so sauber und raffiniert, bisweilen, daß man ihm auch noch zuhört, wenn's ihm den mitleidenden Sprechgesang verschlägt. Angesichts des traurigen

Stoffs, den er in seinen On-the-road-Elegien ausbreitet. Vitale Blues 'n' Country-Balladen sind das, Erzählgedichte also, die ein bißchen Agitatorik nicht scheuen, auch wenn die eher unverbindlich bleibt (»This Is Your World«, »Soldier«), und ansonsten das nordamerikanische Motiv- und Mythenarsenal dankbar durchwühlen. So das Titelstück, in dem der wandernde Protagonist an eine Straßenkreuzung kommt. Er weiß genau, eine Straße führt ins Paradies, eine ins Verderben und eine zum Frieden – aber alle sehen sie gleich aus! Es ist eben doch vieles Glückssache im Leben. Oder so ähnlich.

Kein Quartal versickert im heißen Sand des Südens ohne eine Produktion aus dem Hause Van Zant, denn das birgt mit den Gebrüdern Johnny und Donnie allemal die gottverdammt ehrlichsten Schlangenhäute der Konföderation. Meistens musiziert man getrennt, in den Stammcombos Lynyrd Skynyrd und 38 Special, manchmal aber, wie jetzt schon zum zweiten Mal, tut man's auch gemeinsam: der Einfachheit halber gleich unter dem Familiennamen: »Van Zant II« (SPV). Was Johnny zur Hausmusik bewogen hat, liegt auf der Hand: endlich mal nicht in jedem Song gegen die drei Lynyrd Skynyrd-Heldengitarren anstinken müssen, die dann auch noch allesamt solieren wollen, endlich Ruhe im Karton! Bei Donnie fällt die Suche nach Gründen schon schwerer, denn er macht hier im Grunde nichts anderes als sowieso schon: süßlich-kuvertierten Southern-Pop, der so egal ist wie ein Heizlüfter in der Wüste.

Vor allem als die Stimmung im Keller war und es ziemlich melancholisch-maulhängerisch zuging, hat man sich wohl daran erinnert, wo man gerade aufnimmt, und gleich eine ganze Batterie windelweicher Country-Streicher rekrutiert, die ja nichts anderes können, als diesen eklen Nashville-Seim abzusondern, in dem die Balladen dann auch schwimmen wie in Milch. Aber irgendwann muß ihnen doch der Geist ihres großen Bruders Ronnie Van Zant, der Legende, erschienen sein und ermahnend mit dem Zeigefinger gewedelt haben, dann geht es wieder für eine Weile, dann besinnt man sich auf alte Tugenden, läßt einen quirligen Boogie losgaloppieren (»Baby Get Blue«), faßt sich bei einem besinnlichen Country-Blues ganz unlarmoyant bei der Hand (»Imagination«) und variiert einmal mehr, aber durchaus schmissig und gar nicht mal so platt, die alten Blues-Rock-Schemata. Und wenn schließlich auch noch Kenny Wayne Shepherds räudige Gullyratte durch den Song huscht, immerhin zweimal, wird beinahe alles gut. Beinahe! Denn die drei Heldengitarren fehlen natürlich doch überall.

Bei Ringsgwandl fehlt nichts. Rein gar nichts. Obwohl er es nach den letzten drei Großwerken, einer Rock-Operette (»Die Tankstelle der Verdammten«), einer »Ravue« (»Der Gaudibursch vom Hindukusch«) und der Punkoper über Ludwig II., wieder etwas kleiner – und leiser – mag. Augenscheinlich ging ihm der ganze theatralische Zinnober dann doch gehörig auf die Eieruhr. Auf seiner neuen Produktion »Gache Wurzn« (Lawine/Virgin), so heißt es ganz programmatisch, wollte er nur mal schauen, was passiert, wenn »vier Musiker um einen Küchentisch herumsitzen und bei Zimmerlautstärke musizieren«. Im tiefsten Bayern, wohlgemerkt! Tja, was schon? Zurückgelehnter Rhythm 'n' Blues entsteht dabei wie selbstverständlich, ein bißchen Boogie, sanfter, langsamer Folk, der auch schon mal, wenn Nick »die Axt im Haus« Woodland die Finger fliegen läßt, ins Country- und Western-Fach quer-, vielmehr square-schießt, und ganz früher Rock 'n' Roll. Der klingt dann freilich sehr nach Spider Murphy Gang und trübt den Hörspaß etwas. Glücklicherweise nur einmal. Denn solcherart Schickimicki-Ambiente will einfach nicht so recht passen zur seelenvoll-pomeranzigen Dialektelei des Chefs, dessen Balladen, Moritaten und Blues-Stories viel von der Provinz erzählen, aber so hinterhältig-ironisch und mit der Zunge in der Backe, daß es niemals wirklich provinziell klingt.

Da ist zum Beispiel der »Brucknwirt«, bei dem »seit vier-, fünfhundert Jahr« gegessen und getrunken wird. Und nie hat sich jemand beschwert. Aber eines Tages kommt eben auch zu ihm ein Kerl vom Gesundheitsamt und findet allerlei Monierenswertes:

»Dann macht er bei der Wirtin, so sind die Gebräuche, / zur Sicherheit einen Abstrich auf Maul- und Klauenseuche. / Zum Wirt, sagt er: Sie, Ihre Frau, die hat dreckige Händ'! / und da ist dem Brucknwirt die Sicherung durchbrennt. / Er deutet auf den Schnitzelhammer und sagt, Frau, gib mal her, / und dann erschlägt der Brucknwirt den Lebensmittelkontrolleur.«

Noch einer kommt und auch noch ein dritter; ihnen widerfährt das gleiche Schicksal:»Aber jeder hält die Klappe, keiner hat was erzählt, / und der Kontrolleur hat keinem Menschen gefehlt.« Und jedes Mal, wenn der Brucknwirt das Problem wieder bereinigt hat, übernimmt Woodlands mopsfidele Strat, die im Laden gleich neben der von Mark Knopfler gestanden haben muß, und sie hat immer ein lustiges Lied auf den Saiten, das den Beweis antritt, wie unbeschwert es sich leben läßt in dieser fröhlichen bajuwarischen Anarchie. Grandios ist das!

Wie das detailprall skizzierte Kneipenszenario in »Schluckspecht«:»Mit einem Indianerponcho / sitzt heut drüben am Tresen / die gestörte Dorle bei einer Schorle / und tut, als tät sie lesen. / Der Hans der wo besoffen ist, / und besoffen traut er sich was sagen, / sagt: Dorle hast du Lust, / draußen steht mein Wagen. / Die Dorle sagt zum Hans, ja mei, / an sich paßts mir ja ganz gut rein, / und schon gehts Richtung Türe, / der besoffene Hans auf allen vieren.« Hölle Provinz!

Clapton hört auf

Wer sich so wie ich mit dem Morgen schwertut, jeden Tag aufs neue, der braucht schon ein gerüttelt Maß an Beistand und Seelenstreichelei, um es wieder einmal anzupacken. Am besten funktioniert da immer noch die gute alte schöne Neuigkeit. Eine frohe Kunde also, die einen mal wieder durchatmen läßt, dieses angenehme Prickeln auf dem Hinterkopf auslöst, ja, die einem schier die Mundwinkel hinter die Ohren klemmt. Eine Nachricht wie das Summen einer Honigbiene vor dem halbgeöffneten Küchenfenster an einem lauwarmen Frühsommermorgen. Sie sind selten, ich weiß es wohl, aber es gibt sie immer noch gelegentlich, diese einfachen, ganz unverbrauchten Momente des Glücks.

So las ich kürzlich folgende Meldung beim Frühstück: »Eric Clapton will nach dem Ende seiner aktuellen Tournee nie mehr auf Konzertreise gehen. Dem amerikanischen Magazin ›Rolling Stone‹ sagte der 56 Jahre alte Brite, er habe lange gegrübelt, ob er aufhören solle. Inzwischen sage er aber ganz bestimmt: ›Dies ist definitiv das letzte Mal.‹« Nicht wahr? Ist das nicht wunderschön? Clapton hört auf!!

Es war ja wirklich höchste Zeit. Zugegeben, »Strange Brew«, »White Room«, »Tales Of Brave Ulysses« etc. – das hatte schon was, das war in der Tat ein eigenartig Gebräu seiner Zeit. Wohlgemerkt: seiner Zeit, denn ob sich heute noch jemand diesen extensiven Wah-Wah-Exaltationen ohne tobaköses Betäubungsmittel hingibt, wollen wir mal ganz stark bezweifeln. Können es andererseits aber auch einfach so dahingestellt sein lassen, schließlich geht es hier um etwas anderes, etwas fundamental anderes, um den späten Clapton nämlich, den Clapton der schlechten 70er, der 80er und 90er Jahre, um Mr. Slowhand, den Armani-Anzug unter den Rockgitarristen.

Nun, Rock ist ja fast schon zuviel gesagt für dieses leidenschaftslose Altersparlando. Seine Gitarre hatte er stets mit soviel 19-Zollern im Studio gewichst und gewienert, daß sich an ihr garantiert niemand mehr einen Splitter einriß. Zärtlich schmiegten sich noch flaumweiche Keyboards an, wattiert von einem samtenen Stimmchen, das sich auch schon mal in fragile Höhen verlor, ja wirklich verlor, und alles war so herrlich bequem und entspannt und gepflegt und dabei so exquisit, wie es einem reiferen Herrn aus den besseren Kreisen, einem Geschäftsmann noch dazu, wohl anstand. Damit sich überhaupt etwas tat, hatte der Mann alleweil ein paar quirlige Bläser verpflichtet, die dieses locker-luftige Soundsoufflé dann und wann umrührten.

Herrlich snoozen konnte man bei dieser Musik, sich tief in die Augen schauen oder die Olympischen Spiele damit beschallen (so geschehen 1992 mit »Wonderful Tonight«, wo sich der Schlagzeuger zwischen den einzelnen Snare-Schlägen offenbar die Finger maniküren läßt!), aber man konnte sie nicht hören.

Wenn Clapton uns wirklich mal passioniert kam und zu einem zornigen Grummeln anhob, dann standen auch schon ein paar dicke schwarze Soul-Muttis parat, drückten den alten Mann an ihre weichen Brüste – und schon war alles wieder gut.

Aber sein Spiel? Was taugte es? Es war bescheiden wenig. Schon bald so sehr angegangen von gitarristischer Leichenstarre, konnte er nicht mehr, wenn das Metronom mal etwas flotter mit den Hüften wippte. Ein paar ebenso traditionelle wie unoriginelle Triolen, die der Gitarrenpennäler schon nach einer Woche flinker und nicht zuletzt prononcierter vom Brett federt, gab es da zu hören – kurzatmiges Single-Note-Geplinker, das man ihm auf der Akustischen meinetwegen noch nachsehen mochte, die gute alte Strat indes ganz abscheulich verhöhnte, und weiter nichts. Doch! Ein silbrig-glänzendes Metallrohr schlurfte da noch bisweilen verbummelt übers Holz und erging sich in larmoyantem Gewimmer. O nein, es ist nie schön, mitansehen zu müssen, wie einer alt wird – so ganz ohne Würde. Und Verdruß stellt sich ein, wenn man bloß dran denkt.

Die Biene hat sich mittlerweile durch den Fensterspalt gewagt, fällt in mein Glas mit Orangensaft und ersäuft ganz kläglich darin.

Die Entführung

Ein Fortsetzungsroman

1

Der letzte Überlebende der Beat-Generation, Mike Rudolph, hatte fürwahr schon bessere Tage gesehen. Ja damals, in den späten Sechzigern, als er sich nur mal für ein paar Minuten aufs Klo verziehen mußte – zwischen zwei Runden mit den aufgeregt kichernden »Chicks«, »Pimmelfutter« wie er sie nannte –, um mit einer hartgekochten Kurzgeschichte zurückzukommen. Jetzt fiel ihm einfach nichts mehr ein. Und gibt es etwas Ruchloseres als einen alternden Schriftstellerstar? Mhm-mhm.

Also schlich er sich von hinten an Botho Strauß heran, schlug ihn mit einer Backpfeife bewußtlos und verbrachte ihn danach in seine Kellerbibliothek.

2

Als Botho Strauß am nächsten Tag in Rudolphs gutsortierter Kellerbibliothek aufwachte, stand sein Peiniger bereits breitbeinig über ihm und schrie cholerisch: »Dein verdammtes Geld will ich nicht. Was ich will«, und dabei klopfte er mit dem Knöchel seines Zeigefingers mehrfach an Straußens Stirn und lachte unmenschlich, »ist das, was du da drin hast: dein Gehirnschmalz!«

»Nein«, greinte Botho, »das ist doch alles, was ich habe.«

»Eben«, versetzte Rudolph, »da hinten steht ein Computer – mit Winword 7.0 kennst du dich wohl aus, wie? Ab morgen schreibst du für mich Geschichten, sonst gibt es nichts zu fressen!«

Da nickte Botho willfährig.

3

»Beginnen wir heute erst einmal mit etwas Anspruchslosem.« Mike Rudolph hatte Strauß mit der Pieke in die Seite getreten, damit er endlich aufwachte, und reichte ihm nun eine Tasse dampfenden Kaffees. »Schreib eine Liebes-Schmonzette, mit denen sie sich bei Reclam Leipzig einen goldenen Anus verdienen.«

Und Straußens Hände klimperten los: »Ein letztes Mal lächelte Luke seine Leila an. Er war nun doch beim Arzt gewesen und hatte sich Kontaktlinsen verschreiben lassen. Endlich sah er sie scharf – und was er da sah, war auch scharf! ›Zu spät, weiß Gott‹, sagte er sich und versank knietief im braunen Magma ihrer Mandelaugen. Zu spät.«

4

»Heute schmierst du mir eine Rommel-Biographie hin, zum Vorabdruck für die FAZ!« schrie Rudolph.

Und Botho Strauß gab wieder mal alles: »Der Schlachtendonner war so fürchterlich geworden, daß keiner mehr bei klarem Verstande war. Die Nerven konnten keine Angst mehr empfinden. Jeder war rasend und unberechenbar, in übermenschliche Landschaften verschlagen. Landschaften, in denen der Wille zum Leben einfach so fortgeschleudert wurde wie ein bis auf den Griebs abgenagter Grafensteiner.

Drei Minuten vor unserem Angriff winkte mir mein Bursche, der getreue Finke, mit seiner gefüllten Feldflasche. ›Noch ein' zischen, Herr Feldmarschall.‹ Sein einfacher Horizont erkannte das Gebot der Stunde. Ich tat einen tiefen Zug. Es war, als ob ich Wasser tränke. Nun fehlte noch die Offensiv-Zigarre. Dreimal löschte der Luftdruck mein Streichholz aus. Jetzt los, nur los ...«

5

»Laß mich einen waschechten Western schreiben«, bettelte Strauß weibisch.

Rudolph gab nach. »Meinetwegen. Aber treib es nicht zu bunt!« Jetzt war Strauß nicht mehr zu halten: »Bronco löste gekonnt den Seemannsknoten am Zügel und führte den Braunen ein Stück von der Tränke weg. Mit einem ansatzlosen Sprung saß er im Sattel, hob das Kinn und nahm mit geschlossenen Augen einen tiefen Zug der kühlen, erfrischenden Morgenluft. Als er die Augen wieder öffnete, sah er SIE.

›Wohin‹, fragte sie lakonisch, und in einem Ton, der Widerspruch nicht gewohnt war.

›Zum Ende des Regenbogens‹, sagte er, stemmte beide Pranken aufs Sattelhorn und musterte das adrette Girl.

›Ich komme mit‹, befahl sie mit fester Stimme, aber ihre Prononcierung verriet doch den staunenden Respekt, den Bronco bereits gewohnt war, weil er immer gezollt wurde, wenn man die gewaltigen Ausmaße seiner Hände gewahrte. Und wie so oft, wenn ein Mädchen seine Dienste beanspruchte, wies er nur lautlos mit dem Daumen über die Schulter. Er mußte nichts sagen. Die Aufforderung, auf der Kruppe des Braunen Platz zu nehmen, war in all den Jahren auch ohne Worte verstanden worden.

Sie nahm einen langen Anlauf – und schon beim dritten Versuch saß sie rittlings hinter ihm, umschlang seinen Oberkörper fest und barg das Gesicht schutzsuchend zwischen den weit herausragenden Schulterblättern.

Mit einem zärtlichen Schnalzlaut ließ er Jolly, seinen einzigen Freund, antraben und lenkte ihn in die endlose Prärie hinaus, die sie aufnahm, in sich aufsog, als hätten sie nie existiert.«

6

Neidisch legte Mike Rudolph sein Ohr an die Tür der tipptopp-sortierten Kellerbibliothek. Sie war nun schon seit Wochen nicht mehr verschlossen. Sein Freund Botho Strauß deklamierte mit stolzem Pathos einen ergreifenden Dialog, augenscheinlich hatte er gerade ein weiteres Buch für Reclam Leipzig fertiggestellt. Zaghaft klopfte Mike jetzt und öffnete einen Spalt breit die Tür. »Darf ich eintreten, werter Freund? Bitte sag mir, wenn ich störe!«

Botho winkte ihn strahlend hinzu. »Komm herein, lieber Mike, ein weiteres Opusculum ist mir just geglückt.«

»Oh, da gratuliere ich sehr«, rief der alte Mann enthusiasmiert, und seine abgehärmten Züge schienen sich für einen Moment wieder zu glätten. Er wäre ihm am liebsten um den Hals gefallen.

»Soll ich zur Feier des Tages für uns kochen?« fragte Rudolph, wartete aber die Antwort gar nicht erst ab: »Wären Schwammerln genehm?«

»Sehr sogar, aber nur, wenn es keine Umstände macht, du hast schon so viel für mich getan.«

Ja, eine feine Röte überzog da das Gesicht des Freundes.

Für Michi

Die Schwermetaller machen weiter ...

Ein Überblick

Man muß den klassischen Heavy Metal der späten siebziger und frühen achtziger Jahre nicht mögen, jene sogenannte »New Wave Of British Heavy Metal«, die endgültig die Blues-Quellen eindämmte, aus denen sich noch der Hardrock speiste, und sich so zu dem ausmendelte, was heute jeder Verächter unter dieser Musik versteht, auch wenn er nichts von dieser Musik versteht. Wie gesagt, man muß das nicht mögen, und jüngst hat erst wieder Jürgen Roth in der »taz« (vom 5. Juli 2001) die wie üblich eitel-idiosynkratische, allemal meinungsstarke, nur leider argumentfreie Abrechnung mit diesem Genre durch die ja bereits sperrangelweit offene Tür posaunt. Tja, der »wortgewaltige, eminent produktive und universalgebildete Publizist« (Roth) macht weiter, die Schwermetaller machen weiter ... Denn unter dem Rubrum »True Metal« feiert dieser musikalische Konservativismus schon seit ein paar Jahren fröhliche Urständ. Ein eigenes Festival, das Wacken Open Air, kümmert sich Sommer für Sommer um die adäquate Live-Präsentation des Altmetalls, und wie bei allen Stilen, von Moden kann ja eigentlich nicht die Rede sein, gibt es auch hier eine Menge Kraut. Aber eben auch ein paar Rüben.

Rob Halford, der ehemalige Judas Priest-Shouter, der in den vergangenen Jahren mit seinem ambitionierten Industrial Metal-Projekt Fight einigen Kredit verspielte, geht seit dem Vorjahres-Opus mit dem sinnträchtigen Titel »Resurrection« wieder auf Nummer Sicher und plündert seine eigene Vergangenheit. Das jüngste, wegen der überraschend großen Nachfrage des Vorgängers schnell hinterhergeschobene Album »Live Insurrection« (metal-is) dokumentiert die letzte, ausgedehnte World Tour. Und Halford stöhnt und drückt und preßt, als leide er, wie eh und je, unter schlimmer Hartleibigkeit, aber diese überanstrengte, nur mit vielen Tassen Malventee einmal mehr der Heiserkeit entrissene Stimme hält. Fast wider Erwarten. Und wenn sie ihm zu Kopf steigt, mit viel Delay verdickt, dann setzt es immer noch Stratosphären-Sounds, die ihn fast nicht mehr menschlich klingen lassen.

Die Band spielt das Erwartbare, also »Resurrection« fast ganz durch, alleweil unterbrochen von den unvermeidlichen Priest-Standards (»Stained Class«, »Jawbreaker«, »Metal Gods«, »Breaking The Law« etc. etc.), und es ist anrührend zu hören, wie beinahe nahtlos das alles zusammenpaßt: viel Doublebass-Gebolze, altmeisterlich anschlagsfleißige Riffs, die das deutlich an Glenn Tipton und K. K. Downing geschulte Saiten-Duo locker aus dem Handgelenk schüttelt, und sehr schön nachvollziehbare, um nicht zu sagen, etwas einfältige Kompositionen, die sich eben auf das Nötigste konzentrieren. Und seinen Kombattanten scheint es recht egal zu sein, ob sie sich an Selbstkomponiertem oder an der sattsam bekannten Klassiker-Abteilung vergehen, so schwungvoll, punktgenau und souverän wird auch letztere zu Gehör gebracht. Allein, Atmosphäre haben diese Live-Aufnahmen nicht. Ohne Atempause und vor allem fast ohne Ansagen, Sprüche, Späßchen knallt man Stück für Stück aneinander, als ob es nach der langen Absenz nichts zu sagen gegeben hätte.

Halfords ehemalige Stammformation Judas Priest nimmt sich dagegen schon beinahe modernistisch aus, versucht auch auf ihrer jüngsten Produktion »Demolition« (SPV), wie schon auf dem Vorgänger »Jugulator«, ein bißchen zu kalkuliert und verbissen den Anschluß an zeitgenössische Spielweisen nicht zu verpassen. Mit anderen Worten, man inkorporiert stumpfe, wiederholungsreiche Hardcore- und gelegentliche Industrial-Riffs, versetzt diesen dichten, zerklüfteten Fuzz-Sound noch einmal mit Gameboy-Samples und anderen zumeist atonalen Festplatten-Gimmicks, und auch die einmal mehr schier absurden Solo-Verirrungen der beiden Gitarrenschwerenöter Downing und Tipton klingen ziemlich nach Plastik.

Aber wer sich an dieses neue Sound-Korsett erst mal gewöhnt hat, entdeckt darunter doch wieder die Priest-notorische Inklination zur griffigen Kindermelodie, die durchaus vorhandenen Pop-Qualitäten einiger Songs (»Hell Is Home«, »Close To You«, »In Between«), also nicht nur »dieses einen ruhigen Stücks da«, das auch der Metal-Antipode noch mühelos goutieren kann. Das heißt hier übrigens »Lost And Found« und ist eine sentimentalische, anrührende Folkballade mit etwas Seventies-Anmutung. Wohlgefällig nimmt man schließlich noch zur Kenntnis, daß Ripper (!) Owens nicht mehr ständig die Halford-Kreissäge plagiieren muß wie noch zuletzt, sondern sich einige Freiheiten erlaubt, die seine vokalistische Emanzipiertheit ausstellen. Ohnehin scheinen mir seine Stimmseile in den tieferen Lagen am dicksten zu sein.

Wenn man »Machine« (WEA), den Zweitling von Static-X, zum Vergleich hört, wird evident, wo Judas Priest ihre Sound-Parameter abgeleitet haben. Dieser ebenso brachial wie opak produzierte Cyber-Metal ist absolut in time! Die düster grollenden Vocals haben sichtlich Mühe, gegen die wuchtigen Industrial-Gitarren und das mit Techno-Beats aufgemotzte Hammerschlagzeug anzustinken. Und die schrägen Science-Fiction-Loops und -Blubber machen es auch nicht leichter. Rund läuft sie, diese Soundmaschine, und Krach macht sie für zwei, aber wie das so ist mit den Automaten, es herrscht das Gesetz der Serie – und das ermüdet mit der Zeit. Spätestens nach dem vierten Stück haut einen auch das Raubtiergebrüll des Sängers nicht mehr aus den Puschen, eben weil er sich anderen Intonationsvarianten mit ziemlicher Konsequenz verschließt. Und die Freude über die gute Kooperation der Rhythmusgitarre mit den zumeist furios schnellen Bass Drums läßt dann ebenfalls nach. Man weiß jetzt, daß sie gut zusammen können – und daß sie nur so können ... Aber womöglich soll diese Musik ja gar nicht für sich alleine stehen. Vielleicht brauchen Static-X eine volle Tanzfläche, Stickluft und das wild flickernde Stroboskop über den gesenkten Köpfen der Gemeinde, um ihre volle Durchschlagskraft zu entwickeln? Die Band scheint ja fast so etwas suggerieren zu wollen, wenn sie ihre Musik als »Evil Disco« etikettiert. Je nun, in solchen Etablissements läuft man dann auch nicht Gefahr, die CD am Stück hören zu müssen.

Genauso kontemporär, aber dabei gleichzeitig so anachronistisch wie eine Schlaghose sind Spirit Caravan, ihres Zeichens Exponenten des gerade vielbeachteten Stoner Rock, dieses unter der heißen kalifornischen Wüstensonne entstandenen stoisch-monotonen, psychedelisch-deliranten Kiff 'n' Roll, der sich auf den Prä-Metal der Endsechziger, also auf Bands wie MC 5, Blue Cheer, Hawkwind und natürlich Black Sabbath, stützt, aber auch auf die Spät-Hippies Kyuss, die bereits in den frühen Neunzigern im Marihuana-Rausch ihre Amps aufrissen, um zu sehen, was das nun wieder für einen Trip ergäbe Nachfolgebands wie Monster Magnet und Queens of the Stone Age taten es ihnen nach und legten damit das Fundament für eine neue alte Ausdrucksform, die sich vor allem durch offenere Songstrukturen, durch Spontaneität, Spielfreude und Spaß an der Improvisation auszeichnet.

Spirit Caravans »Elusive Truth« (Tolotta) besticht zunächst klanglich. Der Sound ist so organisch, als atmeten die Songs, bassig, muffig-dumpf, furztrocken, eben so authentisch den Spätsechzigern nachgebildet, daß man allein vor dieser akustischen Mimikry-Leistung seinen Hut ziehen muß. Und die Gitarren evozieren noch einmal jenes an den Rändern ausgefranste, immer etwas angestrengte, morbide, ja kaputte Overdrive-Gehuste, das den Vergleich mit vereiterten Mandeln ziemlich nahelegt. Wie bei den ganz frühen Black Sabbath. Und genauso klingen die Riffs, simpel, reich an Wiederholungen, ein bißchen unbeholfen, aber sie besitzen doch auch diesen naiven, archaischen Charme, den alle Welt noch von »Paranoid« kennt. Mastermind Scott Weinrich, der schon bei den Sabbath-Cover-Truppen St. Vitus und The Obsessed die Musikgeschichte zurückzudrehen versuchte, blieb seiner Passion also einmal mehr treu. Natürlich ist diese fortgesetzte Imitatio Ozzy letztlich nicht mehr als ein Eingeständnis der eigenen musikalischen Limitiertheit, aber dieser träge, kranke, verschleimte, pfundsgemeine Sound – daß es so etwas noch gibt!

Ozzy Osbourne selbst hat auf seinem 2001er Produkt »Down To Earth« (Epic/Sony) wieder Zakk Wylde verpflichtet, der ist noch jung und läßt sich von der Patina des Madmans nicht beeindrucken. Seine Gitarre, die sich einmal mehr ziemlich dicke tut, diese tiefe, dabei ziemlich modern produzierte Breitseite, erinnert denn auch eher an seine eigene Formation Black Label Society. Anders als dort allerdings scheint man nicht gleich jeden rausgehauenen Ton genommen zu haben. Trotzdem – Ozzy kann sich offenbar nicht mehr so richtig durchsetzen bei den jungen Leuten! –, es sind immer noch zu viele. Zwei weitere Tage im Studio mit einem richtigen Schleifer als Produzenten, der Wylde die vielen Wiederholungen und Abgeschmacktheiten, wie dieses notorische Obertongejaule, ausgetrieben und ihm das Zauberwörtchen Spannungsbogen eingeflüstert hätte, es wäre vielleicht doch noch eine ganz passable Gitarrenarbeit herausgekommen. So ist es bloß das übliche Schmierentheater. Nur bei den beiden erwartbaren, mit String-Arrangements aufgebockten Musical-Nummern »Dreamer« und »Running Out Of Time« muß er Melodien spielen, und man hört es ihm an, wie er sich dabei ekelt.

Ozzy wiederum singt sich routiniert-mittelmäßig durch ein ebenso mediokres Set. Man kennt sie, diese alleweil einen Halbton an der eingängigen Melodie vorbeischrammenden Doom-Rocker. Aber wer ihn in den letzten Jahren mal gesehen hat, der wundert sich ja schon, daß er immerhin noch Mittelmaß zustande bringt. Es sind wohl zwei Faktoren dafür verantwortlich: sein Altersstarrsinn und die geschäftstüchtige Ehefrau im Rücken!

Wirklich überdurchschnittlich gelungen ist denn auch nur »Facing Hell«, ein solider Midtempo-Wipper mit unaufdringlich-perkussiver Rhythmus-Gitarre in der Strophe, die für Ozzy mal genügend Raum läßt, um etwas mit Wiedererkennungswert zu quäken. Und »That I Never Had« wäre fast ein Lieblingslied geworden. Leider nur fast. Ein schöneres Erkennungs-Riff hat man seit »Crazy Train« nicht mehr auf einer Ozzy-Produktion gehört, so agil, vital und aus dem Handgelenk wird das weggeschrubbt, aber dann folgt doch nur wieder probates Moll-Einerlei, als gäbe es davon nicht schon genug in der Welt.

Diese Frage stellt sich ebenfalls unweigerlich bei »doin' business as ...« (Steamhammer/SPV) von dem old fashioned, bluesgeerdeten, ja, man sagt wohl in so einem Fall: Power-Rock-Trio Derringer, Bogert, Appice. Vielleicht erinnert sich noch jemand an die einstige, die Cream-Nachfolge antretende Supergroup Beck, Bogert & Appice, die auf zwei Alben einen vitalen, dynamischen, virtuosen und für die frühen siebziger Jahre durchaus avancierten Hard Rock intonierten. Da Jeff Beck lieber solo unterwegs ist, wenn er denn mal unterwegs ist, nimmt nunmehr Rick Derringer, eine Gitarrenlegende zweiten Grades sozusagen, seinen Platz ein. Und auch mit ihm macht man bloß business as usual, einmal mehr kompetent, kalkuliert, aber eben auch spielfreudig – und die Gattungsgrenzen zum Funk, Blues und zum Jazz Rock gelegentlich locker überschreitend. Die Songs sind guter Durchschnitt. Vielleicht hat man einmal zu oft auf das amerikanische Familienradio geschielt, denkt man zunächst, und Derringer übertreibt es etwas mit diesem ruhigen Understatement, aber dann kommt ja noch das achtminütige Up-Tempo-Instrumental »Rapsody In Red«, und da hauen sie sich gegenseitig noch einmal so richtig die Falten aus dem – Gesicht.

No Sleep Til Wacken

Jetzt haben wir es endlich schwarz auf weiß! Das nämlich, was alle Besucher des Wacken Open Air all die Jahre schon vermutet und verbreitet haben, weil es einfach zu schön ist, um unwahr zu sein: Wacken ist die Nummer 1, das heißt »the biggest Heavy-Metal-Festival of the world«. So trompeten es jedenfalls die Macher vom »W:O:A Office« mit geschwellter Brust hinaus, und die müssen es schließlich wissen. Wir wären freilich auch hingefahren, wenn es nur zum zweit- oder drittgrößten gereicht hätte, aber so ist es natürlich umso schöner! Denn einmal im Jahr sich so richtig die Ohren und das, was dazwischenhängt, durchpusten zu lassen, das tut gut, das ist auch und nachgerade in seelenhygienischer Hinsicht von einigem Belang und Wert.

Schon die mehrstündige Autofahrt ins norddeutsche Küstenvorland wird zum Abenteuerausflug à la Fähnlein Fieselschweif, weil mein Freund Helge den Fahrdienst übernimmt und seine Sache so gut macht, wie man es von einem Death Metal-Fan einfach erwarten darf. Kurzum, wir kommen recht zügig voran. Gleich hinter Hamburg passieren wir ein Schild: »Stauberatung 500 m«. Helge lacht einmal hart auf, und es klingt, als würde man eine Pistole durchladen, und dann schert er auch schon wieder aus auf die linke Spur, um aber doch noch, kaum mehr erwartbar, einen Kommentar hinterherzuschicken: »Saugute Idee, wenn es nicht mehr geht, setzt du dich einfach für 'ne Stunde in die Gesprächstherapie, und schon bist du wieder absolut stautauglich.« Ich will etwas antworten, aber mir fehlt schier der Atem dafür, starre nur wie paralysiert auf die zitternde Tachonadel. Offensichtlich geht es ihr genauso wie mir.

Nachdem wir von den Autochthonen im roten Ordner-Ornat, augenscheinlich lebt der kleine Flecken ein ganzes Jahr lang von diesem Schwermetall-Großereignis, einen Zeltplatz zugewiesen bekommen haben, treffen wir uns mit zwei weiteren Freunden, den Gebrüdern Wartusch. Ich mustere den jüngeren der beiden eine Weile, denn die zerlatschten blauen Bundeswehrturnschuhe, die etwas hochbündige Jeans und das grüne verquanzte Hemd kommen mir bekannt vor – eben, vom letzten Jahr! Nun, das Wacken-Festival ist eine sehr, sehr traditionalistische Veranstaltung, das muß man schon sagen, man kann es allerdings auch übertreiben. Aber gerade als ich mich anhand der »Running Order« vergewissere, daß auch heuer der gute alte 80er-Jahre-Metal – Motörhead, Saxon, Overkill, Rage et alii, die klassische Einfalt mithin –, wieder einmal seine Vormachtstellung behauptet hat, werde ich doch eines besseren belehrt: Man kann es eben nicht übertreiben in Wacken, hier hat Outriertheit Methode. Die Nachbarzeltburg nämlich beschallt sich und uns mit einer Kompilation aus alten Porno-Film-Trailern der Traditionsfirma Ribu. Unter großem Jauchzen und mit schönen Slogans wie »Haß, Begierde, Korruption … es ist ein harter, aber geiler Weg« lernen wir nach und nach die alten Genre-Abräumer »French Satisfaction«, »Wild Play Girls«, »Hard Erections« etc. kennen. Warum nicht?

Nur kurze Zeit später strolchen auch ein paar junge Kuttenträger an den Zelten vorbei, mit lauten Stimmen singend: »Siegfried und Roy, hoi, hoi, hoi.« Immer und immer wieder diese Verse. Das interessiert mich jetzt aber doch, also eile ich ihnen nach und frage, ob ihr Gesinge politisch motiviert sei – als sottisenhafter Kommentar zur Homo-Ehe etwa. Aber der Gefragte schaut mich nur kurz an, seine sehr tiefhängenden Augenlider machen es ihm nicht gerade leicht, dann dreht er sich wieder um: »Siegfried und Roy, hoi, hoi, hoi.« Er kann nur noch diesen Satz. Und ohnehin wird es jetzt langsam Zeit fürs eigentliche Festival.

Ein wenig widerwillig werden wir Teil des riesigen Menschenzwirns und lassen uns durch das Nadelöhr des Eingangs fädeln. Kurzhaarige, kleine, aber dafür außergewöhnlich breite Männer mit weißen Chirurgenhandschuhen tasten uns ab, dann sind wir drin, und der hier herrschende akustische Fön trocknet unserer kleinen Gruppe sogleich den Mund aus. Wenn man sich so umsieht, die vielen ohnmächtig darniederliegenden, umherstolpernden oder sich in Schlammlöchern suhlenden Menschen bei ihrem unsinnigen Tun gewahrt, ahnt man, daß es ihnen genauso

ging. Und daß sie in den vielen Hasseröder-Jurten Linderung such-
ten und fanden. Auch uns verschlägt es zunächst dahin, bevor wir
uns dann doch noch an eine Bühne stellen und an die nächste und
übernächste, um zusammen mit vielen tausend guten Freunde diese
eine gewaltige Luftgitarre zu malträtieren. Bis wir so gegen 2.30
Uhr nicht mehr können und zurück ins naßkalte Zelt wanken, fünf
Stunden lang mit den alten Knochen klappern, um auch den folgenden Tag so zu verbringen.

Als ich am Ende des zweiten Tages mit wirklich freiem Kopf zum
Zelt gehe und nach einem Resümee suche, unterhalten sich vor mir
zwei durch und durch dunkelbraun-verkrustete Gestalten, sie
gehören mithin zur Schlammrutscher-Fraktion.

»Und? Wie fandstes dies Jahr?«

»Ooch, gut, scheiße nur, daß die hier alle so assig sind ...«

Ja, auch das ist Wacken.

Für Hotte, Turbo und Rüdeberger

Geklaute Kakerlaken

Neulich war wieder einmal Junggesellenabschied. Kurzum, einer heiratet, und die anderen wünschen ihm einen ganzen Abend lang viel Spaß auf seinem weiteren Lebensweg. Allein, in meinem Alter sind die meisten aus dem obligatorisch anwesenden Freundeskreis ebenfalls längst Ringträger, so daß sich findige Wortschöpfer bei hochzeitenden Nachdreißigern eigentlich mal eine andere Terminologie einfallen lassen könnten. Sorry, ich habe gerade nichts Schmissiges auf der Pfanne.

Nun, hier im Niedersächsischen feiert man dergleichen folgendermaßen: Erst einen Happen essen oder auch zwei, als »gesunde Unterlage«, damit die groteske Vielfalt der hernach verabreichten Alkoholika in ihrem Reaktionsverhalten gehemmt wird, und anschließend in den Puff! Den Puff schenken wir uns meistens.

»Hört mal, ich hab der Dagmar versprechen müssen, nicht mit auf die Gurke zu gehen. Und außerdem – ich glaube, die hat mein Geld gezählt ...«

»Wir zahlen!« erschallt es im Chor, aber so richtig überzeugend klingt das schon seit Jahren nicht mehr. Und wenn der mit zwanzig Knoten, also mit Volldampf, in den Ehehafen reinschippernde Seemann nur noch etwas Gegenwehr zeigt, es muß nicht viel sein, dann knicken alle erleichtert ein, dann läßt man es für diesmal gut sein, denn man weiß ja: »Nächstes Jahr ist Winfried dran, aber dann frage nicht ...«

Heuer also nur ein verlängertes Gezeche, für das man eigentlich nicht extra heiraten müßte. Nach vielen bitteren Schnäpsen und diversen Wechseln der Lokalitäten – Kosmopolitismus wird in aufgeklärten Kreisen ja auch beim Saufen großgeschrieben! – verschlug es uns in einen »Irish Pub«, der sich aber sehr bald als Hort des finstersten Obskurantismus entlarvte. Gerade spielte man das alldienstägliche Quiz, an dem sich die ganze vollbesetzte Kneipe mit viel Gejohle und Schenkelschlag beteiligte. Bier floß, wie Bier nun einmal fließt. Da bleibt manch einer nicht gern außen vor, und so meldeten ein paar Amüsiernotständler auch unsere Gruppe an – man kann sich in der Provinz Freunde wirklich nicht aussuchen! Wir hielten zunächst gut mit, mußten dann aber doch einmal passen: »Was essen die Polen traditionell zu Weihnachten?« Die Frage ist etwas suggestiv und gab in diesem irisch-niedersächsischen Pandämonium called »Wild Geese« denn auch gleich zu weitreichenden slawophoben Spekulationen Anlaß. Ich hätte sie vermutlich nicht gestellt. Aber die irische Quizleitung kannte vielleicht auch ihre niedersächsischen Pappenheimer noch nicht so gut.

»Karpfen« wäre richtig gewesen, meine ich. Viel besser in Erinnerung geblieben sind mir dann allerdings die vielen fehlerhaften Antworten, die von der Conferencieuse ebenso gewissenhaft vorgelesen wurden: »Brot. Wenn sie haben!« ließ sie vernehmen und schickte dann ein akkurates »Das ist leider falsch« hinterher. Und auch bei »Geklaute Kakerlaken!« beschied sie in ihrer knappen, aber unzweideutigen Art, dies sei ebenfalls »nicht richtig«.

Wir nickten einverständig dazu, verbeugten uns hochachtungsvoll und drehten das Kneipen-Karussell geschwind eine Runde weiter.

Es wird viel erzählt

Und wieder mal war Junggesellenabschied. Diesmal in Hamburg, ganz klassisch mit einem Abstecher auf die sündige Meile.

»Hier wird gefickt und Fotze geleckt«, schrie uns ein älterer Einpeitscher hinterher, der in seinen besten Jahren vermutlich Fisch verkauft hat, und als wir nicht anhielten, sondern unsere Schritte beschleunigten, zog er auch noch seine Trumpfkarte: »Scheinwerfer geht bis in den Arsch.«

»Das ist ja allerhand«, sagte der Bräutigam kopfschüttelnd.

Zwanzig Meter weiter hängte sich ein anderer Menschenangler an unsere Fersen und raunte konspirativ: »Jungs, ich brauche noch einen ganz Versauten für die Bühne!«

Wir sahen ihn fragend an.

»Ehrlich!« versicherte er uns.

Aber wir gingen dann doch nur in die »Meany-Bar«, weil hier gute alte Sixties-Schaffe lief, und tanzten in den kalten Morgen hinein. Wer was anderes sagt, der lügt!

Ein höflicher Mensch

Eine wunderhübsche Braut, die nicht hinter ihrem Rücken Klippe machte, ein aufrechter Bräutigam mit der Tulpe im Knopfloch, kein einziger Einwand aus den Reihen der Gemeinde – und sogar das Wetterchen spielte mit. Eine Traumhochzeit. Das dachte sich auch wohl der Penner in Siebenachtelshorts, der die noch fast vollen Kuchenteller und kaum einmal angenippten Sektgläser auf den Stehtischen bemerkte, höflich wartete, bis einer der Tische frei wurde, sich freundlich lächelnd dazustellte, den kleinen Happen zwischendurch ratzeputz aufmüllerte und mit drei halben Gläsern trockenen Riesling nachspülte. Nein, er versäumte auch nicht, der Braut hernach seine Aufwartung zu machen und ihr mit einem gouvernantenhaften Knicks, den er einst im »Haus am Eaton Place« gesehen haben mochte, »Glück, Glück und noch mal Glück« zu wünschen.

Wenn man alle eine so gute Kinderstube genossen hätten wie dieses arme Männlein, es stünde wohl besser um unser Land.

Im Bücherkaufhaus

»Härry Porter?« schnauft der alte Mann erstaunt, mit zusammengekniffenen Augen und der konzentrierten Unkenntnis desjenigen, der nur den Sportteil seiner Lokalzeitung liest – oder einen Lehrstuhl innehat. Er steht vor einem mit Büchern, Kassetten und Spielen viel zu vollgepackten Tisch, trägt Shorts im rotbraunen Schottenkaro und dazu ein veilchenblaues Polohemd. Ein Ruheständler, der auch mal gearbeitet hat, so scheint es, wohl eher kein Emeritus! Augenscheinlich gönnt er sich nach dem beschwerlichen Treppenaufstieg eine Ruhepause. Seine rechte Hand stützt den sehnigen Oberkörper auf dem Becken ab, und mit tiefen Zügen saugt er die kühle Klimaanlagenluft ein. Eine Weile schaut er noch erschöpft auf das überlebensgroße Comic-Gesicht dieses gewitzt dreinschauenden und wie ein Zauberer verkleideten Jungen, bevor er langsam und etwas steif weitertrottet. Und mir fällt natürlich Porter Ricks ein, »der Porter«, wie der »Flipper«-Freundeskreis den gestrengen, aber gerechten und auch schon mal verzeihenden All-American-Dad nennt. Vielleicht denkt der Alte auch gerade an ihn und pfeift in seinem Kopf die Titelmelodie nach, ein drollig-swingendes, von einem Fünfziger-Jahre-Gesangsverein intoniertes Kinderlied.

Es würde mich gar nicht wundern, wenn dieses weitläufige und immerhin dreistöckige Bücherkaufhaus das Fan-Buch zur Serie auf Lager hätte. Ich mag aber nicht danach fragen, setze mich statt dessen wieder in Bewegung und gehe vorbei an langen Tischen, die offensichtlich willkürlich oder doch zumindest nach nicht einleuchtendem Muster Belletristik ausstellen: einen Hard-Boiled-Krimi von Ed McBain neben einer Pop-Novelle von Tobias O. Meißner, den neuen T. C. Boyle neben Lily Bretts »Zu viele Männer«, Woody Guthries autobiographischen Roman »Dies Land ist mein Land« neben Science-Fiction-Geschichten von Philip K. Dick. Gut, es ist erzählende Literatur im weiteren Sinne. Allerdings lassen die Auslagendekorateure durchaus etwas gattungstheoretische

Konzilianz walten und mischen etwa auch Thomas Steinfelds Aufsatzsammlung »Riff« und Javier Marías Porträtband »Geschriebenes Leben« darunter. Farblich jedoch, das muß man schon einräumen, ist das alles hübsch aufeinander abgestimmt. Hier herrscht die bunte, verwirrende, überwältigende Fülle, die den Ad-hoc-Bücherkauf zur absoluten Glückssache macht.

Die Gedichtbände hat man wie überall üblich ins Lyrik-Ghetto gesperrt, eine kleine Nische, die nicht mal so viel Platz beansprucht wie die Rubrik »Katzen« oder »Hunde« oder »Insekten«. Aber ich darf mich nicht beschweren, ich kaufe ja auch selten welche! Andererseits kaufe ich nie Bücher über Insekten, Hunde oder Katzen ...

Affektiertes Gekicher kommt nun aus einer großen runden und roten Sitzecke hinter mir, wo sich drei bauchfreie Mädchen im »Bravo«-Alter etwas fläzig aufführen und in »Buffy«-Filmbüchern blättern. Ob die »den Porter« noch kennen? Oder schon?

Ich schlendere weiter zum Rubrum »Musik« und versuche, den dicken Verkäufer in Jeans und leicht angeschwitztem weißen Hemd zu passieren, ohne ihn zu stören. Er sitzt auf einer Art Barhocker und liest ziemlich konzentriert einen dicken roten Leinenband. Offenbar hat er bereits die Hälfte durch. Ein Karabinerhaken mit gar nicht so kleinem Schlüsselbund daran ist ihm aus der vorderen Hosentasche gerutscht – vielleicht sitzt es sich aber auch einfach bequemer so – und bammelt nun etwas zu klassenkämpferisch in diesem doch eher bourgeoisen Setting. Vor ihm eine Art Stehpult mit Bildschirm und Tastatur, womit er das Verzeichnis lieferbarer Bücher schnell und bequem durchkämmt, wenn es denn verlangt wird. Aber in den letzten Minuten scheint das nicht der Fall gewesen zu sein, denn der Nina-Ruge-Bildschirmschoner arbeitet an seiner Stelle – und »Alles wird gut« zieht aufreizend langsam seine Kreise. Wo sind die Katzen-, Hunde- und Insektenfreunde heute? Auf Lyrik umgestiegen? Reicht ihnen der Sportteil? Oder kümmern sie sich lieber mal ganz praktisch um ihre kleinen Schützlinge? Denn das ist ja klar, vom Lesen allein werden die noch nicht satt!

Bei der Musikparzelle. Die wird dominiert von den zwei Großjubiläen der letzten Zeit: Bob Dylans laut beklatschtem Sechzigsten

und Jim Morrisons eher pietätvoll begangenem dreißigsten Todestag. Aber hier in den Regalen nimmt es sich nichts, beide lassen sich
in etwa der gleichen Anzahl Bildbände, Monographien, Spezial-
studien und Werkausgaben würdigen. Und von all diesen Büchern
hat man noch genug auf Lager. Dabei täte es mich ja schon interessieren, was mehr verkaufte Exemplare bringt: Leben oder Tod?
Aber da bemerke ich auch den mir vom Sehen bekannten freien
Autor. Er pirscht sich langsam heran, blättert beinahe unauffällig
in Reclams Opernführer, nimmt dann eine Louis-Armstrong-Bio-
graphie zur Hand, aber man merkt doch, daß er nicht recht bei der
Sache ist, daß ihn eigentlich etwas anderes interessiert. Immer wieder schielt er zur Popmusik, und dann faßt er sich doch ein Herz,
geht hinüber und sieht schnell mal nach dem Rechten, nämlich ob
seine letzte Publikation noch in ausreichender Zahl vorrätig und
wieviel in der letzten Woche davon so weggegangen ist. Und als er
mich bemerkt, lächelt er scheu und zieht linkisch-überhastet zwei
Tische weiter, auf neutrales Gebiet, wo er kein eigenes Druckwerk
liegen hat.

Neben ihm befindet sich ein weiteres Informationsterminal. Hier
stehen sogar zwei Buchhändler arbeitslos davor und unterhalten
sich angeregt. Beide tragen sie kleine Brillen mit silbernem Gestell,
die eine etwas anachronistische Vorstellung von Intellektualität
bedienen, und auch ihr sonstiger Aufzug, die astreinen, mit abso-
luter Sicherheit fremdgebügelten Falten in der Anzughose, das frische, steife Hemd, und sogar ihre Gesten gleichen sich so, wie es
manchmal bei Vätern und Söhnen der Fall ist. Der Altersunter-
schied beträgt aber höchstens zehn Jahre, zu wenig also für eine
direkte genetische Nachfolge. Schließlich befinden wir uns hier im
protestantisch-aufgeklärten Norddeutschland und nicht, sagen wir,
auf den Gesellschafts-Inseln.

Als sich der Schriftstellerkollege aus meinem Gesichtskreis entfernt hat, sehe ich mir die Büchertische in ihrer Nähe an, und ein
paar Gesprächsfetzen dringen an mein Ohr.

»Den neuen Botho Strauß-Band müssen wir dann wohl noch besser plazieren«, sagt der Jüngere mit einem schwebenden Fragezei-

chen am Ende, womit er anzeigen will, daß er die Antwort natürlich längst kennt. Und mir geht schon jetzt seine preziöse, prätentiöse Gespreiztheit schwer aufs Suspensorium. »Unbedingt«, sagt der erfahrene Kollege. Ich fahre überrascht herum, denn seine Antwort bringt er mit einem solchen heiligen Ernst vor, als hingen die Geschicke nicht nur dieses Buchgeschäfts davon ab. Unsere Blicke treffen sich kurz, aber ich halte dieser unerträglichen Selbstgewißheit in seinen Prophetenaugen nicht lange stand, auch weil ich befürchte, ich könnte zu viel darin lesen. Als ich mich wieder abwende, sehe ich eine goldene Kette von der Hosentasche zur Gürtelschlaufe einen ungleichmäßigen Halbkreis formen. Offensichtlich trägt er auch noch eine Taschenuhr. Und ich verstehe nun langsam, warum der dicke Mann bei den Hunden, Katzen und Insekten sich nicht zu einem kleinen gepflegten Pläuschchen mit den Kollegen von der Belletristik trifft, wenn die Kunden ausbleiben, sondern statt dessen lieber ein Buch liest.

»Ich halte Botho Strauß für einen der größten lebenden Denker – nicht Dichter, Denker«, fährt der erfahrene Kollege mit großen Augen fort, und sein Kopf nickt dazu viele Ausrufungszeichen in die Leere. Das habe ich mir gedacht – nicht gehofft, gedacht. Und jetzt habe ich endlich das sichere Gefühl, gehen zu können. Am schönsten ist es ja schon eine Weile nicht mehr.

Vor der Treppe halte ich kurz inne und schaue noch mal um die Ecke. Lautes Stimmengewirr hat das schöne helle Café bereits angekündigt, in dem Frauen mit großen Tüten neben ihren Stühlen Milchkaffee schlürfen und geschäftlich gekleidete Herren frisch erworbene Hardcover aus der »Spiegel«-Bestsellerliste anlesen, um anschließend weltläufig »zwei Cappuccini« zu bezahlen, aber mit dem Trinkgeld zu knausern.

Ich übersehe die Tische, kenne aber niemanden unter den Gästen, zu dem ich mich gesellen könnte, um die eine odere andere Frage beantwortet zu bekommen. Etwa ab welchem Alter die Niedersachsen naturgemäß ihre Kinder kriegen, warum die Gesellschafts-Inseln wohl so heißen, ob man später als Rentner auch mal veilchenblaue Polohemden trägt, und ob Taschenuhren nicht doch eine große Verirrung des traditionsreichen Uhrmacherhandwerks darstellen. Das alles muß ich nun mit mir selbst ausmachen.

Auf dem Weg nach draußen schlend're ich noch einen kleinen Umweg durch die Taschenbuchabteilung, wo eine Frau Mitte dreißig gerade einen Heyne-Roman ganz nach hinten in den Stapel zurückstellt, weil ihr kleiner, sichtlich gelangweilter Sohn mit infantiler Sorgfalt ein Eselsohr ins Cover gefaltet hat. Sie dreht sich nach links und nach rechts um, weiß also genau, daß sie sich gerade strafbar macht, und nimmt dann ihren Sohn fest bei der Hand, um den Laden zu verlassen. Auch sie hat genug gesehen für heute.

An der großen Zentralkasse vorm Ausgang steht der fußlahme Rentner. Er hat einen dicken Wälzer im Katalogformat über die großen Schlachten des Zweiten Weltkriegs auf den Tresen gelegt und zieht nun umständlich seinen Brustbeutel aus dem Kragen.

Dann bin ich endlich wieder draußen, und das neckische Sonnenmädchen da oben wischt mir aufmunternd ihre warmen Strähnen durchs Gesicht.

Der Chronist des Potts

Ein Besuch bei Wolfgang Welt

Bochum, Hauptbahnhof. Ich habe einen Zug eher genommen, komme also zwanzig Minuten zu früh, aber Wolfgang Welt wartet schon auf mich, als hätte er so etwas geahnt. Nach ein paar Schritten in Richtung Treppe sehe ich ihn, den kleinen, untersetzten, gutmütig lächelnden Mann, wie er da wie ein Schuljunge auf einer von vielen ausgedrückten Zigaretten geschwärzten und unzähligen Hosenböden blank polierten Holzbank lümmelt und mir dann, meinen erkennenden Wink richtig deutend, ein kurzes Stück entgegenkommt. Nach einer freundlichen Begrüßung bringt er mich zum Hotel, und dann sind wir bereits auf dem Weg, eine Station seiner Biographie in Augenschein zu nehmen: das Bochumer Schauspielhaus, genauer: das Foyer, wo er seit vielen Jahren als Nachtwächter Dienst schiebt – für einen Hungerlohn. Aber hier hat er immerhin genügend Zeit zum Lesen. »Zwei Bücher in der Woche schaffe ich gut«, sagt er zufrieden. Und der sich daran anschließende kurze Austausch über unsere letzten Lektüreerfahrungen zeigt mir deutlicher als erwünscht: In der neueren deutschen Literatur kennt er sich sehr viel besser aus als ich. Und wie steht es hier mit dem Schreiben? »Nee, herrscht zuviel Unruhe hier, weil die Kantine ja abends noch offen ist. Da wird viel getrunken.« Welt grinst.

An seinem gerade erschienenen zweiten Roman »Der Tick« hat er ausschließlich in den paar Wochen Jahresurlaub gearbeitet, sukzessive, über zehn Jahre lang. Ein normaler Urlaubstag sieht dann so aus: »Ich stehe um 6 auf, 'ne Kanne Kaffee dabei, und dann haue ich das raus ... bis 9, so 10 Seiten circa. Dann schlafe ich noch ein bißchen, und wenn ich fit bin, nachmittags das gleiche noch mal.« Ein merkwürdiger Produktionsprozeß, der dieser temporeichen, kruden, ohne ästhetisches Kalkül aufs Papier gerotzten Prosa, die offenbar nichts anderes als wahrhaftig sein will, dennoch keineswegs geschadet hat. »Ich habe meine Texte noch nie überarbeitet«, gibt Welt zu – und das sieht man ihnen an. Aber macht er sich vorab wenigstens Gedanken über das Handlungsgerüst?»Ach was, überhaupt nicht. Ich fange an ... ich weiß wohl, wo ich enden werde, aber der Weg dahin ist ungewiß.«Manchmal klingt das wie die Transkription eines gesprochenen Textes. Und ein bißchen erinnert seine Diktion denn auch an Jörg Schröders Oral History»Siegfried« bzw. seinen gerade wieder neu gestarteten episodischen Marathon-Roman»Schröder erzählt«, der ja tatsächlich nichts anderes ist als ein überarbeitetes Tonbandprotokoll.

Wie schon in seinem ersten, ebenfalls»zu 99 Prozent« autobiographischen Roman»Peggy Sue«, der bereits 1986 im Konkret Literatur Verlag, dann elf Jahre später zusammen mit seinen wichtigsten Erzählungen und Artikeln als sogenannte»Bochumer Ausgabe« in der Edition Xplora erschienen ist und den der Heyne Verlag in dieser erweiterten Fassung vor zwei Jahren noch einmal aufgelegt hat, erzählt Welt auch im»Tick« von seiner Zeit als»wichtigster Musikjournalist des Potts«, wie er stolz und zu Recht vermerkt. Als rasender Reporter hetzte er damals durch die Szene und schrieb für die maßgeblichen Musikzeitschriften wie»Rock Session«,»Musik Express« und»Sounds« Reportagen und Kritiken, die zum Härtesten gehören, was das Genre in dieser Dekade zu bieten hat. Welt war der archetypische Rock 'n' Roll-Pechvogel: ein Studienabbrecher, der außer Schreiben nicht viel gelernt und immer einen Blauen zuwenig hat für Bier und Zigaretten, ein temporärer Psychotiker, der keine illegalen Drogen braucht, weil ihm der Arzt Psychopharmaka auf Krankenschein verschreibt, ein kleiner dicker Mann, der bei den Frauen viel zu selten einen Stich kriegt, was ihn nur noch manischer nach dem nächsten Fick fiebern läßt, und schließlich ein Zyniker und harter Hund mit unbestechlichem Blick für hohle Prätention und angemaßte Grandiosität, der in seinen Verdikten kein Erbarmen kennt, nicht gegen sich selbst und schon gar nicht gegen andere. So beginnt er ein Interview mit Helen Schneider, indem er ihr an den Kopf wirft, sie habe gerade eben auf der Bühne fünf seiner Lieblingssongs gekillt. Ihr Manager und Lover schwört daraufhin, Welt als Journalisten fertigzumachen. Er hat das so wenig geschafft wie Kunze. Den hatte er in seinem mittler-

weile legendären Fundamental-Verriß »Heinz Rudolf Kunze –
Deutsche Lieder« als germanophilen Studienrat und »singenden
Erhard Eppler« entlarvt und auf adäquate Weise abgekanzelt.
Danach fiel es plötzlich auch anderen auf.

»Das war 'ne schöne Zeit damals, jeden Tag unterwegs, Geschichten schreiben ...« Man merkt ihm an, daß er den Achtzigern ein
wenig nachtrauert, obwohl er auch zugibt, daß er dieses Leben
gesundheitlich wohl kaum viel länger ausgehalten hätte. Höhepunkt des Exzesses, eine ruinöse Woche mit Motörhead on tour.
Aber damals war wenigstens was los. »Ich krieg ja jetzt nicht mehr
so viel mit von der Welt.« Oder doch nur mittelbar, denn die fünf
Tageszeitungen, die das Schauspielhaus abonniert hat, liest er kur-
sorisch, und auch noch ein paar Magazine. Aber es ist eben nicht
mehr das pralle Menschenleben, das seine Stories auszeichnet. Deshalb hat er auch das Theaterstück über seine Nachtwächter-Exi-
stenz, das man ihm aufgetragen hatte, schließlich doch abgebro-
chen. »Ich sollte mal aufschreiben, was die Leute alles so tun und
lassen im Foyer, aber die tun und lassen da einfach nicht so viel.«

Und weil er nach eigenem Bekunden nur autobiographisch schreiben und sich nichts ausdenken kann, konzentriert er sich statt dessen lieber auf seine subjektivistische Chronik des Ruhrgebiets. Der
nächste Roman ist schon zu einem Drittel fertig, »Der Tunnel am
Ende des Lichts« soll er heißen und da weitermachen, wo »Der
Tick« nach 189 Seiten jählings abbricht. Man kann nur hoffen und
sich wünschen, daß Heyne diesem Schreib-Projekt auch weiterhin
eine verlegerische Heimstatt bietet, denn es steht doch ziemlich ein-
zigartig da in der deutschen Literaturlandschaft. Gut, es gibt Frank
Goosen, aber dessen vermeintliche Ruhrpott-Erzählungen spielen
topographisch eigentlich eher im Ungefähren, während sich Welt
in allen seinen Texten ganz genau lokalisieren läßt. Aber er hat
nichts gegen den Kollegen, gönnt ihm seinen Erfolg, nur einen kleinen Einwand bringt er doch noch vor: »Der ist mir zu süffig, wennde
verstehst, was ich meine.« Diesen Vorwurf kann man ihm jedenfalls nicht machen. Apropos, wie reagieren eigentlich die bei ihm
vorkommenden realen und nur teilweise pseudonymen Figuren auf

die Bücher? »Die meisten finden das zu säuisch.« Immer wieder stockt unser Gespräch, weil er den Hausmeister begrüßen muß, einen Schauspieler anfrozzelt oder seiner Stellvertreterin hinter der Scheibe, hinter der er die Nacht über sitzt, einen schönen Dienst wünscht. Nach einer Bratwurst im Stehen bei Dönninghaus, der besten Braterei am Platze, am »Bermuda Dreieck«, der Bochumer »Suffmeile«, die wir am späteren Abend noch in Angriff nehmen werden, fahren wir raus nach Bochum-Langendreer, zur Wilhelmshöhe. Dort wohnt Welt mit seiner Mutter schon seit über 40 Jahren, in einer alten Zechensiedlung. Sein Vater, der ein paar hundert Meter die Straße runter als Lohnbuchhalter gearbeitet hat, ist vor vielen Jahren schon gestorben. Herzinfarkt. Die ältere Frau, die sich lächelnd als »seine Sekretärin« ausgibt, weil sie tagsüber die Telefonate für ihren Sohn annimmt, als Nachtschichtler schläft Welt oft bis 7 Uhr abends, spricht nach einer kurzen Aufwärmphase ganz unbefangen von ihrer überwundenen Krebs-Krankheit. Zwei Liter Wasser müsse sie jetzt jeden Tag trinken, und man kann ihrem Gesicht ansehen, dessen Ähnlichkeit zu dem ihres Sohnes schon verblüffend ist, daß sie keinen Spaß daran hat. Wir sitzen zusammen in der Küche, Gelsenkirchener Barock, trinken Kaffee bei laufendem Radio. WDR 4 spult sein Schlager-Programm ab, häufig unterbrochen von den neuesten Milzbrand-Nachrichten. »Gestern war in der Stadt die Post abgeriegelt«, erzählt Welt, »weil sie ein verdächtiges Päckchen gefunden haben. Da haben sich die Uniformträger natürlich die Hände gerieben, können endlich mal wieder allen zeigen, was sie drauf haben.«

Frau Welt liest die Texte ihres Sohnes nicht, stolz ist sie trotzdem darauf. »Anerkennende Reaktionen«, und damit ich es nicht als Prahlerei mißverstehe, hängt er gleich ein »vielleicht« an, »habe ich hier auf der Wilhelmshöhe gekriegt, von den einfachen Leute, wenn ich das so sagen darf. Die akzeptieren mich – auch als Künstler.«

Schließlich steigen wir noch die zwei Treppen hoch, unters Dach, damit ich mir die aus seinen Büchern wohlbekannte »Mansarde« ansehen kann, wo er dann doch ein paar Mädchen rumgekriegt hat

– und wo die elektrische Schreibmaschine steht. Weil Welt kaum noch Farbbänder dafür bekommt, will er sich jetzt ein Laptop zulegen, um dann in den langen Nächten im Schauspielhaus vielleicht doch mal ein paar Bildschirmseiten vollzuschreiben, damit es nicht wieder 10 Jahre dauert, bis der dritte Band erscheint.

In der Zwischenzeit allerdings gilt es noch einen weiteren Schatz zu heben, die vielen, in Zeitungen, Zeitschriften und Anthologien verstreut publizierten Erzählungen, Kritiken, Polemiken und was sonst noch alles. Diese Texte mal zwischen zwei Buchdeckeln zusammenzutragen, das wäre allemal die Mühe wert und würde die Wartezeit bis zum neuen Opus auf recht kurzweilige Weise überbrücken. Wer macht es?

Ein wunderliches Völkchen

Pampow – Motzkow – Pisede – Groß Köthel – Kratzeburg ..., ich wollte eigentlich nie hierher, nach Mecklenburg-Vorpommern. Aber die Frau an meiner Seite wollte, die gerade am Steuer sitzt und den Wagen mit sicherer Hand durch all dies topographische Ungemach nach Hause lenkt, und dann auch noch zu einem Kommentar aufgelegt ist.»Stell dir mal vor, eine 37jährige Sekretärin aus Ratzeburg macht Urlaub in Kratzeburg, was soll die daheim erzählen? Das glaubt ihr doch kein Mensch ...« Wohl wahr, denke ich, andererseits, was uns auf dieser kleinen Reise ins Anschlußgebiet widerfahren ist, das kannst du auch nicht mal deiner besten Freundin aufbinden. Und die ist immerhin Grundschullehrerin!

Schon auf der Anreise häuften sich die Merkwürdigkeiten. Bei unserem ersten Boxenstop etwa stießen wir auf eine Reklame für Tankpistolenwerbung der Firma Alvern, die uns aufklärte, daß der Prügel ja immerhin »335 Mio.« mal im Monat angefaßt und also vermutlich genauso häufig angesehen werde. Interessant, dachte ich, frequentierte dann eine »Pachttoilette 70 Pf.«, nahm mir nun erst mal vor, mich über gar nichts mehr zu wundern, kam eine Weile auch ganz gut zurecht damit, bis ich schließlich meine Frau wie versteinert vor einem Kuckkasten stehen sah: »Modernes Verpflegen Litzmann. Automaten für Verpflegung – Getränke – Fuß-Service«. Und ihre Augen sahen mich fragend an.»Was ist hier eigentlich los?«

Nach einer weiteren Stunde Autofahrt und viel Gegend gelangten wir zum Ziel – einem großkotzigen Golf- und Sport-Hotel, weil alle possierlichen Pensionen längst dicht waren –, bezogen das Zimmer und machten uns gleich auf zu einem Spaziergang durch das umliegende Landschaftsidyll, das uns in einem Faltblatt mit vielen Blümchenwörtern versprochen wurde. Nach einem halben Kilometer Fußmarsch durch wilde, unberührte Natur, nur die mannshohen Brennesseln gaben mir zu denken, stießen wir auf ein gelbes Schild am Wegesrand, das ebenfalls nicht ganz meinen Erwartungen entsprach: »Seuchengefahr! Betreten verboten!«

»Und nun?«»Du«, sagte sie konspirativ, als könnten wir hier draußen abgehört werden, »laß uns lieber umdrehen, wer weiß, was die vor '89 hier verklappt haben.« Überzeugt. Also wanderten wir schleunigst zurück zum Hotel. Auf dem Weg dorthin kam uns ein Pärchen nebst Hund und Kinderwagen entgegen. Offensichtlich Eingeborene, denn sie trugen beide Trainingsjacken mit dem Aufdruck »SSV Einheit Teterow«. Wir grüßten freundlich, dann rollten und trollten sie vorbei. Nach einer Weile aber drehte sich meine Begleiterin um. »Kuck dir das an, die sind ja hart drauf.« Und tatsächlich, fröhlich pfeifend stieselten die vier ins Seuchengebiet, als wenn es gar nichts wäre. »Naja«, versuchte sie eine Erklärung, »die sind damit groß geworden!«

Schließlich trafen wir beim Hintereingang des Hotels zwei Männer in den nämlichen Trainingsjacken (»SSV Einheit Teterow«) und belauschten einen Gesprächsfetzen, der mir für heute den Rest gab.

»Und? Hast du eigentlich viel gelernt auf deinem Englisch-Seminar?«

»Yes, o'clock.«

Ein wunderliches Völkchen, diese Vorpommern!

Die Tigerin

Vor unserem Haus stand ein alter Golf im absoluten Halteverbot. Und sein Besitzer hatte ihn zu allem Überfluß so auffällig schief auf dem Bürgersteig abgestellt, daß es unserem ohnehin recht aufmerksamen, weil längst verrenteten Blockwart sofort auffallen mußte. Und der achtlose Golffahrer dauerte mich, denn im nächsten Monat würden ihm die 40 Mark ja sehr fehlen – wenn die Skatbrüder in seiner Stammkneipe die letzte Runde orderten, er sich vorzeitig verabschieden und einsam nach Hause fahren müßte, und die hämischen Sprüche, die sie ihm hinterherriefen, tiefe Kerben in seine Seele schnitzten. Und das alles nur, weil der gewesene Stabsunteroffizier von nebenan keine Kinder, folglich Langeweile hat und sich deshalb vom Ordnungsamt zu jedem Ersten des Monats ein Heftchen mit Blanko-Verwarnungen zuschicken läßt, um die Politessen zu entlasten.

Andererseits, dieser mit den vorderen Reifen auf dem Bürgersteig geparkte, mit dem Heck weit in den Verkehr hineinragende Golf schien den alten Stuffz nun wirklich provozieren zu wollen. Das kann man auch geschickter anstellen, dachte ich, drängte mich an seiner Frontpartie vorbei – und hielt dann überrascht inne. Auf der Ablage lag eine an der Rißkante ausgefranste und unordentlich gefaltete Seite eines Karo-Ringblocks. Das sah alles sehr eilig aus. Auch die verhuschte Schrift darauf, deren energische, aggressive, ja, fast hätte ich gesagt maskuline Steilheit so gar nicht mit dem Inhalt konvenieren wollte.»Hebamme bei der Arbeit!« stand da.

Und unwillkürlich sah ich nach oben in die vielen anonymen Wohnungsfenster, als könnte mir das Aufschluß geben, wo jetzt gerade wichtige und schwere Geburtshilfe geleistet wurde. Und ich war ganz still und ich horchte, aber keine gebärende, stellvertretend die ganze Unbill des Existierens hinausschreiende Frau war zu hören, sondern nur zwei alte Damen, die sich auf der anderen Straßenseite mit einem Golden Retriever unterhielten:»Na, bist du ein Lieber, bist du ein ganzganz Lieber, jooo!«

Ich brachte schließlich meine Einkäufe nach oben in die Wohnung, kochte Kaffee, griff wieder einmal zu Walter Serners grandiosem kleinen Betrüger-Roman »Die Tigerin« und setzte mich damit auf den Balkon, wo ich die Straße im Auge behalten konnte. Vielleicht hatte ich ja Glück! Und tatsächlich, zwanzig Minuten später, Bichette, die Tigerin, hatte mich gerade am Revers gepackt und hineingezogen in die Pariser Halbwelt von 1925, da klappte eine Haustür. Ich duckte mich hinter die Blumenkästen. – Und? Der Rentner machte seine mittägliche Patrouille. Natürlich sah er den Falschparker sofort, eilte zackig um den Golf herum, zückte seinen Verwarnungsblock und schrieb sich schon die Nummer auf – als er den Zettel im vorderen Fenster bemerkte. Er stutzte, kratzte sich mit dem Bleistift das Terrain hinter seinem Ohr, klopfte hektisch auf seinen Block wie ein Dirigent, der das Orchester um Ruhe bittet, und zerknüllte schließlich die halb ausgefüllte Seite. Er schnaubte kurz, nickte sich selbst bestätigend zu und verschwand wieder strammen Schrittes im Haus gegenüber. Es gibt doch noch Gerechtigkeit auf dieser Welt, dachte ich und las weiter.

Eine halbe Stunde später kam der Maurer von unten links in Arbeitsmontur und gutgelaunt pfeifend aus dem Haus, stieg in den Golf und fuhr schneidig davon. Der alte Fuchs, der.

Im Park

Einen sonnigen Tag auf der Parkbank zu verbringen, mit einem Buch, meinethalben sogar mit einem guten, zum Beispiel mit einer Auswahlausgabe von Ambrose Bierce, einen Marienkäfer dabei zu beobachten, wie er eine Blattlaus aussaugt, spielenden Kindern mit Verve und gespielter Wut den Ball wegzuschwarken, damit sie sich von nun an auf Distanz halten – kann es etwas Schöneres geben? Das Idyll trügt, wie immer, denn natürlich kommt man hier nie zur Ruhe und schon gar nicht zum Lesen. Weil eine sich besonders gewitzt vorkommende Wespe den winzigen Marmeladenrest im Mundwinkel für sich beansprucht. Weil einem Rottweiler mein rotes T-Shirt nicht paßt und dessen Brutalinski-Knurren dem spindeldürren Frauchen an seiner Seite noch mehr Angst einzujagen scheint als mir, was andererseits gar nicht sein kann. Und weil ständig Rentnerehepaare vorbeiflanieren, deren mitleidige Blicke nur eins sagen wollen:»Nein, nein, was ist das nur für eine Welt, so jung und schon keine Ahnung, wie es weitergeht!« Gut, es gibt natürlich auch noch die anderen, für die der Fall längst klar ist und deren wütende Augenblitze man wohl mit»Na, macht Spaß, auf Kosten der arbeitenden Bevölkerung in den Tag zu leben, was?« übersetzen muß. Und die dann in sicherer Entfernung, es wäre einfach zuviel Aufwand, ihnen jetzt noch nachzustellen und, zum Beispiel, die Brille wegzunehmen, ein verächtliches»Gammler« hochwürgen.

Nein, Spaß macht das nicht. Aber was soll man tun, wenn man jung ist, keine Ahnung hat, wie es weitergeht, und diese vermaledeite kleine Geschichte ja auch irgendwie mit Inhalt gefüllt werden muß. Da kommt einem der rüstige ältere Herr ganz recht, der trotz der Hitze einen Anzug nebst Krawatte trägt und recht flink einherschreitet, dann aber für einen Moment stutzt, fast strauchelt, stehenbleibt, um nach einer kleinen Weile seinen Hut zurechtzurücken und schließlich noch ein Ideechen feierlicher weiterzuziehen. Er würdigt mich nicht eines Blickes, was ihn mir gleich sympathisch macht und mich aussöhnt mit den Dreißiger-Jahrgängen.

Ich hätte ihn wohl dennoch bald vergessen, wenn er nicht nach einer guten Viertelstunde erneut aufgetaucht wäre, wieder in die entgegensetzte Richtung blickend, suchend beinahe. Nach weiteren 17 Minuten, ich stoppe mittlerweile seine Zeit, kreuzt er abermals meinen Blick. Der Mann geht im Kreis, soviel immerhin weiß ich. Auf eine schnelle 16-Minuten-Runde folgt eine langsamere, die sich hart der Zwanzigermarke nähert, aber ich widerstehe der Versuchung, ihn anzufeuern.

Nach weiteren zwei Durchläufen wird mir der Altherren-Marathon dann aber doch zu langweilig. Bevor er mich erneut passiert, will ich weg sein, erhebe mich deshalb, und da sehe ich es, hinter einem Busch, in einiger Entfernung. Das nackte Z. Es liegt da im Gras, nur nicht so spitz, sondern an den Ecken abgerundet, wie man es schöner nicht malen kann. Sie liest ein Buch. Bevor es allzu auffällig wird, gehe ich los und sehe auf die Uhr, eine gute Stunde Zeit habe ich noch, bis »Raumschiff Enterprise« anfängt. Das sind locker drei Runden, wenn ich mich beeile, sogar vier.

Mit sanfter Sommerbubenstimme

Popmusik in der neueren deutschen Literatur

1

Das müßte schon ein ziemlicher Hinterwäldler oder Germanistik-Professor sein, der über dreißig Jahre nach ihrer Papierwerdung (jedenfalls im deutschsprachigen Raum) das Konzept der sogenannten Popliteratur noch in Bausch und Bogen verdammte. Denn die Rehabilitation ist ja fast zu einfach: Es macht bzw. es sollte keinen literarischen Qualitätsunterschied machen, ob ein Autor auf Phänomene der populären oder der sogenannten Hochkultur zurückgreift, um seinem Text einen Hallraum, mithin so etwas wie eine semantische Tiefendimension zu geben. Das ist nämlich nur eine Frage des verwendeten Materials. Entscheidend ist doch vielmehr, wie er sich dieses Material im Einzelfall anverwandelt; das heißt, ob es ihm gelingt, die verwendeten Zitate und Anspielungen auf suggestive, ästhetisch zwingende Weise zu integrieren. Auch ein Tischler setzt sich lieber auf einen formschönen, robusten Plastikstuhl, wenn der hölzerne daneben verdreckt ist und einen wackligen Eindruck macht.

Zum Zitat- und Anspielungsmaterial der Popliteratur gehört vor allem die populäre Musik. Die einschlägigen Klappentexte werben gern damit, daß hier der »Sound der 90er« herauszuhören sei und dort »vom Rhythmus der Großstadt, den Szenelokalen, der Musik« erzählt werde. Diese Affinität läßt sich eben werbestrategisch gut instrumentalisieren, sie hat aber zunächst andere, nämlich poetologische Ursachen. Was sagt das denn aus über die Literatur, wenn sie sich inhaltlich-thematisch oder auch formal dem sensuelleren Zeichensystem der Musik anbiedert? Doch nur, daß sie wirkungsästhetische Qualitäten drangibt, um sich ausdrucksästhetisch mehr leisten zu können. Daß sie mithin weniger auf Ratio-Reizung abzielt auf Emotionalität: »Tempo«, »Dynamik«, »Drive« heißen denn auch die Suggestivformeln, angestrebt werden Authentizität und Unmittelbarkeit, das intensive Leben, das volle emotionale Erleben. Nachdem wir lange genug eine literarische Aufklärung hatten, ist also mal wieder der Sturm und Drang an der Reihe. Warum nicht?

Nur geht es der neueren Popliteratur weniger um gesellschaftliche oder politische Einflußnahme – auch wenn ihr die Revoluzzer-Attitüde natürlich genauso wenig fremd ist: Hier wird vor allem der Ist-Zustand beschrieben, ohne daß gleich notwendig das Soll dahinter sichtbar wird. Andreas Neumeister hat diese poetologische Statik in seinen Prosa-Fragmenten »Gut laut« (Suhrkamp, Frankfurt a. M. 1998) ganz schön ins Bild gesetzt; er imaginiert dort die Jahrtausendwende auf einem Vergnügungsdampfer, der über den Chiemsee tuckert: »Der See soll leicht zugefroren sein, gerade so, daß die MS Edeltraut noch knirschend durchkommt. Alle sollen dabei sein, die sonst auch immer dabei sind. Mit der allerschönsten Musik durchs brechende Eis ins neue Millennium hineinfahren, klingt gut. In riesigen Achten die Chiemsee-Inseln umrunden und aus riesigen Lautsprechern um sich selbst kreisende Musik dazu hören.«

Eine Literatur, die schwimmt. Die sich im Kreis dreht, weil sie ihren ideologischen Fixpunkt verloren hat. Eine Literatur mithin, die Einzelphänomene wieder Einzelphänomene sein läßt, weil ihr die Sammelbüchsen ausgegangen sind.

2

Auch dagegen muß man nicht unbedingt etwas haben, wenn man mit Arno Schmidt der Ansicht ist, daß die »Oberflächen der Dinge« noch viel zu wenig beschrieben worden sind. Wer nun allerdings genauer hinsieht, wie sich das Genre in jüngerer Zeit seinem ureigenen Thema Popmusik beschreibend genähert hat, der bekommt dann doch zuweilen den Eindruck, daß die Popliteraten es nicht einmal mit der Ausdrucksästhetik so ernst meinen. Die Musiken, die sich gerade in den Charts tummeln, vor allem Brit-Pop und HipHop, werden zwar ebenso abgehakt wie die All-Time-Standards von den Beatles, Janis Joplin, Bob Dylan, Tom Waits oder Elvis, aber es bleibt eben fast immer bei der bloßen Benennung oder Aufzählung. Nur selten einmal wird eine Textpassage zitiert. Und weil die Kenntnis der meisten Songs vorausgesetzt werden darf, ist das oft auch gar nicht nötig; insofern eignen sie sich trefflich, die jeweiligen Handlungen atmosphärisch zu kolorieren, das heißt, ohne großen erzählerischen Aufwand ein situatives Ambiente zu schaffen.

In Judith Hermanns Erzählungsband »Sommerhaus, später« (S. Fischer, Frankfurt a. M. 1998) finden wir ausschließlich solche lapidaren Beschreibungsformen: »irgendwo sang Tom Waits«; »Sie drehte das Radio auf und tanzte zu ›Never known a girl like you before‹ ... Die Stimme von Edwyn Collins klang brüchig« oder »wir hörten Massive Attack und rauchten und fuhren die Frankfurter Allee wohl eine Stunde lang rauf und runter« etc.

Dezidierter wird da schon Rosemarie Poiarkov. In ihrem Debüt »Eine CD lang« (Zsolnay Verlag, Wien 2001), das augenscheinlich Hermanns erfolgreichem Milchglas-Realismus nachzueifern trachtet und daran insofern scheitert, als stilistisch bisweilen doch noch zu deutlich die Schülerzeitung der gymnasialen Oberstufe herauszuhören ist, beschreibt sie eine Hotelszene am Morgen: »Im Speisesaal spielte Musik im Hintergrund, alte bekannte Lieder wie ›Love me tender‹, aber auch neuere Hits wie ›American Pie‹ von Madonna.« Sie frühstückt mit ihrem Bruder, und man plant eine Radtour, »als ich plötzlich im Radio ›Michelle‹ von den Beatles hörte, Paul McCartney mit sanfter Sommerbubenstimme ›I love you I love you I love you. That's all I want to say. Until I find a way I will say the only words I know that you'll understand‹ sang und mich die süße Melancholie des Liedes vollkommen in ihren Bann zog ...« Hier haben wir dann auch schon das Maximum an Expressivität – »mit sanfter Sommerbubenstimme«!

Weder Frank Goosen kommt da ran, der sich in »Liegen lernen« (Eichborn Verlag, Frankfurt/M. 2001) immerhin einen Platten-Afficionado zum Protagonisten wählt und laut Verlagswerbung mit »Witz, Ironie und viel Musik« erzählt – leider immer obenhin. Noch Thomas Tuma, der in seinem etwas sehr kalkuliert-modischen

Internet-Thriller »Tödlicher Chat« (Rowohlt, Reinbek bei Hamburg 2001) wie zuvor schon Benjamin Stuckrad-Barre in »Soloalbum« (Kiepenheuer & Witsch, Köln 1998), jedem Kapitel einen Pop-Song mottoartig zuweist (in beiden Fällen fehlt da mitunter die poetische Notwendigkeit). Und leider auch nicht Tanja Dückers, obschon deren Geschichten in »Cafe Brazil« (Aufbau Verlag, Berlin 2001) sich durchaus positiv abheben von der bereits zitierten »Fräuleinwunder«-Prosa, weil sie einfach näher dran ist, detailschärfer und mit Gespür für den charakterisierenden Dialog erzählt und vor allem, weil sie mit weniger Poetelei auskommt. Gut auskommt!

Sie können (oder wollen) alle nicht wirklich über Musik schreiben. Sie brüsten sich damit, sorgen – noch nicht einmal augenzwinkernd – für Einverständnis mit ihren Lesern, indem sie die angesagten Songs und Bandnamen wie Schibboleths hochhalten, aber kaum einer wird sprachlich der selbsterklärten Wichtigkeit des Themas gerecht. Um akustische Wirklichkeit adäquat zu vergegenwärtigen, reicht es eben nicht hin, die Lyrics korrekt zu zitieren. Und so bleibt diese Literatur letztlich oft hinter ihrem Pop-Anspruch zurück: Hier wird eben nicht die Oberfläche, hier wird nur oberflächlich beschrieben.

Tobias O. Meißner gehört da zu den wenigen Ausnahmen. Meißner kolportiert zwar in »HalbEngel« (Rotbuch Verlag, Hamburg 1999), der Geschichte um den sagenhaften, verschollenen Gitarrenhelden Floyd Timmen, noch einmal alle klassischen Rock 'n' Roll-Stereotypen, und ein bißchen mehr Ironie hätte dem Buch denn auch nicht geschadet, aber wie er die Fach- und Gruppensprache der Musiker abkonterfeit und darüber hinaus auditive Phänomene in Worte umgießt, das zeugt schon von einem beachtlichen und in diesem Genre eher seltenen Stilwillen: »... das astaireske Tapping auf den kaum berührten Telegrafendrähten, das Winseln und Schreien des elektrischen Yangtsekiang, das rauchend aufglühende Streicheln mit dem abgesägten Flaschenhals, das schmerzhafte Überspannen der Saite mit dem Plektron, das Aufeinandertürmen, Auseinanderbiegen und Ineinanderschieben von

gehaltenen Verminderungen, die rhythmische Effektivität eines
geslapten Daumens, das Verändern von Lautstärke ohne Veränderung des Griffs und das Schweben und Vibrierenlassen von Tönen
durch die Beweglichkeit zweier Körper müssen wiedererinnertes
genealogisches Bewußtsein eines Jugendlichen gewesen sein, in dessen Familienstammbaum sich paradoxerweise niemals ein Musiker
befunden hatte.«

3

Und noch etwas kann man der neueren Popliteratur vorwerfen,
wenn man will: Dem wenigen, was sie zur Musik zu sagen hat,
kommt abgesehen von der Staffage keine ästhetische Funktion im
Erzählganzen mehr zu. Wenn die eigentlich ihrer narrativen Mittel recht sichere Judith Hermann in einer Story den männlichen
Ich-Erzähler erst mit seiner lebenslustigen Freundin Verena telefonieren und gleich anschließend »Wild Thing« pfeifen läßt, dann ist
das zwar nicht völlig dysfunktional, aber auch gleichzeitig so abge-
schmackt, daß man fast an eine Persiflierung von Methoden der
Trivialliteratur glauben möchte. Und Frank Goosen stellt solch
einer wohlfeilen Etikettierung sogar noch eine Erklärung hintan:
»R.E.M. Bisher hatte ich sie nicht gehört. Das paßte gut. Wir fuh-
ren durch die DDR, und in meinem Kopf lief ›Radio Free Europe‹.
Gott war das beziehungsreich.« Und ein paar Zeilen später dann:
»Kurz vor Berlin hörte ich It's the end of the world as we know it.
And I feel fine. Es wurde immer beziehungsreicher.« Nun muß man
Goosen aber zugute halten, daß er gegen eine Einordnung seines
Romans in die Rubrik Kolportage nicht einmal Einwände hätte,
während die Hermann nur allzu deutlich mit der hehren Kunscht
kokettiert. Und trotzdem erscheint bei ihr vieles völlig absichtslos.
Wenn etwa auf einer Party »Buenas Tardes, Amigos« von Ween
gespielt wird und einer der Gäste das Lied als echten »Verratssong«
apostrophiert, dann ist man tatsächlich gespannt auf das restliche
Dutzend Seiten, aber vergeblich das Warten, ein paar Aufrechte sitzen nach der Feier um einen Küchentisch und lauschen gelangweilt

und übermüdet den Blondinenwitzen einer Protagonistin – die Vorausdeutung läuft ins Leere. Daß ich hier nichts Unmögliches verlange, beweist Thomas Tuma wenigstens an einer Stelle seines über 300seitigen Romans. Wenn er das Kapitel, in dem sein Netz-Killer mit dem Reporter-Helden Marc Pohl in einem Chat-Room zusammentrifft, mit »I Have A Dream (Abba)« einleitet, anschließend eine genretypische Selbstentblößung folgen läßt, die den Verbrecher als einen am Alltag scheiternden Psychopathen charakterisiert, und das Kapitel danach mit dem Song-Zitat »I have a dream, / a fantasy / to help me through / reality« beschließt, dann kommt dem Song hier eine mittelbare, dem antiken Chor vergleichbare Kommentarfunktion zu – und es entsteht so etwas wie narrative Kohärenz, von der man vielleicht nicht gerade eine Gänsehaut bekommt, aber immerhin ...

4

Vielleicht läßt sich dieser hier konstatierte Mangel an Kunstfertigkeit oder auch nur erzählerischer Professionalität ja als Symptom deuten. Und vielleicht sind es gerade solche formalen Defizite, die letztlich dafür sorgen, daß die Qualität dieser Bücher so häufig allein abhängt vom Inhalt, Thema oder dem Identifikationspotential des Personals. Fühlt man sich, weil ähnliche Erfahrungshorizonte vorliegen, »verstanden und manchmal sogar vertreten«, wie Susanne Messmer in ihrer etwas schwärmerischen Apologie der Popliteratur (»Helden wie wir«, in: »taz thema: Popkomm« vom 11./12. August 2001), ist das Buch gut, andernfalls eben nicht. Offenbar gelingt es den Autoren oft nicht, sich sprachlich, formal so interessant zu machen, daß man auch noch weiterliest, wenn man das Erzählte nicht bereits, so ähnlich, aus eigener Anschauung kennt.

Der kleine Schauspieler

Meine Schwiegereltern leben und arbeiten auf einem Bauernhof. Sie sind Bauern. »Zu einem Hof gehört auch ein Hund«, sagte der Schwiegervater, als er noch nicht mein Schwiegervater war, und legte sich deshalb einen Dackel zu. Dackel haben so ihre Eigenheiten. Dieser brauchte viel Aufmerksamkeit, und wenn er zuwenig davon bekam, schiß er in den Flur. Dann schmiß der Schwiegervater mit einem Stein nach ihm, und alles war wieder gut. Einmal aber traf er den Hund am linken Hinterbein. Der Dackel jaulte auf und humpelte danach den ganzen Tag über. Als der Schwiegervater am Abend Frieden mit ihm schließen wollte, strafte der Dackel ihn mit Nichtachtung. Er war immer noch eingeschnappt und hinkte demonstrativ ins Körbchen. Diesmal allerdings wars das rechte Hinterbein, das er nachzog. Da lachte der Schwiegervater. »Du kleiner Schauspieler hast mich reingelegt. Ich werd dir helfen!« Er schnitt ein großes Stückchen Butterkuchen ab und gabs ihm zu fressen. Und fortan waren die beiden die dicksten Freunde. Und der Dackel machte auch nie wieder in den Flur. Nur einmal, aber da hatten ihm spielende Kinder Rizinusöl ins Hundefutter getan.

II

DAS IST DIE ART VON GEWALT, DIE WIR SEHEN WOLLEN

Die 80er Jahre

Null Bock

FRAU KRAMER: Ja, liebe Sandra ...

SANDRA: Nein, ich heiße jetzt Prem Nelrajam, seitdem ich beim Bhagwan bin. Früher, als ich noch auf Sankt Pauli gearbeitet habe, hieß ich Sandra, war 'ne harte Zeit, das damals ...

FRAU KRAMER: Also gut, Prem, ich darf dich doch Prem nennen?

PREM: Klaro, wenn ich Inge sagen darf?

INGE *(schmunzelnd)*: Das ist nur fair. Also Prem, kannst du dich mit dem Zauberwort »Null Bock« identifizieren?

PREM: Zum Teil kann ich mich mit dem Zauberwort »Null Bock« identifizieren. Wenn ich an die ganze Scheiße denke – Verpflichtungen, Arbeitslosigkeit, Geld und Aggressionen. Wenn die Politiker und Bullen eine Scheiße nach der anderen verzapfen, könnte ich kotzen.

INGE: Ähm, könntest du etwas konkreter werden? Ich meine, weshalb genau könntest du ... brechen?

PREM: Du stehst so hilflos davor und kannst nichts machen. Klar, du kannst politisch aktiv werden oder Aktionen mitmachen, aber irgendwann siehst du, daß es überhaupt nichts bringt, was du machst. Es läuft alles genauso beschissen ab wie immer. Dann hörst du auf, was zu machen, weil du einfach frustriert bist.

DIPL.-PÄD. INGE KRAMER: Aber du darfst doch nicht gleich aufgeben, es gibt viele Möglichkeiten ...

PREM NELRAJAM: Ich bin zu Bhagwan gegangen. Mir wurde sofort klar, daß ich erst mal an mir selber arbeiten muß. Das habe ich auch getan. Ich habe jetzt 'ne ganz andere Einstellung zum Leben und zur Natur. Ich freue mich, wenn dort ein Baum steht, wenn hier eine Blume blüht, wenn die Sonne scheint oder wenn es regnet. Sehr oft freue ich mich einfach, daß ich lebe. Dann kann ich über alles lachen, selbst wenn negative Scheiße passiert.

INGE KRAMER, MUTTER ZWEIER KINDER *(7 und 13)*: Und Drogen? Spielen Drogen auch eine Rolle?

EASY LITTLE PREM: Früher war Dope so eine Art Frustbekämpfungsmittel. Ist schon Scheiße, wenn du so was brauchst, um gut draufzukommen. Ich rauche jetzt zwar auch noch, aber nicht, um gut draufzukommen. Ich rauche nur noch, wenn ich schon gut drauf bin, und nur noch mit Leuten, die ich ganz lieb finde.

INGE KRAMER *(blickt direkt in die Kamera, Pokerface):* Da sehen Sie mal, liebe Zuschauer, was die sogenannte antiautoritäre Erziehung der sogenannten 68er ihnen angetan hat ... Die jungen Menschen sind orientierungslos, sie werden allein gelassen, sie wissen nicht wohin mit ihren Problemen, da haben Sekten natürlich leichtes Spiel. Und dabei hätten sie soviel zu geben. Denken Sie mal darüber nach! *(Sie sieht auf ihr Kärtchen.)* Wir sind nun am Ende unserer Sendung angelangt. Ich bedanke mich einmal mehr für Ihre Aufmerksamkeit. Morgen sehen wir uns ja vielleicht wieder bei »Autsch! Ein heißes Eisen«, da behandeln wir 'das Thema »Sex mit Haustieren – das ist doch nicht dasselbe!« und lassen wie gewöhnlich Verächter und Verfechter zu Wort kommen. Tschü-hüß!

(Abspann. Musik. Inge Kramer klappt ihren Taschenspiegel auf und zieht ihre Lippen nach; Prem Nelrajam öffnet ein Bier mit den Zähnen.)

Von München lernen, heisst lieben lernen

München? Klar, mit sieben Jahren mal durch die Fußgängerzone gelaufen, neben den Eltern her, Eis gegessen, irgendeine Kirche angesehen. Meine ich. München ist für mich nicht mal ein Tagesausflug in einem dieser 14tägigen Urlaube im Bayerischen Wald. Meine Eltern waren und sind große Wandersleute vor dem Herrn, sollte ich jetzt vielleicht zur Erklärung einschieben, Strände lassen sie kalt. So etwas prägt ja bekanntlich. Fürwahr, ich habe lange gebraucht, um meine ersten sieben bis neun Zwangsferien in der Spezi-Residenz, mit Knickerbocker und trophäenbeschlagenem Handstock, erfolgreich und vollständig auszuradieren. Es gelang mir erst nach vielen Jahren. Und als es dann endlich soweit war, fiel auch die Erinnerung an die Bajuwarenmetropole seligem Vergessen anheim ... Das Eis schmeckte sehr gut! Glaube ich.

Nein, München, das ist für mich nur und ausschließlich Bayern München, der Erz- und Erbfeind, die Beelzebuben auf dem grünen Rasen, das ist vor allem ein legendäres Spiel im Braunschweiger Eintracht-Stadion anno 1981. Davon will ich berichten, denn seitdem liebe ich München.

Es war Spätsommer. »Indian Summer«, wie die Eingeborenen ihn hier liebevoll zu nennen pflegen. Die Sonne stand genau über uns am Himmelsdach und wärmte unsere Scheitel. Den Rest besorgte der Jägermeister, den mein Bruder spendierte. Er hatte sich tags zuvor seinen ersten Golf-Jahreswagen gegönnt, und die mitfahrenden Freunde und Freundinnen verlangten ihren Tribut. Ich war erst fünfzehn – und die anderen einunddreißig –, aber ein Jahreswagen, das lernt man im Niedersächsischen schon in der Vorschule, muß nun einmal begossen werden. Mein Bruder drückte mir den grünen Flachmann in die Hand, boxte mir aufmunternd die Schulter, und eines der anwesenden Mädchen, das Herta hieß, sagte wenig damenhaft: »Pfeif ihn dir rein, Fränki!«

Da paßte es sehr schön, daß jetzt auch die Braunschweiger Eintracht einmal mehr über den Kampf zu ihrem Spiel fand. Wann war es je anders? Franz Merkhoffer, den sie Pferd nannten, polkte die Bälle blind nach vorne, Ilija Zavisic erlief sie sich trotzdem, Bernd Franke hielt hinten den Kasten sauber. Und alles war sehr schön. Der Alkohol löste schlagartig die Emotionsbremse, und so fielen auch wir in die Schmähgesänge aus dem blau-gelb leuchtenden Fan-Block ein:»Zieht den Bayern die Lederhosen aus!«Abgesungen nach der eingängigen Melodie von»Yellow Submarine«. Später auch noch:»Hoeneß, Hoeneß, hahaha!«Herta strich zärtlich mit der Hand durch mein damals noch volles, drahtiges, ich möchte fast sagen, sich angenehm anfühlendes Haupthaar und lächelte auf eine Weise, die ich für verführerisch halten mußte. Ja, es kam so etwas wie Stimmung auf. Auch auf dem Platz. Es ging Zack-Zack-Zack – und auf einmal stand es 3:1 für Braunschweig, und es waren nur noch zehn Minuten zu spielen, ein Sieg über Magirus Deutz folglich in greifbarer Nähe.

Wir standen direkt an der Absperrung zur Aschenbahn, auf Höhe des Spielfelds. Karl-Heinz Rummenigge, der zum Einwurf lief, war höchstens zehn Meter entfernt von uns, und wir konnten gut hören, wie er den Balljungen anheischte, der schon mal etwas auf Zeit spielte wie seine großen Vorbilder auf dem Platz:»Mann, beweg deinen Arsch, du kleiner Pisser!«

Ich sah in sein Gesicht. Nichts mehr übrig von dem siegesgewissen Lächeln des samstäglichen Schmierenkomödianten. Er war rot angelaufen vor Wut, und aus seinen Augen blitzte blanker Haß. Auf diese arschgeigigen Provinzkicker, die mehr Glück als Fußballverstand hatten, auf die Sonne, die ihn auslachte, auf Jägermeister, ach, auf diesen Samstag im allgemeinen. Und Rummenigge gehörte nicht zu den Menschen, die ihren Zorn im Zaum halten konnten. Wie eine tollwütige Wutz rannte er jedem noch so verlorenen Ball nach und erreichte ihn dennoch meistens nicht mehr – aber die Knochen der Braunschweiger Spieler. Nur seine Nationalspielerreputation rettete ihn über die Zeit, und das Spiel hätte keine fünf Minuten länger dauern müssen, man hätte ihn wegen Körperverletzung drankriegen und für alle Zeiten sperren können. Viel Elend wäre dem deutschen Fußball so erspart geblieben.

Aber das Spiel war dann plötzlich aus und gewonnen. Ein gewaltiger Jubel hob an, so laut, daß er noch in Hannover zu hören war, um die dortigen Fußballfans zu demütigen, so laut, daß meine Stimme darin einfach unter-, nein, aufging. Und dann steckte mir Herta zur Belohnung, und weil es langsam an der Zeit war, ihre Zunge in den Hals. München, da habe ich dich lieben gelernt.

Ein ums Erbarmen dürres Ding

A.: Im Asphaltdschungel wird das Leben immer anonymer, die Menschen vereinsamen, alte bürgerliche Primärtugenden verdampfen in der flirrenden Hitze der Betonwüste, überall herrscht eine unnatürliche Stille.

B.: Und Herkules-Mopeds hatten Anfang der 80er Jahre notorisch Probleme mit der Benzinleitung!

A.: Wie meinen?

B. *(inständig)*: Hach.

A.: Na, wieder am Träumen?

B.: Was für ein Spaß, wenn alle anderen Mitpennäler auf den 13-Uhr-15-Bus warten mußten, und man selbst sein Gefährt, die Brust immer ganz nah am Tank, nur noch einmal laut aufsprudeln ließ, um den neidischen Blicken langsam gen Horizont zu entschwinden. Und das schönste war ja, morgen würden sie wieder da stehen, ein leises »Angeber« in sich hineingrummeln und so tun, als ginge es sie gar nichts an.

A. *(verstellt die Stimme, als zitierte er bloß)*: Jaaa, wer einmal das kalte Blech des Tanks an seiner Wange gespürt, zähneknirschend den Staub seines Vordermanns gefressen und den herben berauschenden Duft des Benzins in tiefen Zügen inhaliert hat, kommt nie wieder davon los.

B. *(zögert)*: Aus der nun ja auch schon fast historischen Distanz betrachtet, stellt sich natürlich vieles anders dar, als es uns damals scheinen wollte.

A.: Oho!!!

B.: Auch wenn man den ersten Gang bis zur dumpf rasselnden Heiserkeit ausfuhr, kam der Klang unseres 80er-Boliden noch nicht an den seiner dickeren Schwester, der 1000er, heran.

A.: Ich sage nur: Zahnarztbohrer kurz vorm Schlagfluß.

B.: Auch wenn sich die Designer alle Mühe gegeben hatten, das motorgetriebene Veloziped wohlgenährt aussehen zu lassen, es blieb ein bleichsüchtiges, ums Erbarmen dürres Ding. Auch wenn die schwarzlederne Fahrermontur nebst Römer-Integralhelm dem Körper bei Stürzen einen optimalen Schutz gewährte, vor der Strahlung der Neutronenbombe war man damit dennoch nicht wirklich gefeit.

A.: Und auch wenn du bisweilen, mit unserer Deutschlehrerin auf dem Sozius, bei einer Spritztour gesehen wurdest, so hast du doch nie, nie, nie die wahrlich sehr durchlässigen Grenzen des Anstands und guten Geschmacks überschritten ... *(Als B. nicht gleich antwortet)* Nicht wahr?

B.: Ich war sehr jung damals ... *(zögert)* ... und brauchte die guten Noten, um Mathe auszugleichen.

Lied der achtziger Jahre

Wet-Gel, New Wave, Smog-Alarm
Saurer Regen, Lederschlips
Genscherismus, Bhagwan-Disco
Fischer Cbox, Silikon

Gladbeck, Ethno, Fönfrisur
Hacker, Lightbier, Frauenkrimi
Tutti Frutti, Isostar
Spoiler, Swatch, Extremities

Dirty Dancing, Schwarzwaldklinik
Perestroika, Mauerfall
Jenninger hält schlechte Rede
Robbensterben, Charles und Di

Blaues Bols und Tschernobyl
Ivan Lendl, Denver-Biest
Schneller Brüter, Mountain-Bike
Lockerbie, Kapuzen-Shirt

Wende, geistig und moralisch
Schweißband, Porsche 924
Neue Heimat, Sammy Fox
Goldkettchen, Karotten-Jeans

Farah Fawcett, Lichterketten
Airbag, Stars on 45
Tennissocken und Schimanski
Hitlers Tagebücher falsch

Der nicht gerade spärlich besetzte Getränkekeller

A.: Ich erinnere mich an jene schon leicht aquavite Kneipenrunde, die sich gerade von der drall bemiederten Bedienung das siebte oder zwölfte Herrengedeck, ich habe nicht mehr mitgezählt, auftischen läßt und ihre Witze auf Kosten des beisitzenden, allzu nüchternen, weil motorisierten Gesellen reißt.

KNEIPENRUNDE *(unisono, schon etwas lallend)*: Das Fahrerbier, schöne Frau, das geben Sie mal dem da hinten, der ein Gesicht macht wie sieben Tage Regenwetter.

A.: Und der da hinten legt sein schmales verregnetes Gesicht in beide Hände, schaut sich um in der sinistren Runde, kann nicht mehr, will nicht mehr. Und ehe noch ein weiteres verletzendes Wort fallen kann, da schießt es heiß aus ihm heraus und alle sehen zu, wie ein Sturzbach salziger Tränen über seine hellen Wangen trielt. Und sie nicken beklommen, angebläuten Haupts, wissend ...

KNEIPENRUNDE *(unisono, schon etwas lallend)*: Das hat das Clausthaler aus ihm gemacht!

B.: Naja, immer noch besser als »Cherry Coke«.

A.: Ach du meinst diese ...

COCA COLA: ... koffeinhaltige Limonade mit Kirschgeschmack ...

B.: Nach Aussage des amerikanischen Herstellers ...

COCA COLA: Ganz schön crazy.

A.: Der Anglizismus verrät's, mehr was für junge Leute.

B.: Verrückt war jedoch nur die Reaktion, mit der die meisten deutschen Kinder und jungen Erwachsenen auf die neue flippige Brause reagierten – mit Schulterzucken nämlich ...

COCA COLA: Mit verdammt noch mal etwas übertriebener Zurückhaltung.

B.: Der traditionsreiche Getränkehersteller landete den grandiosesten Mißerfolg seiner Firmengeschichte, später nur noch übertroffen von der ganz farblosen Variante. Aber während bei der mineralwäßrigen Cola die allzu große farbliche Differenz für Irritation zu sorgen schien ...

MANN AN DER BAR *(lässig die Ellenbogen aufgestützt)*: Also sieh mal auf meine Lippen, Barkeeper, und dann merke dir's für jetzt und immerdar: Wenn ich ein Club-Soda will, sage ich es, Mann, jetzt will ich 'ne Cola!

B.: Ähm, wie gesagt, während bei der mineralwäßrigen Cola die allzugroße farbliche Differenz für Irritation zu sorgen schien, so war es im Falle der schwarzen Kirsche gerade das völlige Fehlen eines optischen Unterschieds, denn die Farbe des Getränks wich auch nicht um ein Gran ab von der hundsgemeinen Cola.

A.: Dennoch wurden hier wie dort die gleichen Gegenargumente in Stellung gebracht. Hier ...

MANN IM GETRÄNKEABHOLLAGER *(Hände in der ballonseidenen Jogginghose)*: Also weißte, da pumpense dann noch mal extraviel Chemie rein, um das bißchen ungesunde Farbe rauszuholen.

A.: Dort ...

MANN IM GETRÄNKEABHOLLAGER *(mit der einen Hand Nasenhaare ausreißend)*: Also weißte, da pumpense dann nochmal extraviel Chemie rein, um da 'n bißchen Kirschgeschmack rauszuholen.

B.: Beide Kaltgetränke verschwanden dann ja auch bald wieder vom freien Markt der Trünke.

A.: Ja *(nickt und fährt grimmig fort)*, die gewaltigen Restbestände der durchsichtigen Version wurden in der Nordsee verklappt. Die Cherry-Spielart ließ sich glücklicherweise dehydrieren und für ein paar Mark als Wackelpeter an Dr. Oettker verkloppen.

B.: Und dann gab es da ja auch noch »McTwo«.

MANN IM GETRÄNKEABHOLLAGER *(das Etikett vorlesend)*: Eine pfiffige Mischung aus feinherber Zitronenlimonade und würzigem Bier.

A.: Ein Radler mithin.

B.: *(zuckt die Achseln)*: Unter diesem Signet hätte der Spaßdrink möglicherweise Aussicht auf einen Achtungserfolg gehabt, im heißen Sommer 1982. Trotz des ohnehin nicht gerade spärlich besetzten Getränkekellers. Der leicht schottisch anmutende Name nahm sich indessen viel zu pfiffig aus für den in seinem Liegestuhl dösenden deutschen Michel, der einfach nur was trinken und dafür nicht erst eine Fremdsprache erlernen wollte.

A.: Naja, nun ... Verständlich.

Das ist die Art von Gewalt, die wir sehen wollen

Trio

Zeit für ein Bekenntnis: Um die ist es wirklich schade! Trio, die Götter des Minimalismus aus Großenkneten, Ostfriesland, das war eine Mischung aus Rhythm 'n' Blues, Punk und Synthie-Pop, immer mit einer gehörigen Portion Verschmitztheit und Selbstironie vorgetragen. Egal ob live, auf Platte oder bei diversen Hitparaden-Auftritten.

Der musikalische Direktor der Band heißt »Kralle« Krawinkel, trägt für sein Leben gern Clogs und eine blaue Wollmütze und kann tatsächlich Gitarre spielen, weiß dies aber sehr gekonnt zu verbergen. Bei seiner zerschrammten cremeweißen Fender Strat fehlen die vorderen beiden Tonabnehmer: Der hintere klingt doch gut, was soll's also? Er darf auch ein Solo spielen, eins pro Auftritt, den sogenannten »Kapuzen-Blues«. Vorher zieht ihm Stephan Remmler, der wie ein US-Marine frisierte Frontman der Band, noch die Mütze übers Gesicht, und »Kralle« drischt die Akkorde raus, als seien es seine letzten, wie man so sagt.

Kommen wir zu Remmler, der charmant-ausgebufften Kreuzung aus Dandy, Lude, Marktschreier und Kirmesbudenbesitzer, der jedes Konzert im Handumdrehen zu einer Senioren-Busfahrt ins Blaue werden läßt. Wenn der Abend in die Normalität abzurutschen droht, holt er kurzentschlossen eins seiner Gimmicks raus: etwa die rote Quelle-Kindergitarre (»meine Luzie«, was möglicherweise als Reminiszenz an B.B. Kings Gitarre Lucille zu verstehen ist, wie uns die kluge, hübsche Gitti Gülden damals im »Musik Express« erinnerte), das kleine Casio-Tastenwunderwerk, das auch den enervierend tumben Rhythmus für den Smash-Hit »Da da da« vorlegt, Kehlkopfmikro oder Flüstertüte. Und dann ist da noch der traurig-clowneske Peter Behrens, alias »Lesemappen-Paul«, am Standschlagzeug, immer in Weiß und mit leuchtendroten Hosenträgern. »Im Stehen spiele ich meine Hämorrhoiden weg«, erklärt er den interessierten Journalisten. Hätte sein Set noch weniger Schlagwerk, müßte er schlicht die Trommelstöcke aneinanderhauen.

Manchmal hängt ihm Remmler ein Liebesalphabet um den Hals, um es dann langsam runterzublättern:»Ich liebe dich, Annette, Brigitte, Christine …« Zu den vielen Höhepunkten der Show gehört sein gnadenlos trockenes Schlagzeugsolo, währenddessen die beiden unbeteiligten Mitmusikanten versuchen, sich die Zeit mit einer Partie Tischtennis nicht lang werden zu lassen.

Und die Musik? Einige der Songs waren wie pures TNT, das ein Dynamit-Kurier auf einer wackligen Pferdekutsche bei 50° C im Schatten durch die Rocky Mountains transportiert.»Los Paul« zum Beispiel:»Los Paul, du mußt ihm voll in die Eier hauen. Das ist die Art von Gewalt, die wir sehen wollen, wenn auch nicht spüüür'n wollen. Schnell gesehen, schnell geschossen. Gute Aktion! Zwei Mann gleich bei ihm. Schade. Was gibt es noch zu tun? Äktschen, Äktschen, du hast Macht über mich, trotzdem brauch' ich dich nicht. Und ich will dich nicht mehr. Ich werd dich jetzt verlassen, und dann kannst du mich – von hinten sehen. Leiht euch Kohle, damit's uns besser geht. Da heißt es Flagge zeigen. Was haben Sie für schöne bunte Knöpfe an der Uniform. Dankeschön. Batsch.«

Und dann versinkt diese durch den Feuerwehrlautsprecher gesungene Montage-Poesie schwittersscher Provenienz in einen opaken Sprachnebel, aus dem sich nur noch einzelne Wortschemen wie »abgelenkt« und »Schwanzparade« undeutlich abzeichnen. Bei Nebelscheinwerferlicht besehen, also eine der ganz großen deutschen Rockgruppen des Dezenniums. Nur den Trio-Film sollte man sich lieber schenken, wenn irgend möglich.

Tonnen von Blut

»Conan der Barbar«

UDO LINDERBERG *(singend, mit Hut und heruntergezogenen Mundwinkeln)*: Selbst Conan der Barbar käm mit ihr nicht klar ...

A.: So reimschusterte er für seine ...

Udo Lindenberg: Süße Bodybuiiiiilding Braut ...

A.: auf dem 83er Album »Odyssee«.

B.: Anscheinend mochte er den Film!

A.: Bei Sitzriesen und verkopften Kritikern hinterläßt er allerdings ein paar verbale Sorgenfältchen wegen seiner etwas verfrühten kulturpessimistischen Fin-de-Siècle-Botschaft.

B.: Why?

A.: Ihrer Meinung nach hält sich der Regisseur John Milius allzustreng an die Heftchenromanvorlage aus den 30er Jahren – und nimmt den geistigen Vater Robert E. Howard offenbar ein wenig zu wörtlich.

ROBERT E. HOWARD *(synchronisiert von Hans Hartz)*: Barbarei ist der Naturzustand der Menschheit. Zivilisation ist unnatürlich. Sie ist ein Zufallsprodukt. Und Barbarei muß letztendlich triumphieren.

B.: Sehr bedenklich.

A.: Selbst Ron Cobb, der Designer des Streifens, fühlt sich nicht ganz wohl in seiner Haut.

RON COBB *(feixend)*: Manchmal dachte ich, »Conan« würde der gewalttätigste Film werden, der je gemacht wurde.

B. *(hinterhältig)*: Hat vermutlich nicht gedient ...

RON COBB: Ich habe einfach die Übersicht verloren angesichts all der Messerstechereien und Enthauptungen, durchgeschnittenen Kehlen und Tonnen von Blut, die bei den täglichen Dreharbeiten anfielen. Man wußte nie, wenn man um die Ecke kam, ob man nicht über einen kopflosen mechanischen Torso stolperte, der einem die Arme entgegenstreckte.

B.: Ich verstehe seine Besorgnis vollkommen. Schließlich weiß man nie, ob man im nächsten Moment stolpert, sonst würde man ja nicht stolpern.

A.: Schon gut! Hören wir doch lieber mal, was der Conan-Darsteller Arnold Schwarzenegger selbst zu dieser Blubo-Produktion sagt.

ARNOLD SCHWARZENEGGER *(salzburgernockerlnd)*: Wäre ich gebeten worden, Herkules zu spielen, hätte ich dem Betreffenden einen Korb gegeben. Denn Herkules macht Sachen, die absolut unglaubwürdig sind. Säulen auseinanderschieben, ist ja wohl nicht normal. Bei einem Kampf wird man nicht mit einem Burschen sympathisieren, der einen Tempel zu Klump haut. Was kann so ein Typ schon für Schwierigkeiten haben? Aber Conan ist verwundbar, Conan ist noch ein menschliches Wesen.

B.: Blödsinn, natürlich würde er den Herkules spielen.

A.: Er hat ihn ja auch einige Jahre zuvor noch gespielt! Wer in »Herkules in New York« Säulenrequisiten auseinanderschiebt ...

A. & B. *(gemeinsam)*: ... soll doch, bitteschön, uns nicht sagen, was normal ist.

Wer die Wahl hat

Klassenlehrer Kreuzig, Latein und Sport, die Schleiferkombination, hatte wohl einfach keine Lust an diesem verregneten Spätsommermorgen. Er stemmte seine Tasche mit weniger Elan als sonst auf den Lehrertisch, manche wollen sogar ein leises, von der Last des Lebens angewidertes Ächzen gehört haben, und dann schoß sein Zeigefinger nach vorn. Wir dachten zu wissen, was jetzt käme:»Zettel raus, Name drauf ... Vokabeltest!« Heute jedoch fehlte dieses feine Schmunzeln, das seine Züge dabei sonst umspielte, und so hielten die übereifrigen Schüler der 9c, die schon angefangen hatten, in ihren Taschen nach Federmäppchen und Ringblock zu kramen, plötzlich inne. Was hatte der auf einmal? Kreuzig schüttelte indigniert seine Kurzhaarfrisur, die er sich offensichtlich selbst schnitt, und zog versöhnlich den Zeigefinger zurück.»Warum hat diese Klasse eigentlich keinen Klassensprecher?«

Wußten wir auch nicht. Vielleicht weil wir seit über zwei Jahren auch ganz gut ohne ausgekommen waren? Aber natürlich sagten wir nichts, wunderten uns mit ihm, taten so, als sei das wirklich ein Versäumnis, das man hier und jetzt aus der Welt zu schaffen habe, denn wir waren zwar jung, aber nicht dumm: Alles war besser als ein Vokabeltest!

Es folgte das übliche Ritual.»Ich würde den Gerd vorschlagen, der kann doch immer so gut reden!«»Gerd? Willst du dich aufstellen lassen?« Etwas Ziererei am Anfang, dann aber doch stolz resignierendes Kopfnicken, denn wenn einer wie Gerd wirklich gebraucht wird, dann weiß er, was er der Klassengemeinschaft schuldig ist, dann steht er seinen Mann. Noch ein paar andere Namen wurden genannt, alle willigten ein. Sogar Anke Kuhn, ein kleines, schüchternes, niedliches, nur leider etwas dickes Mädchen, das deshalb von grausamen männlichen Mitschülern Kunigunde genannt wurde. Sie strahlte über das ganze Gesicht, als einer der Herren sie nominierte, und zwei glückliche Grübchen falteten sich in ihre rosaroten Wangen.

Dann die Wahl. Gerd schoß sofort an die Spitze und blieb dort. Er bekam mit Abstand die meisten Stimmen, weil alle wußten, daß er dumm genug sein würde, sich den Arsch aufzureißen für diesen Job. Es folgte ein ziemlich ausgeglichenes Mittelfeld und dann weit abgeschlagen die kleine Anke mit einem einzigen dünnen, fast kränklichen Strich neben ihrem Namen. Als die Formalitäten erledigt waren und Gerd die Wahl mit gemessenen Worten angenommen hatte, kehrte etwas Ruhe ein, und man sah sich noch einmal das Ergebnis an. Vor allem diesen einen Strich. Einige flüsterten, andere begannen zu gnickern, und dann fuhr der Blitz durch diese aufgeladene Atmosphäre: »Na, Kunigunde? Hast dich wohl selbst gewählt?« Das war der Drecksack, der sie auch vorgeschlagen hatte und der, um der göttlichen Gerechtigkeit willen, bald darauf die Schule verlassen mußte. Ein gewaltiges Gelächter brandete auf, Ankes Wangen glühten noch rosaner, sie versuchte mitzulachen, aber dann kullerten doch zwei, drei kleine Perlen langsam, glitzernd ihr Gesicht hinab. Kinder können so grausam sein.

Klassenlehrer Kreuzig, der Schleifer, sah indessen stirnrunzelnd auf die Uhr, sein Zeigefinger schoß nach vorn – und da war es auch wieder, dieses feine Schmunzeln. »Zettel raus, Name drauf ...«

Gitarren als Kanonenrohre

(A. und B. blättern in einem alten »Cinema«-Heft, sie bleiben hängen bei einem Artikel über »The Day After«.)

A.: Hatte bummsemacht ... da hatte nommal bummsemacht.

B.: Und alle gingen mit hängenden Schultern und Kräuselstirnen aus dem Kino, setzten sich hinter das Steuer ihres Jahreswagens, schlugen besinnungslos darauf ein und schrien ...

CHOR DER KINOGÄNGER: DIE DA OBEN MACH'N MIT UNS, WAS SIE WOLLN! GIBT'S DA DENN KEIN GESETZ GEGEN?

A. *(kopfschüttelnd)*: Und das an Weihnachten, kurz ᵥorm Orwell-Jahr.

B.: Der Film war aber auch stark! Da sah man mal, wie es so zugeht, wenn gerade Atomkrieg ist und die Anti-Atom-Poncho-Industrie mit der Produktion nicht hinterherkommt – bzw. gerade keine Aktentasche zur Hand ist, hinter der man sich in Sicherheit bringen könnte.

A.: Ein Aufklärungsfilm im besten Sinne eben.

B. *(skeptisch mit dem Zeigefinger wedelnd)*: Der aber gleich nach Erscheinen wie selbstverständlich einige Kritiker auf den Plan rief.

A.: Ich kann's mir schon vorstellen ... Der Film verharmlose die Katastrophe, die Wirklichkeit sei noch tausendmal schlimmer. In Wirklichkeit reiche die Sprengkraft beider Atommächte aus, um die Erde 12,3mal in die Luft zu jagen.

B. *(nickt grimmig)*: Und auch Reagan war entsetzt, hatte man ihm doch bisher immer gesagt, ein atomarer Konflikt wäre durchaus zu gewinnen.

A.: Hm.

B.: Aus zuverlässigen Kreisen wird berichtet, er sei stundenlang in seinem Büro auf und ab gelaufen und habe laute Verwünschungen auf seine perfiden Berater ausgestoßen. Es seien Worte gefallen wie ...

RONALD REAGAN: Das ist nun der Dank, daß ich sie aus der Gosse geholt habe.

B.: Oder ...

RONALD REAGAN: Ich könnte sie zerquetschen, wenn ich wollte, mit der bloßen Hand.

A.: Übrigens, die strenggläubigen alten Rastafarians auf Jamaica glaubten nach langem Sinnen und einigen Pfündchen Ganja rausbekommen zu haben, was mit dem los war.

B.: Und was?

A.: Reagan war der Antichrist, auf den wir schon abertausend Jahre warteten, und als Magermilch-John-Wayne angetreten, um aus unserer schönen blauen Erde einen gigantischen schlecht ausgeleuchteten B-Picture zu machen.

B.: Reagan der Antichrist? Ich verstehe nur Bahnhof?

A.: Ja. Und die Beweisführung der jamaikanischen Rastamänner war so simpel wie stichhaltig. Ronald Wilson Reagan – einmal durchzählen bitte!

B.: Ach so, 6-6-6, die geheimnisvolle Zahl ... Potzbibelexegese und Zahlenmystik.

CHOR DER KINOGÄNGER: FÜR DEN AMI SIND WIR DOCH NUR KANONENFUTTER! MAN MUSS DOCH IRGENDETWAS TUN!!!

A.: Wacker!

B.: Und von tadelloser Gesinnung.

A. *(schüttelt irritiert den Kopf)*: Aber die gleichen Leute hören dann ausgerechnet ... *(emittiert das Wort unter Schmerzen)* ... bots.

B.: Oje, es bleibt einem auch nichts erspart heute ... Die Einpeitscher der Friedensbewegung.

A.: Leicht grölbare Marschmusik, damit auf der Demo auch tolle Stimmung und Gleichschritt herrscht. Ideal, um dem denkenden Individuum die trostreiche Vereinigung mit dem besinnungslosen Kollektiv noch leichter zu machen.

BOTS: Was wollen wir trinken sieben Tage lang? Was wollen wir trinken? So ein Durst. Es wird genug für alle sein. Wir trinken zusammen, roll das Faß mal rein. Wir trinken zusammen, nicht allein.

A.: Das ist parataktische Agitation, die uns eine vormoderne, atavistische Stammesgemeinschaft als glücksverheißenden Zustand suggerieren will.

B.: Ähnlichkeiten mit anderen noch lebenden oder verstorbenen Ideologien sind natürlich rein zufällig.

A.: Aber hier geht es ja um die gute Sache – Frieden und Abrüstung.

BOTS: Alle, die gegen Atomraketen sind, sollen aufstehen – aufstehen.

B.: Das war deutlich.

BOTS: Das ist Entrüstung, wir haben die Schnauze voll.

B.: Da wird endlich mal Tacheles gesungen ... Geht ja auch gut, wenn man wohlfeile Allerweltsforderungen stellt.

A.: Und auch das bißchen Satire trifft nur die, über die ohnehin schon alle lachen – Bürokraten, Disco-Popper und Machos.

BOTS: Ich bin ein Mann, ich bin ein Jäger. Und ich jage zartes Fleisch. Ich bin der stählerne Erreger. Und wen ich streichle, ist mir gleich.

B.: Mir eigentlich auch.

A.: Weitaus hübscher ist da doch das imbezile Cover des 81er-Tonträgers »Entrüstung«. Ein Panzer mit Gitarren als Kanonenrohre. Das hat schon fast etwas von einer höheren Wahrheit.

Mein Essen ist unter deiner Bluse

»Breakfast Club«

Amerikanische High School-Komödjen für die Erwachsenen von morgen haben Konjunktur in den 80ern. Die nur unvollkommen getarnten Aufklärungsfilme stehen dem von jener leise erklingenden Drüsenmelodey halbwegs derangierten Teenie immer mit einem moralischen Rat zur Seite: Niemals ein Mädchen poppen, das Du nicht liebst! Und wenn es sich schon nicht verhindern läßt, dann denkt wenigstens an die Temperaturmethode! Zugleich lassen sie es sich angelegen sein, den puritanischen Wertekanon einzupauken. Das ist nun eine kommode Message, die anscheinend auch in den mittlerweile konservativ regierten westdeutschen Lenden viele Freunde findet. Erklärt sich vielleicht so die horrible Masse von pasteurisierten Klamotten aus dem Milieu der höheren Schule auf deutschen Leinwänden (»Teen Wolf«, »Pretty In Pink«, »Nummer 5 lebt« ...)? Wir wissen es nicht.

»Breakfast Club« ist anders. Eine Versuchsanordnung. Fünf Schüler, völlig verschiedenen Charakters und aus unterschiedlichen sozialen Schichten, müssen an einem Samstag gemeinsam nachsitzen: Die schlichte Sportskanone Andy hat einen schwächeren Mitschüler gequält; »Schlaukopf« Brian, Mitglied des Physik-, Mathematik- und des Latein-Clubs, hat beim Werken versagt (sein Elefant hat einfach nicht geleuchtet, als er am Schwanz gezogen hat!); Bender, der kleinkriminelle Sprücheklopfer aus der Unterschicht, der von seinem Vater zu Weihnachten eine Stange Zigaretten und ansonsten vornehmlich Schläge bekommt, ist sowieso jeden Samstag hier; Claire, die etwas überkandidelte Upper-Class-Prinzessin, war während der Schulzeit ein wenig bummeln, ein Hilfeschrei, denn sie leidet doch sehr an dem Gezänk der Eltern, die ihre Eheprobleme immer auf ihrem Rücken austragen; und dann war da noch die psychedelisch-hexenhafte Allison, die sich aber im Laufe des Films zum hübschen Mäuschen verwandelt, was dem agilen Andy gar wohl gefällt. Aber wir wollen nicht vorgreifen, zunächst einmal ist sie noch die verrückte Schlampe, die einfach nur mal so vorbeigekommen ist, weil sich kein Mensch in dieser herzlosen Welt erbarmt und ihr die Freundschaft anbietet.

Der Witz an der Geschichte ist nun der: Keiner aus dieser gemischten Gesellschaft hätte sich im »real life« mit den anderen abgegeben (na, mal abgesehen von »Muskelprotz« Andy und Claire, die aber keineswegs, wie Bender infamerweise behauptet, »Fest zusammen, hm? Freund und Freundin? 'n Liiiiebespaar!« sind) und müssen nun auf engstem Raum miteinander auskommen. Zunächst fliegen mal die Fetzen, vor allem zwischen der höheren Tochter Claire und dem plebejischen Bender. Die beiden können sich nicht ausstehen, fühlen sich andererseits aber, wie sagt man, erotisch zueinander hingezogen.

Ein kleiner Dialog-Fetzen zum Exempel. Es ist Mittagszeit, und jeder packt sein »Lunch« aus, das natürlich auch ganz trefflich den Esser charakterisiert. So stapelt der tapfere Sportsfreund einen Liter Milch, einen Apfel und ein Schock Sandwiches vor sich auf, der »Schlaukopf« hat ein besonders ausgewogenes Mahl von zu Hause mitbekommen (»Alle Nahrungsgruppen sind vertreten!«), poor boy Bender dagegen, der Claire soeben darauf festnageln wollte, daß sie noch niemals mit einem Jungen geschlafen hat, interessiert sich lebhaft für die Labung der Prinzessin und hat natürlich selbst nichts ... :

CLAIRE: Hast du nichts zu essen dabei?
BENDER: Mein Essen ist unter deiner Bluse!
CLAIRE *(mit verletztem, angewidertem Gesicht)*: Du bist so eklig.
BENDER *(zeigt auf ihre Nahrung)*: Was soll das bitteschön sein?
CLAIRE *(mit feuchten, sinnlichen und während des Films fast immer halbgeöffneten Lippen, nur ein Hauch)*: Sushi.
BENDER *(macht sie nach)*: Sushi?
CLAIRE: Roher Fisch mit Seetang ...
BENDER: UUUUÄÄÄ, du willst nicht die Zunge eines Jungen in deinem Mund haben und ißt dann so was?!

CLAIRE *(zickig)*: Kann ich jetzt essen?
BENDER: Äh ..., probier's mal!

Nach einer Weile freilich erschöpfen sich die gegenseitigen Ressentiments. Auch durch den Druck des arg neurotischen »Dick, Entschuldigung, Richard« Vermont, des aufsichthabenden Lehrers (»So Bender, jetzt will ich mal sehen, wie hart du wirklich bist!«), konsolidiert sich die Notgemeinschaft, man nähert sich zögernd, erzählt zunächst zaghaft, später immer offener von seinen eigenen ephemeren Problemchen, und es entsteht so etwas wie – naja, eben Vertrauen.

Auch dramaturgisch ist dieses Konversationsstück – zumindest für Hollywood-Verhältnisse – einigermaßen avanciert: Autor, Regisseur und Co-Produzent John Hughes setzt auf klassische Strenge, auf die Einheit von Ort, Zeit und Handlung, und reduziert den Plot auf ein Minimum. Das, was hier passiert, passiert fast ausschließlich im Gespräch.

Gut, beim Schluß macht er den Geldgebern dann noch ein paar Zugeständnisse: Friede, Freude, Eierkuchen auf ganzer Linie, alle Mitspieler gehen geläutert und um eine Erfahrung reicher aus diesem Tag hervor. Auch daß Claire und Bender ihren sozialen Dünkel überwinden und als »Liiiiebespaar« nach Hause gehen, mutet auf den ersten Blick etwas kitschig an. Aber Hughes läßt immerhin offen, ob diese Liebe unter Laborbedingungen auch in der brutalen und offensichtlich nach anderen Regeln funktionierenden Wirklichkeit wird Bestand haben können.

Das wäre eigentlich der Stoff gewesen, aus dem die zweiten Teile sind. Eine Fortsetzung aber hat uns Hughes glücklicherweise erspart. Well done, John!

Die wirklich wichtigen Sachen

»Dallas«

A.: Nichts ist vergessen!

B.: Nein, nichts.

A.: Nicht die Southfork Ranch, auf der die Familie Ewing erst einmal kräftig zu frühstücken pflegte, bevor der arbeitende, also männliche Teil in die Stadt (Dallas!) fuhr – zum Ewing Building, in dem das organisatorische Herz der hauseigenen Firma Ewing Oil geschäftig schlug.

B.: Nicht Jock Ewing, der alte Haudegen, Patriarch und Imperiumsgründer, der die Leitung der Firma zwar längst seinen Söhnen übergeben hatte, aber immer noch bisweilen, wenn die Bilanzen in den Keller sackten, von seinem Pferd abstieg, um zu recht markigen Unmutsbekundungen anzuheben.

A.: Nicht Miss Ellie, seine alternde, ihm in Liebe zugetane Braut, der späterhin eine Brust abgenommen werden mußte. Nicht der Erstgeborene, der sehr gemeine J. R., der seine zeitweise reichlich versoffene Frau Sue Ellen nach Strich und Faden betrog, sie damit nur noch mehr der Flasche in die Arme trieb ...

B.: Arme, die wir uns jetzt einfach mal so denken wollen!

A.: ... und den viele »Bild«-Zeitungs-Leser »Jott Er« aussprachen.

B.: Schon gar nicht die dralle Pam Barnes, die der Zweitgeborene, Bobby mit Namen, bald im Ehehafen fest vertäute – und bei der auch J. R. just zum Ausklange des ersten gemeinsamen Barbecues mitschiffs »Anker« werfen wollte.

A.: Auch nicht Cliff Barnes, der kleine schmierige Verlierer, Bruder von Pam und Sohn des alten Digger – jenes alten Digger, der vorzeiten seinen besten Freund Jock unter die reichlich erdölhaltige texanische Erde zu bringen gedachte, weil auch er, nur leider vergeblich, um die Gunst der schönen Ellie buhlte.

B.: Nicht das easy little thing called Lucy, das vollschlanke Blondchen mit dem leicht stakeligen Gang des Füllens, nicht der Cowboy Ray Krebs mit seiner Donna, vormals Culver, die damals in den 70ern auch schon die Ehefrau von Petrocelli, dem Kräuterbier trinkenden und in einem Wohnwagen hausenden italienischen Jung-Anwalt, geben durfte.

A.: Und selbstredend auch nicht die mit einer Extraportion Lip-Gloss auf billig geschminkte, sinnlich-schmollmündige Afton Cooper, die Bar-Sängerin und allen Anfechtungen standhaft widerstehende Lebensabschnittsgefährtin von Cliff Barnes, der alten Nachtmütze.

B.: Nein, beim 80er-ARD-Dienstag um 21.45 Uhr, nichts ist vergessen.

A. *(seufzt melancholisch)*: Aber was hätte aus uns werden können, wenn wir uns die wirklich wichtigen Sachen gemerkt hätten.

B. *(aufmunternd)*: Apropos! *(senkt seine Stimme)* Zwei weiße Pillen fallen nacheinander auf einen Porzellanteller. Ping. Ping. Im Hintergrund ein schönes und merklich gesundes Weibsbild, das sich vor so viel Gesundheit und Schönheit einfach räkeln muß. Und dann die erotisch-sonore Frauenstimme ...

FRAU *(erotisch-sonor)*: Schönheit kommt von innen. Merz Special-Dragees.

B.: Das war noch Gänsehautwerbung damals.

A. *(wieder ganz der Alte)*: Puuhaa.

Troglodytenkino

»Paris, Texas«

»Es muß genügen zu sagen, daß an ›Paris, Texas‹ alles perfekt ist, alles aufregend, alles durchdacht, alles neu« (Peter Buchka, »Süddeutsche Zeitung«). Alles falsch. Es muß bei dieser kleinen stumpfen und reaktionären Schmonzette ganz und gar nicht genügen, einfach so alle Superlative aufzuzählen, derer man kurz vor Redaktionsschluß gerade noch habhaft werden kann. Und schon gar nicht muß es genügen zu sagen, daß dieser Film wie ein Traum sei; ein Traum, »der nichts will, als die Gefühle zu einer einzigen Empfindung zu verdichten, die jener Vorgang im Miteinander von Menschen unausweichlich macht, den man Leben nennt« (Hans-Dieter Seidel, »Frankfurter Allgemeine Zeitung«). Erde an Seidel, Erde an Seidel, wie ist das Wetter auf Eurem Planeten?

Zur Sache. Was ist dran an diesem Film, daß sich die Journaille zu derlei rhetorischen Kobolzen hinreißen läßt? Eigentlich nur dies: Wim Wenders kehrt zum – wenn man unbedingt will, sogar im Schillerschen Sinne – »naiven« Erzählen zurück, zum alten, mythisch-unschuldigen Erzählkino, das wieder bei jedem Stein ins Staunen gerät, hinter jedem Baum ein Geheimnis wittert und das der Rätsel gar nicht genug kriegen kann. Wenders zielt auf den leichten lukullischen Genuß, der ohne Beigabe von Gehirnschmalz viel leichter zu verdauen ist und der – triffst du nur das Zauberwort! – doch so trostreich sein kann. Sanft lullt er die Vernunft in den Schlaf und wie ein altfränkischer Dorfpfaffe will er uns einreden, daß der liebe Gott die Welt, so wie sie ist, schon sehr weise eingerichtet hat und wir sie auch nicht besser hinkriegen. Kurzum: Troglodytenkino der reaktionärsten Kajüte! Und nur wenige sind diesem seichten Groschenheftmythos nicht auf den Leim gegangen.

Ach ja, die Handlung. In Paris, im Staate Texas, kippt ein Tramp aus den Latschen, er besitzt nichts außer einem Zettel mit einer Telefonnummer; der behandelnde Landarzt ruft dort an und spricht mit dessen Bruder Walt, der sich sofort auf den Weg macht und den Verschollenen abholt. Nach vier Jahren kehrt Travis nun zu seinem Sohn Carson zurück, der in der Zwischenzeit von Walt und seiner Frau aufgezogen wurde. Vier Jahre sind eine lange Zeit, und so verläuft die Annäherung zwischen Vater und Sohn sowie zwischen den Brüdern erwartungsgemäß nicht ganz reibungslos, zumal Travis in der Einsamkeit das Sprechen verlernt zu haben scheint. Nach einer Weile gelingt es ihm aber, Carsons Vertrauen halbwegs zurückzugewinnen, und gemeinsam begeben sie sich nun auf die Suche nach der ebenfalls verlustiggegangenen Mom (herrlich nuttig: Nasti Kinski). Die arbeitet mittlerweile in einer Peep-Show, in der die Freier mit den Prostituierten auch telefonisch »in Kontakt treten können«. Travis macht sie dort ausfindig, spricht bei ihr vor, und in der anschließenden Unterhaltung lassen sie die alten Zeiten wieder aufleben, analysieren skrupulös das Scheitern ihrer Beziehung: Er war einfach zu eifersüchtig und sie für ein Hausfrauendasein nicht geboren – eine tragische Konstellation. Travis gibt ihr schließlich die Adresse des Hotels, in dem Carson wartet, und ... – aber hören wir noch einmal den passionierten Hobby-Cowboy Peter »Maverick« Buchka: »Als er von unten sieht, wie sich Mutter und Sohn oben am Fenster umarmen, fährt er unter einem glutroten Himmel zurück auf die Highways. Vielleicht nach Paris, Texas.« Gut gesprochen, Pete, wir brauchen mehr solche Kerle.

Lieber noch ein paar Worte zum Soundtrack. Ry Cooders lakonische Slide-Gitarrenschlenker, Impromptus, die wie eine Klapperschlange plötzlich auftauchen, um sich sogleich wieder hinwegzuwinden und unter dem nächsten groben Handlungsfelsen zu verschwinden, sind die eigentliche Sensation des Films. Kurzum, ein Film zur Musik. Dann schon lieber »Texas« von Doc Snyder.

Batida de Coco

(Eine Abifete in den frühen Achtzigern. Es ist noch früh. Zwei Menschen. Einer vor, der andere hinter der aus rohen Brettern gezimmerten Theke.)

MENSCH VOR DER THEKE: Äi, habt ihr einklich auch Batida da?

MENSCH HINTER DER THEKE *(verächtlich)*: Da kannste Pudding von kochen.

(Szenenwechsel. Ein trendiges Werbebüro. Ein dicker, schwitzender Mann hinter einem Schreibtisch, darauf eine aufgeschlagene Illustrierte mit ganzseitiger Werbung: Eine kaffeebraune Schönheit im weißen Batida-Bikini, die zwei lange Strohhalme zum sinnlichen Mund führt, um die süße Milch aus einer dicken behaarten Kokosnuß zu schlürfen.)

BATIDA-WERBELEITER, SEKTION PRINTMEDIEN *(mit weit aufgerissenen Augen)*: So sieht das wenigstens na-hach was a-haus!

(Szenenwechel. Zwei schwule Medienwissenschaftler sitzen am Frühstückstisch, schlürfen jeder ein rohes Ei und starren danach auf ebendiese Illustriertenwerbung.)

1. MEDIENWISSENSCHAFTLER: Etwas übertrieben symbolistisch, würde ich sagen.
2. MEDIENWISSENSCHAFTLER: Nicht wahr?

Die weissen Tauben sind müde

Hans Hartz gurgelt jeden Morgen mit rostigen Sargnägeln und spült anschließend Petroleum nach. Das gibt seinem »Organ« das heisere Timbre, das wir an ihm so bewundern.

»Dreck scheuert den Magen«, lacht der ehrliche Norddeutsche und greift schon wieder zur Petroleumflasche. »Ein bißchen was auf die Lampe gegossen, hat noch keinem geschadet.«

Bei der Frage, wie er sich denn die Zukunft vorstelle, wird der blondbärtige Teutone plötzlich ganz nachdenklich. Erst nach einer langen Gedankenpause und mehreren tiefen Schlucken aus der Flasche antwortet er.

»Ich wünsche mir, daß meine Songs dereinst für eine Bier- oder Petroleum-Werbung Verwendung finden, das ist alles. Nein, vielleicht noch dies. Ich wäre gern im Paradies, wo mir gebratene Tauben in den Mund fliegen. Aber, hahaha, da kann ich wohl lange warten. Die weißen Tauben sind müde ...«

Wenn die Band schlechte Zähne hat

A.: Ach, hinfort die schöne Zeit, als eine Band vollständig bei einer Musik-Sendung erscheinen durfte, der Schlagzeuger hinter einem gewaltigen Drum-Massiv verschwand, der Rest sich die unverkabelten Instrumente umhängen ließ, um dann im Vollplayback so richtig ein Faß aufzumachen.

B.: In der Tat. Ich werde nie diesen einen Auftritt von Thin Lizzy in Desiree Nosbuschs »Music-Box« vergessen, bei dem der gute Bassist und räudige Lead-Sänger Phil Lynott in schöner, wenn auch etwas anachronistischer Jimi-Hendrix-Manier seinen Vier-Saiter auf dem Drum-Kit zerschlug. Die Nosbusch ist schon dabei, die Absage zu sprechen, da hält der Kameramann immer noch drauf – im vollen Bewußtsein seiner Dokumentationspflicht und vielleicht auch schon mit etwas Wehmut, weil er ahnt, daß derartige Playback-Exaltationen eigentlich längst der Vergangenheit angehören ...

A.: Und er seine Dienste demnächst dem »Musikantenstadl« anbieten muß. So war's dann ja auch wirklich ... Bald gaben die Plattenfirmen lieber für teures Geld Video-Clips in Auftrag, um solche Exzesse ein für allemal zu unterbinden, mithin ein immer gleiches Vermarktungsniveau zu gewährleisten, und die Suggestion zu perfektionieren, daß jenes äußerst zu empfehlende Produkt eben nicht nur gute Musik ist, sondern viel mehr als das: eine Lebenseinstellung.

B.: Eine Existenzform.

A.: Ein Heilsversprechen.

B.: Eine Religion.

A.: Wie auch immer. Für das Video werfen sich die Musiker mächtig in Schale oder lassen sich eine Dauerwelle legen; der Schlagzeuger verschwindet hinter einem gewaltigen Drum-Massiv, der Rest läßt sich die unverkabelten Instrumente umhängen, und dann macht man im Vollplayback mal so richtig ein Faß auf.

B.: Nur wenn während der Dreharbeiten so gar keine Stimmung aufkommen will oder die Band schlechte Zähne hat, engagiert man ein paar abgehalfterte Hollywoodschauspieler und konstruiert schnell einen kleinen Plot, in dem viel geküßt, geweint, gesurft, Auto gefahren oder beigeschlafen wird.

A.: Weil die zweite Variante allerdings weitaus kostspieliger ist, werden die Musiker gegen Ende des Jahrzehnts allesamt hübscher als ihre Freundinnen. Und das wiederum läßt den verärgerten maskulinen Käufer die Haß- und Kampfvokabel »Poser« erfinden und für den guten alten mean and dirty Rock 'n' Roll streiten.

B.: Mensch, das war aber auch ein Gespraye, Geschminke und Gepudere. Ganz eklig war das.

MÖTLEY CRÜE, POISON, BON JOVI ET ALII *(gemeinsam fühlen sie sich stark)*: Was gibt es denn gegen eine vernünftigen Putz groß einzuwenden? Hm? Hm?

A. & B. *(unisono)*: Rausgehen?

(Alle ab. Nach einer kurzen Weile kommen A. und B. wieder. Allein!)

A. *(seine Jackettärmel zurechtzupfend)*: Sprechen wir über die Maxi-Single.

B.: Gut! Die war ja ursprünglich nur ein Collector's Item, mithin eine Art Service-Leistung der Plattenfirma, um dem wirklich süchtigen Supertramp- oder Genesis-Fan die Wartezeit zwischen den regulären Platten nicht so lang werden zu lassen.

A. *(seine Augen verengen sich zu kleinen Schlitzen, er bekommt diesen brutalen Zug um den Mund)*: Die kleine, nicht sonderlich reizvolle Cousine der Langspielplatte mausert sich in den 80ern aber zu einem richtig scharfen Luder – wird von den Plattenbossen dann auch bald eingeritten und darf ebenfalls für sie anschaffen gehen.

B. *(schaut A. überrascht an, fährt dann kopfschüttelnd fort)*: Besonders beliebt waren jene Maxis mit LP-gleichem Papp-Cover, die sich dann auch wie ein richtiger Longplayer einsortieren und den immer viel zu spärlich besetzten Plattenständer nach etwas mehr aussehen ließen.

A.: Gehört wird aber bloß die A-Seite.

B.: Quatsch, natürlich die B-Seite! Denn die steht den Musikern zur freien Verfügung. Hier dürfen sie das tun, was sie schon immer einmal tun wollten: ins Mikrofon rülpsen, den erklärten Lieblingssong covern, jenen Ausschuß veröffentlichen, den die banausige Plattenfirma für zu unkommerziell befand, oder einen dieser grandiosen Live-Auftritte, bei dem sich die Solo-Gitarre mehr und mehr verstimmt und in dieser Schräglage langsam in Trance spielt ... etcetera etcetera.

A. *(etwas pikiert)*: Bisweilen stößt man auch auf Maxis mit bedrucktem Vinyl. Die sind aber bei Puristen verpönt, und in der Tat entlarven sie sehr schön die obszöne Doppelmoral der Industrie. Hier geht es nämlich ganz und gar nicht mehr um klangliche Qualität – dabei ist die Maxi doch ursprünglich mit dieser Legitimation ins Rennen geschickt worden –, die ist wegen der schrillen Lackierung ganz, ganz mau, hier zählt nurmehr das optische Ereignis.

B.: Potz Fräse und Tiefbaß. Aber zum Thema Aberrationen der Plattenfirmen fällt mir noch etwas anderes ein!

CHRYSALIS: Home taping ist killing music!

B.: ... steht auf einmal klitzeklein auf vielen Plattenhüllen. Und der Slogan wird noch eindringlicher durch das suggestive Piktogramm daneben: eine Musikkassette, unter der sich zwei Knochen kreuzen.

A. *(schreit mit albern verstellter Stimme)*: Hilfe, Musikpiraten!

B.: Und darunter dann auch gleich noch die obligate Rechtsbelehrung.

CHRYSALIS: And it's illegal.

A.: Netter Versuch!

B.: Der für ein, zwei Jahre so manches künstlerisch nicht wenig avancierte Cover auf Spruchband-Niveau herunterbricht, ansonsten aber wenig Wirkung zeitigt.

A.: Umgekehrt wird aber auch kein Schuh draus. Nicht jede Scheibe mit diesem Aufdruck war wirklich des home tapings wert.

B. *(achselzuckend)*: Je nun, wir waren Betonköpfe damals.

Menschen mit Gürteltasche

Von mißliebigen Zeitgenossen wurde das lederne Bauchgebinde gern Hamsterbeutel gescholten, weil sein Fassungsvermögen etwa der Größe eines in Gefangenschaft geborenen ausgewachsenen Goldhamsters entsprach. Die Gürteltasche eroberte zwar die Herzen einer breiten Käuferschicht, konnte den kriminell häßlichen, kunstledernen kleinen Handgelenk-Ranzen des Herrn dennoch nie ganz verdrängen. Bergsteiger und Radprofis haben es vorgemacht, nur trugen sie die taschenartige Verdickung am Gürtel mit dem funktionalen Clip-Verschluß meistens a tergo oder seitlich, also da, wo sie den sportlichen Lauf der Dinge nicht sonderlich beeinträchtigte. Der rechte Addict freilich transportierte sein geliebtes Säckel gern gut sichtbar, also direkt vorm Bauch. So konnte er in Entspannungsphasen stolz beide Daumen dahinterklemmen und sich in verhältnismäßig legerer Pose darauf abstützen.

Viel zu oft mußte man jedoch gravierende ästhetische Defizite beobachten – zumal bei deutschen Touristen. Häufigster Fehler: ein zu langer Gurt. Die Überlänge läßt das Taschenelement unschön in den Geschlechtsbereich lappen und gibt so zu grotesken Spekulationen Anlaß.

Achten Sie deshalb bitte auf den korrekten Sitz Ihres Gurts und bitten Sie Ihren Partner oder einen hilfreichen Hotelangestellten, diesen gegebenenfalls nachzuziehen, bevor Sie sich in Ihrem Urlaubsort zu einem ersten Erkundungsgang aufmachen. Immer daran denken: Sie sind hier schließlich nur zu Gast!

Schiffe versenken

A.: Soviel hat sich da doch auch nicht getan!

B.: Wie bitte?

A.: Gut, ein paar hundert Photonentorpedos mehr, größere Leistung und Reichweite der Phaser, nie wieder Handfunkgeräte im Taschenrechnerformat ...

B.: Richtig, die sind nämlich von nun an eingebaut im schnieken Enterprise-Abzeichen, das den immer noch astrein sitzenden Enterprise-Dienst- und -Freizeitanzug dekoriert. Vor allem aber heißt der Käpt'n jetzt Picard und ist ein Chef ganz neuen Typs. Er trägt eine immer blitzeblank polierte Plato-Glatze, trinkt am liebsten Malventee, zitiert Shakespeare und die antiken Denker rauf und runter und überlegt sich fünfmal, bevor er zur rohen Tat schreitet ...

A.: O.K. Kirks cholerische Gewaltausbrüche vermissen wir alle ein bißchen.

B.: Du vielleicht! Frieden durch Diplomatie und eine im Wortsinne All-umfassende Humanität sind die subtextuellen Maximen, die uns der geläuterte Gene Roddenberry da ins Unterbewußtsein bläut. Und das ist gut so!

A.: Wenn du meinst! *(sinnt nach)* Aber was ist nur aus Kirk geworden?

B.: Der wurde strafversetzt und muß nun bis in alle Ewigkeit als Streifenbulle T. J. Hooker Dienst schieben. Und damit nicht genug. Um sein Thantalos-Schicksal zu besiegeln, hat man ihm die kallipygische, rasiermesserscharfe Heather Locklear an die Seite gestellt, für die er – laut Drehbuch und leider auch realiter – viel zu alt ist und der er somit nur ein *(muß sich das Lachen verkneifen)* väterlicher Freund sein darf.

A.: Oh, wie mir grauet vor der Götter Zorne ...

B.: Wo wir gerade bei Schiffen sind ... Was fällt dir ein zu Rainbow Warrior?

A.: Der Meereskreuzer der Umweltschutzorganisation Greenpeace, der 1985 runderneuert werden mußte ...

B. *(nickt bestätigend)*: Und auf dem Schiff wurde eine Stelle frei.

A.: ... weil sich die redlichen Umweltschützer in die inneren Angelegenheiten der nuklearen Sansculotten eingemischt und deren Atombombentests in der Südsee zu blockieren versucht hatten.

B.: Wie ihre revolutionären Ahnherren lassen die Baguettefresser endlich die philosophischen Hosen runter und zeigen ihr wahres Arschgesicht. Geheimdienstler – perfekt als Boulangers getarnt – schmuggeln in einer windigen Nacht-und-Nebelaktion eine Tüte Croissants an Bord, in der sich eine Sprengladung befindet. Noch bevor die kleinen Dickmacher am nächsten Morgen verzehrt werden können, fliegt die Tüte mitsamt dem Schiff vor Neuseeland in die Luft.

A.: Bis spät in die Nacht saß eine Runde gutgelaunter Bäcker in einer schummrigen Bar der Hauptstadt Wellington, sprach Englisch mit einem lächerlichen Akzent, rauchte eine Gauloise nach der anderen und trank literweise Pernod.

B.: Der Wirt sagte später den ermittelnden Behörden, ihm sei nichts Verdächtiges aufgefallen, von den über die Brust gekreuzten Patronengurten vielleicht einmal abgesehen.

Oder wie erlebt ihr das?

»Das blaue Wunder« von Uli Becker

Sorry, deutsche Gegenwartsliteratur, aber Uli Becker bleibt auch in den Achtzigern der einzige würdige Nachfolger Rolf Dieter Brinkmanns. Und noch dazu besitzt er etwas, das Brinkmann völlig abging: Witz und eine ironische Perspektive auf die Dinge, die Menschen, die Welt – auf »Das blaue Wunder« eben. In diesem, seinem fünften Gedichtband von 1985 geht es ihm vor allem um die Menschen, genauer, seine Orts- und Zeitgenossen, um »Leute auf den ersten Blick«, so will es der Untertitel. Schnelle Skizzen also sollen das sein, Berliner Blaupausen gleichsam, die nachgerade seriell gefertigt scheinen, insofern sie immer wieder der gleichen Struktur gehorchen (und die doch nichts weniger sind als flüchtig hingetuscht):

»Leute / mit einer pinken Strähne ins Haar gesprüht / wie Robbenbabies, deren Fell / von Greenpeace-Leuten mit ungiftiger Farbe / für den Handel wertlos gemacht worden ist« »und Leute / wie diese Pfingsturlauber, / die ins Grablinnen ihrer Falkpläne gewickelt / die Kantstraße entlanggeweht kommen / und den Ku-Damm nicht finden« »und Leute / wie das Rudel Herthafrösche, / das sich auf dem Oberdeck vom Nachtbus / des rabelais'schen ›Fay ce que vouldras‹ / erinnert, was übersetzt nichts anderes ist / als eine Lizenz zum Sitzaufschlitzen: / Als Horizontersatz in weiter Ferne / der Rand des Papptellers, an dem Kilroy / Klimmzüge macht und ins Dunkel glotzt«.

Und so nach und nach bekommen Erinnerung und Phantasie genügend Stoff vorgesetzt, um aus diesen Fragmenten eine dicke bunte Patchwork-Tagesdecke zu nähen, die der aus den 80er-Jahren ziemlich ähnlich sieht. Kurzum, vor unseren Augen rematerialisiert sich historische Wirklichkeit (nicht nur, aber doch vor allem Berlins). Das sollte zwar jede Literatur – laut Arno Schmidt – wenigstens leisten, aber es macht dennoch Spaß, dabeisein zu dürfen, wenn es mal funktioniert.

Die latente Katastrophenstimmung der Zeit, die letzten, oft genug schon sentimentalisch verbrämten Zuckungen eines linken Engagements, die zynische Vernünftelei im Sinne Sloterdijks, die Larmoyanz der Intelligenzia und nicht zuletzt den kruden Alltag – Becker stenographiert das alles mit:»Leute / am Wohngemeinschaftstisch, / wo wieder mal diskutiert wird, ob man / nicht doch besser ausweicht / wegen dem Leidensdruck mit dem Abwasch, / und 'ne Putzfrau, das geht doch irgendwie / nicht, oder wie erlebt ihr das?«

Und er fängt auch diesen unspezifischen 80er-Jahre-Blues ein. Denn diese Dekade wird ja nicht erst in der Erinnerung von Florian Illies oder auch Frank Goosen so melancholisch, sie war es von Anfang an. Die nachvollziehbare Trauer derjenigen, die eben »post« sind, zu spät mithin – hier hat sie eine adäquate lyrische Form gefunden:»Leute, / die Abend für Abend durch die Kneipen / irrlichtern wie die Seelen der Toten, / die in ungeweihter Erde begraben liegen: / Wie lange schon den offenen Horizont / nicht mehr gesehn, ein Spielball der Wellen / treiben sie im Häusermeer, festgekrallt / an einer Planke, gerade breit genug / um ein Bier darauf abzustellen«.

Fräulein Hahn

Ein bekannter alternder Großkritiker, damals Literaturchef der »Frankfurter Allgemeine Zeitung«, hatte fast den gesamten ersten Gedichtband von dem koketten Fräulein Ulla, das seine geriatrischen Phantasien wohl recht ordentlich ins Flottieren gebracht haben dürfte, in seinem Feuilleton vorabveröffentlicht. »Herz über Kopf«, na wenn das kein programmatischer Titel ist. Denn kopflos, soviel sei bereits an dieser Stelle verraten, geht's nun wirklich zu beim Fräulein Ulla. Und dieser spielerische Umgang mit den Worten!

Als Juror beim Lyrik-Wettbewerb »Literarischer März« gelingt dem Senilissimus aber noch ein weiteres Bubenstück. Er steckt ihr den begehrten Leonce-und-Lena-Preis zu. Bei den wenigen Literaturkritikern, die ihren Job noch ernst nehmen und auf diese tolldreiste Entscheidung notwendig etwas vergrätzt reagieren, bessert sich die Laune erst, als sie die drollige Begründung vernehmen: Ihre Lyrik zeichne sich aus durch einen »souveränen Umgang mit der Tradition«. Stimmt, stimmt sogar auffallend, stimmt aber auch für jeden anderen Epigonen.

Nun jedenfalls, all die vielen Klein-, aber Feingeister, die es – der kruden politischen Töne so überdrüssig – wieder einmal nach echtem Wohlklang und lyrischem Liebreiz verlangte, durften diese Butzenscheibenlyrik à la »Singt und schwingt Euch ein / und laßt die Sorgen Sorgen sein« nun guten Gewissens kaufen. Und sie taten dies. 35.000 reichlich herzlastige Bändchen gingen über den Tresen (mindestens 17.500 wurden überdies in nach Lavendel duftendem Blümchenpapier eingeschlagen) und schenkten ebensovielen Menschen ebensoviele trostreiche Stunden. 35.000mal Eiapopeia und jedem Tierchen sein Pläsierchen ...

Aber, wer hätte das gedacht, bisweilen kann unsere artige und so souverän mit der Tradition umgehende Lyrikerin ein richtiges kleines Schweinchen sein. Schon auf der Seite 19 des obengenannten Bandes stoßen wir nämlich auf ein »Anständiges Sonett« und denken einmal mehr, hoppla, die geht aber spielerisch um mit den Worten. Denn, geneigter Leser, Du ahnst es längst, wenn eine Ulla Hahn schon so schlüpfrig daherredet, dann wird hier etwas ganz ganz Unanständiges verhandelt. Und das geht so:»Komm beiß dich fest ich halte nichts / vom Nippen. Dreimal am Anfang küß / mich wo's gut tut. Miß / mich von Mund zu Mund. Mal angesichts // der Augen mir Ringe um / und laß mich springen unter / der Hand in deine. Zeig mir wie's drunter / geht und drüber. Ich schreie ich bin stumm.« Stumm vor Erschöpfung wohl. Nach diesem süßen Taumel der Lust kein Wunder. Aber das lyrische Ich, augenscheinlich ein unersättlicher Strudel erotischer Leidenschaft, eine libidinöse Hydra, schöpft noch einmal Luft für die übrigen beiden wahrhaft bacchantischen Terzette:»Bleib bei mir. Warte. Ich komm wieder / zu mir zu dir dann auch / ›ganz wie ein Kehrreim schöner alter Lieder‹. // Verreib die Sonnenkringel auf dem Bauch / mir ein und allemal. Die Lider / halt mir offen. Die Lippen auch.«

Die Lippen also auch. Wer wäre bei dieser lüsternen Lena nicht gern der lasterhafte Leonce? Aber soll sie ruhig weiter kommen, daß es eine Unart hat, schöne alte Lieder trällern und ihre Sonnenkringel verreiben, bevor wir uns hier in unersprießlichen Spekulationen verlieren, haben Sie noch ein handfestes literaturkritisches Statement verdient, das Sie aus diesem Artikel mit nach Hause nehmen können:»Selbstbewimmerung« nannte der kluge Jörg Drews einst trefflich diese Lyrik; die Weiterführung der alten »Neuen Innerlichkeit« mit anderen Mitteln. Also was für Leute mit viel Streß im Beruf.

Von Adenauer bis Zampano

A.: Tja, so ist das eben mit den Menschen. Sie werden erwachsen, fassen Fuß in ihrem Beruf, heiraten, bauen ein Haus ...

B.: Erschießen aus Versehen ihre Frau – Bubi Scholz!

A. *(fährt unbeirrt fort)*: ... pflanzen einen Baum, schaffen sich einen Hund an, wahlweise auch eine Katze, einen Esel oder ein Kind.

B.: Höchstens zwei. Drei sind asozial!

A.: Wenn man all das in der Tasche hat, ist man Anfang bis Mitte 30, legt entspannt die Füße hoch, auf seinen Dreisitzer mit Federkern, und sinnt all den wunderbaren, nur leider verflossenen Jahren nach; ein melancholischer Schauer fliegt einen nun für gewöhnlich an, ein süßes Stechen in der Brust, und selbst mancher hartgesottene Kerl, der eben noch ein wagenradgroßes Jägerschnitzel mit Pommes und einem Extrateller Salat verdrückt hat, wird nun eines schwermütigen Seufzers nicht entraten können. Er denkt an seine wilde, manchmal harte, verrückte und natürlich einmalige Kindheit.

B. *(es dämmert ihm langsam)*: Und für jene, die Anfang der 80er zu den Dreißigern zählen, sind es natürlich die fetten 50er, die sich in ihre Hirne eingebrannt haben.

A.: Genau. Und da sie im Ensemble der Generationen zur kaufkräftigsten, in Sachen Zeitgeist mithin einflußreichsten Schicht gehören, bedient die Kulturindustrie, in der sich jetzt natürlich ebenfalls die Dreißiger akkumulieren, deren Nostalgie-Bedürfnis folgerichtig mit einer veritablen Renaissance.

B.: So einfach ist das?

A.: So einfach! Wirf doch nur mal einen Blick auf die Kinofilme in der ersten Hälfte des Jahrzehnts.

ALTER KINOVORFÜHRER *(an den Fingern abzählend)*: »Blue Velvet« von David Lynch; »Lola« von Fassbinder, naja, lassen wir das; »Porky's« von diesem Ami ..., äh, Bob Clark; »Der subjektive Faktor« von Helke Sanders, übrigens ein Scheißdreck; »Die wilden 50er« von Peter Zadek, noch so ein Scheißdreck; »Der große Frust«, Lawrence Kastan; »Zurück in die Zukunft«,

Robert Zemeckis; »Absolute Beginners« von Julien Temple, sehr gut; »Stand By Me« von Rob Reiner, auch hübsch; »Peggy Sue hat geheiratet« von Francis Ford Coppola, klar; »Rendezvous unterm Nierentisch« ... *(Stimme wird langsam ausgefadet)*

A.: Allesamt spielen die im kalorienreichen Nachkriegsjahrzehnt und geben das bisweilen recht augenfällig im Titel zu erkennen.

B.: Der zitiert ja auch gern mal einen zeitgenössischen Schlager.

A.: Noch im Aprilheft von 1985 erfreut das bekannte Schnittmusterorgan »Carina« seine Leserinnen mit einem ...

CARINA: Lexikon der 50er Jahre. Das Beste und Verrückteste aus der Zeit, als Deutschland noch halbstark war. Von Adenauer bis Zampano.

B.: Jawoll!

Kein Baby in der Band

Die Weihnachtssterne zu beiden Seiten des Aufzugs ließen schamvoll ihre roten Trollköpfe hängen. Muß euch gar nicht peinlich sein, habt euch da schließlich nicht selber hingestellt. Jerry griff zur schmalen Gießkanne, die von der linken üppigeren Pflanze nur halb verdeckt wurde und goß ihnen Wasser an den Stamm. Die Erde war wegen der warmen Heizungsluft im Hotelflur schon so trocken, daß die vom Mutterboden sich nach und nach dunkel färbende Flüssigkeit beim Versickern Blasen schlug. Es schien ihm unnatürlich lange zu dauern. Ein wohlwollender, vielleicht etwas zu vollmundiger Gong ertönte. Die Tür des Fahrstuhls – oder sagt man in einem Fünf-Sterne-Hotel vielleicht doch lieber Ascenseur? – öffnete sich, Jerry ging ohne aufzusehen hinein und stellte sich neben die schwarzgekleidete Person. Erst als er sich mit dem Gesicht zur Tür in Position gebracht und den Knopf für die fünfte Etage gedrückt hatte, wagte er einen etwas linkischen Seitenblick, der ihn zusammenzucken ließ. Er beobachtete den schwarzen Mann nun aus den Augenwinkeln, sah ihn dann direkt an. Es war kein Zweifel möglich. Es war eigentlich überhaupt nicht möglich. Es war Phil Lynott.

»Hey, das ... das ... gibt es doch nicht«, Jerry schnappte nach Luft wie ein Karpfen. »Ab ›Jailbreak‹, ja, wirklich, ab ›Jailbreak‹ habe ich jedes Thin Lizzy-Album ...«

Der Mann mit dem dunklen Teint sah ihn mürrisch an, aber als sich ihre Blicke trafen, entspannten sich seine Züge.

»Na, das hört man gern, aber mal ehrlich, mein Sohn, du lügst mich doch jetzt nicht an? Wie alt warst du denn, als ›Jailbreak‹ erschien«, fragte er mit einem diabolischen Grinsen.

»Ich habe sie mir natürlich später gekauft, nach und nach ... alle«, beeilte sich Jerry und drückte mit beiden Händen Lynotts Rechte, als wollte er sich bei ihm bedanken. Der war nun augenscheinlich doch überrascht von soviel emotionalem Überschwang und flüchtete sich ins Stereotyp.

»Was ist, soll ich dir ein Autogramm geben, Junge?«

»Nein danke, Mister Lynott«, spuckte es unhöflich schnell aus Jerry heraus, aber er bemerkte sofort sein Ungeschick und setzte deshalb verbindlich nach, »sorry, aber ich mache mir wirklich nichts aus Unterschriften, tja ... ähm ...«

Lynott lachte dreckig. »Schon okay.«

Beide sahen sich nur noch an und schwiegen. Lynott knurrte sich noch einmal in ein wenig Amüsiertheit hinein, um einen ersten Anflug von Peinlichkeit zu vertreiben, und sein gutturales Lachen ging schließlich über in ein heiseres Husten.

Aber dann fiel sie Jerry endlich ein. Die Frage, die in all den Jahren seine Seele beschwert hatte, die er sich jedes Mal stellte, wenn er das 1978er Doppelalbum »Live And Dangerous« auflegte. Was sagt Lynott, wenn er Brian Robertson einführt, und der, durch diesen verbalen Arschtritt enthemmt, einen dritten Weltkrieg auf der Gitarre anzettelt? Wovon spricht er da?

»Auf dem ersten Live-Album«, tastete er sich nun vorsichtig heran, »da stellen Sie die Band vor, jeden einzelnen, auch Brian Robertson, worauf dieser wunderbare Mensch ein ganz grandioses Solo hinlegt.«

Lynott zeigte sich keineswegs überrascht, als würde er nicht zum ersten Mal dazu vernommen.

»Den Anfang versteht man noch ganz gut: ›The man over here, with this german dog, all the way from Glasgow ...‹ – aber was kommt dann?«

Ein großkotziger Gong unterbrach Jerrys Rede, und er beeilte sich nun, denn die Tür ging bereits auf, und Lynott tat schon einen Schritt darauf zu.

»Einer meiner Freunde will da ›We've got a baby in this band‹ verstanden haben, weil Robertson wegen seiner Drogenprobleme bei ›Bad Reputation‹ kaum noch dabei war ... Ist das wirklich wahr?«

»O ja, das stimmt«, antwortete er gedankenverloren, »der gute Brian brach bei jeder Gelegenheit zusammen und spuckte dann wie ein Säugling.«

»Mist, dann hat der Kerl also recht«, sagte Jerry mehr für sich. Aber Lynott hatte es dennoch gehört.

»Wo denkst du hin, mein Sohn«, versetzte er wegwerfend, »Brian ist Ire, der hätte mich vermutlich noch auf der Bühne aus den Socken gehauen. Spätestens backstage.«

»Aber was war es dann?« wunderte sich Jerry.

Und Phil Lynott lächelte abgründig. »Willst du das wirklich wissen, Mann?!«

Er boxte ihm kameradschaftlich auf die Schulter und mit einem traurigen Kopfnicken zum Abschied ging er davon. Er war schon um die Ecke gebogen, die Aufzugtür schon fast wieder geschlossen, da drang noch einmal seine Stimme an Jerrys Ohr.

»Du willst es nicht wirklich wissen«, rief er laut. Und es klang wie das beifallheischende »Hey, you're clappin' your hands to me« in der rüden Liveversion von Bob Segers »Rosalie«.

Drei Monate später war Phil Lynott tot. Drogen. Er war kein Baby mehr.

Einen Umsonstfilm dazu

A.: Die ersten Videorecorder hatten Reisekofferformat, und alles an ihnen funktionierte noch tapfer mechanisch.

B.: Das ersparte die Kindersicherung. Denn die Play-Taste ließ sich ohnehin nur mit rüder Erwachsenengewalt betätigen. Und auf das Kassettenfach mußte man sich schon draufsetzen, damit es akkurat schloß.

A.: Soviel Solidität hat natürlich ihren Preis – erst für fürstliche 3000 Mark bar auf die unsympathisch behaarte Elektroartikelfachverkäuferpranke fand das Gerät ein richtiges Heim.

B.: Aber wenn man handelte, bekam man schon noch einen Umsonstfilm dazu, »Casablanca« z. B., »Mondo Cannibale« oder einen anderen der gut zehn Streifen, die zur Zeit auf dem Markt waren. Nach ein paar Wochen waren es hundert, und die ersten Videotheken schossen wie die Krokusse aus dem noch halb gefrorenen Boden.

A.: Da war guter Rat auf einmal teuer. Sollte man sich mit zwei Freunden die 15 Mark Leihgebühr teilen, um einen zwei bis zwanzig Jahre alten Film auszuleihen, den man dann immerhin dreimal hintereinander sehen konnte? Oder sollte man nicht lieber noch zwei Mark drauflegen für 120 lumpige Kino-Minuten, die aber mit einem gewissen Surplus an Aktualität aufwarten konnten.

B.: Also dreimal »Easy Rider« gegen »Mad Max II – Der Vollstrecker«, dreimal »Der Hofnarr« gegen »Excalibur« und sechsmal »Deep Throat« gegen eine einzige trieflippige »Black Emmanuelle« ...

A.: Tja, die Reihe ließe sich fortsetzen.

B.: Man ging dann aber doch meistens ins gute alte Lichtspielhaus, wegen der Dunkelheit, des Popcorns ...

A. (melancholisch): Und weil man vergessen wollte.

Soziale Systeme

In diesen szientistischen, bis auf drei Stellen hinterm Komma durch-
kalkulierten Zeiten erscheint die Cafeteria als eines der letzten
Refugien, wo die Emotion mit all ihren Gebresten noch einen Platz
hat, wo das Mysterium sich zur letzten Ruhe bettet. Kurz vorm Hin-
schied sind wir seiner unlängst noch einmal ansichtig geworden. In
Gestalt einer dunkelhaarigen Amazone mit mediterraner Aura, die
vor sich auf dem Bistro-Tisch Niklas Luhmanns Autopoiese-Klas-
siker »Soziale Systeme« nebst »Fremdwörter-Duden« und einem
schon reichlich schrundigen, graublau-altpapiernen Kolleg-Block
drapiert hatte, um letzteren nach und nach, immer unterbrochen
von langen kontemplativen Pausen, in denen ihre vollen Lippen
den Lamy liebkosten, mit fragilen Notizen zu bedecken. Eine Epiphanie. Daß ein vierschrötiger Rucksackträger sie unsanft tou-
chierte, als er sich auf den nächstfreien Platz – im Wortsinne –
sacken ließ, ein wolfsartiger Schäferhund ihr Bein beschnüffelte,
daß ein freundlicher Weißkittel vom Personal ihre Kaffeetasse
abräumte und ein vielstimmiger Menschenchor, derhalben jauchzt,
derhalben singt, den Raum mit akustischer Gülle besprengte, schien
sie weder zu stören noch ihre Aufmerksamkeit zu zerstreuen. Wir
aber bissen uns auf die Lippen, unterdrückten das profane Diktum,
das da gelautet hätte: »Dabei hilft Dir auch kein Duden. Da bist Du
ganz allein.« Sahen nur zu und zu ...

Dr. Sommers Menetekel

Schön war die ZEIT, damals, als deren jetziger »Editor-at-Large« – was das jetzt wieder heißt? – Dr. Theo Sommer uns diese komplizierte Welt noch in kleine Sentenzen und Spruchweisheiten portionierte und so all die Probleme ein wenig handhabbarer machte. »Der Firnis der Zivilisation ist dünn!« lautete so ein wunderbarer Merksatz. Und, fürwahr, den habe ich mir gemerkt!

Sofort kam er mir in der Sinn, als neulich, früh morgens ein gaaanz nackichtes Geschöpf ins Schlafzimmer geschmeidet kam und mich Halbwachen aufgeregt rüttelte: »Du, es kommt kein Wasser aus der Dusche, hast du da irgendwie dran gedreht?«

Ich hatte nicht dran gedreht, hätte auch gar nicht gewußt, woran, wartete noch eine kleine, wunderschöne Weile, schnellte dann aber mit einigem Ach und Weh hoch, Gottchen, das morsche Gebälk, und schlüpfte in meine Sachen. Auf dem Weg zum Bad überkam mich eine tiefe Verzweiflung, wie sie mich manchmal überkommt früh am Morgen, wenn die Welt eben noch nicht in Ordnung ist. Ich sah mich für den Rest meiner Tage mit einem mächtigen, massiveichenen Tragebalken über den Schultern Wassereimer in den dritten Stock schleppen. Und man kann nicht sagen, daß es mich beruhigte, als ich dem Geraune im Hausflur entnahm, daß die anderen »Parteien« ebenfalls ohne Kaffee und als fettig-spreizhaarige Trolle das Haus verlassen mußten.

Auch der Anruf beim Klempner unseres Vertrauens hob die Stimmung keinesfalls. »Das kann dauern. Das ganze östliche Ringgebiet hat kein Wasser«, raunte er mit einem bedrohlichen Timbre, wie es sonst nur die Unholde in James Bond-Streifen tun. Ich hätte heulen können, und in diesem Moment haßte ich Dr. Theo Sommer und sein wohlfeiles Menetekel. Aber sie streichelte sanft meinen Kopf.

»Ach, dann wasche ich meine Haare eben mit Trockenshampoo, und Kaffee kochen wir mit Apollinaris.« Es sollte also doch noch ein schöner Tag werden. Fünf Minuten später lief auch das Wasser wieder.

Am frühen Nachmittag dieselte ich zur Post, um mal wieder eine Austrittserklärung an die Wissenschaftliche Buchgesellschaft zu schicken. Nicht daß ich wirklich glaubte, ich könnte damit auf einmal Erfolg haben, es war reine Gewohnheit. Die nette ältere Schalterdame zeigte heute Anzeichen von Unlust, und ich sah auch gleich, weshalb: Sie leckte und leckte, aber die Briefmarke wollte nicht halten.

»Naaa«, versuchte ich sie aufzuheitern, man hat ja auch gewissse Pflichten als Kunde, »haben die wieder an der Gummierung gespart?«

»Aaach«, ihr rechter Mundwinkel verzog sich unschön vor so viel Ekel und Verachtung, »ich weiß auch nicht, was das ist, seit November kleben die Marken nicht mehr. Ob das an der Luft liegt?«

»O weh«, konnte ich nur mitleidig klagen.

»Jaja, wenn das so weitergeht, habe ich meinem Vorgesetzten auch schon gesagt, müssen wir an alle Schalter Pritt-Stifte verteilen.« Aber da winkte sie auch schon ab: »Ist natürlich kein Geld für da. Vorher müßte man hier erst mal die Decke machen, sehen Sie, da oben in der Ecke platzt ja schon der Putz ab.«

»Tja, der Firnis ...«, wollte ich ansetzen, beschloß dann aber, diesen Blödsinn endlich zu vergessen!

Schusterjunge. Eine Jugend

Wer jemals Kind war und als solches von den Eltern vor die Tür
und in die abendliche Kälte gestoßen wurde, um mit den schwer
debilen Blagen aus der Nachbarschaft zum allwinterlichen Later-
negang von hinnen ziehen und sich singend und um schnöde Süßig-
keiten bettelnd an den trostlosen Haustüren dieser verschneiten
Welt bis aufs Blut erniedrigen lassen zu müssen – wer jemals Kind
war, der kennt vielleicht die folgende kleine Weise, die uns sogleich
ins Zentrum unseres nunmehrigen Themas führt:»Rabusta, Rabusta, im Keller ist es duster. Da wohnt ein armer Schuster. Brenne
aus mein Licht, brenne aus mein Licht, aber meine Laterne kriegst
du nicht.«
    Von der absurden Poesie dieser Zeilen ahnte ich damals noch
nichts. Als leiblicher Sohn eines solchen vermeintlich armen Schu-
sters kamen sie mich schlicht hart an, und regelmäßig stiegen Blasen eines jäh überkochenden Ärgers in mir auf. Meine unterbe-
lichteten Sangesbrüder wußten nichts, rein gar nichts wußten die.
Das Epitheton »arm« war's nicht mal. Ob arm oder reich war ziemlich einerlei in jenen Kindertagen, in denen sich ein eventuelles
monetäres Defizit noch recht simpel, durch ein gerüttelt Maß an
körperlicher Gewalt, kompensieren ließ. Nein, den »Schuster«
nahm ich ihnen krumm. Hatte mir mein Vater, im Vollgefühl seiner Handwerkerehre, nicht immer wieder mit dumpfem Hammerschlag eingebimst:»Es heißt Schuhmacher, mein Sohn, Schuhmacher! Ein Schuster ist ein Schneider, der einen Anzug versaut
hat!«
    Sie sind nicht wert, einem die Schuhriemen zu lösen.

Ja, mit dumpfem Hammerschlag. Wem es wie mir vergönnt war,
die ersten zweieinhalb Lebensjahrzehnte im Hause eines solchen
Hephaistos der Lederbranche zuzubringen, dem klingt er wohl
immer noch deutlich im Ohr. Tagein, tagaus, in stoischer Gleich-
gültigkeit ging der Präzisionshammer aufs gegerbte Tierfell nieder,
so als gelte es, alles Leid dieser Welt symbolisch zu zerschmettern,

und trieb zielsicher Nagel um Nagel in den ledernen Fußschmuck. Auch sonntags, ab 9.00 Uhr. In Zeiten beinahe abgeschlossener Adoleszenz, in denen wir mit unserer Mofa-Clique samstags notorisch um die Häuser zogen und am Tag »danach« gern einmal ausgeschlafen hätten, stieß ich Flüche und Verwünschungen aus auf den nachtaktiven Poltergeist, der aus der heimischen Kellerwerkstatt (vom unwissenden Volksmund »Schusterstube« geheißen) sein protestantisches »Wer saufen kann, der kann auch arbeiten« heraufhämmerte! Soviel lädiertes Schuhwerk kann es auf dieser Welt gar nicht gegeben haben.

Von anderen Sinnesbelästigungen gar nicht zu reden: etwa dem lauten Johlen der stationären, beinahe mannshohen Bandschleifmaschine, in deren Nähe man nicht kommen durfte, weil sie schon mal einem Kind, dessen Haare sich in der offen rotierenden Antriebswelle verfangen hatten, den Skalp nahm (so jedenfalls ging die alte Schuhmachermär); oder dem süßlich-strengen Klebergeruch, der einen ganz blümerant im Kopf werden ließ, an den man sich aber auch gewöhnen konnte. Mit den Jahren freuten wir uns sogar darauf, wenn ein Kunde beispielsweise »billige, neumodische Stiefeletten« vorbeibrachte – und folglich eine durchgelaufene Gummisohle oder »zerlatschte« Plastikabsätze zur Reparatur anstanden.

Nur dann nämlich kam der Kleber zum Einsatz, der für soviel gute Laune im Haus sorgte (bei akkuraten Halbschuhen fand die gediegenere Kernledersohle Verwendung, und die wurde genagelt). Irgendwann verschwand er jedoch plötzlich vom Markt; und selbst im beinahe unerschöpflichen Lager der Firma Sommerfeld, Uelzen, der absoluten Nummer eins Niedersachsens in Sachen Schuhmacherbedarf, fand sich bald keine einzige Dose mehr.

Meinen Vater freilich focht das nicht an. Er kaufte einen neuen Kleber, klagte eine paar Wochen über dumpfen Schädelschmerz und quittierte weiterhin jede ausgewechselte Gummisohle mit einem verständnislosen Kopfschütteln: »Und dann wundern se sich, wenn se Schweißfüße kriegen. Könn' die Füße doch gar nicht drin atmen!«

Wenn es tatsächlich so etwas wie ein Handwerkerethos gibt, dann können wir mit Fug von einer eigenen Schuhmachertugend sprechen. So geht der Kunde, der eigentlich nur sein runderneuertes Fußkleid abholen wollte, selten ohne eine goldene Lebensregel als kostenlose Dreingabe nach Haus. Reich beschenkt und dankbar erinnert er sich des erfahrenen Schuhmachers, der ihn wieder und wieder an seinem ansehnlichen Erfahrungsschatz – zu Nutz und Frommen – hat teilhaben lassen:»Sie müssen beim nächsten Mal aber früher kommen! Das Leder war ganz durch, man konnte ja schon die Brandsohle sehen.« – Oder:»Sie dürfen beim Gehen nicht so schlurfen! Dann halten die Absätze auch länger.« Beziehungsweise:»Putzen Sie gelegentlich auch mal Ihre Schuhe?« – Vor allem aber:»Möönsch, Fritze, du siehst aber schlecht aus. Wenn du krank bist, mußt du zum Arzt gehen.«

Und allemal wird dieser Weltweise ausführliche Kunde geben von seinem Flickwerk:»An Schaft und Quartier mußten zwei Nähte erneuert werden, sonst hätten se den Schuh bald im Gehen verlor'n; die Zunge habe ich wieder festgemacht, neue Schnürsenkel eingezogen und auch gleich neu besohlt. Is' ein Abwasch, da brauchen se nicht in zwei Wochen schon wieder kommen. Macht 40 Mark.«

Nun hüte man sich ja, wofern man die Dienste dieses Schuhmachers noch einmal in Anspruch nehmen möchte, sich den Preis aufschlüsseln zu lassen oder gar als etwas überteuert zu charakterisieren. Denn er hat ein veritables Elefantengedächtnis und wird einen dann kein zweites Mal bedienen. Und gute Handwerker, Sie wissen ja ...

Nachgerade sprichwörtlich ist auch des Schuhmachers Sittenstrenge – bei Tische zumal. Davon wußte schon der Verseknittler und berühmteste Schuhmacher aller Zeiten, Hans Sachs, ein Liedchen zu reimen –»Ein Tisch Zucht«:

Nit schnaude oder sewisch schmatz
Nit vngestümb nach dem brot platz
Das du kein gschirr vmbstossen thust
Das brot schneid nit an deiner prust
...
Red nicht mit vollem mund sey messig
Sey inn der schüssel nit gefressig
...
Vnd kew mit verschlossem mund
Schlach nit die zung auß gleich eim hund
Zu eckeln / thu nit geitzig schlincken
nd wisch den mund eh du wilt trincken
Das du nit schmaltzig machst den wein
Trinck sitlich vnd nit hust darein

Hätte mein Vater alles unterschrieben. Nur beim Wein wäre er wohl zögerlich geworden; den hätte er werktags sicher nicht am Tisch genossen (vor Frau und Kind!), sondern allenfalls in der splendiden Isolation seiner Werkstatt (noch lieber aber ein ehrliches Pils anstatt des welschen Tranks). So'rum wird ein Schuh draus.

Was keiner weiß: Über jedes neu erworbene Schuhwerk wird zu Hause Gericht gehalten – und zwar ein Leben lang.
»Nu, zeich ma her!« Inquisitorisches Stirnrunzeln, flämisches Grimassenschneiden, die wohlbekannte wegwerfende Handbewegung – und dann saust das Generalverdikt nieder, einem Axthieb gleich: »Spaltleder!«
Grausam.

III

IF YOU WANT
TO BE FREE

Die frühen Jahre

immer mit der Ruhe Junge,
lies die Zeitung nochmal.
trink noch'n Whisky.
einen auf die siebziger Jahre,
dieses elende großzügige Jahrzehnt.

WOLF WONDRATSCHEK

Das schaffen die nie

»Easy Rider«

Die siebziger Jahre fangen schon 1969 an – auch auf der Leinwand. Und zwar genau am Schluß von »Easy Rider«, als reaktionäre Texaner dem Trip der beiden Hippies Wyatt (Peter Fonda) und Billy (Dennis Hopper) quer durch Amerika mit dem Schrotgewehr ein völlig unerwartetes Ende setzen.

Der schöne Traum der Sixties von individueller Freiheit und Selbstverwirklichung – zu schön, um wahr zu sein. Ein letztes Mal kosten Wyatt und Billy das Lebensgefühl der Hippie- und Rockergeneration in vollen Zügen aus; sie huren, saufen, kiffen, schmeißen LSD-Trips ein und tragen eine alle Philister bis aufs Blut reizende Unabhängigkeit zur Schau, dann aber schlägt die Gesellschaft erbarmungslos zurück und stellt Law and Order wieder her.

Auch vorübergehende Fraternisierung mit den Dropouts wird hart geahndet. So bleibt der ständig besoffene Anwalt George Hanson (Jack Nicholson), ein ansonsten ehrenwertes Mitglied der Gemeinschaft, der sich den beiden für eine Weile anschließt, ebenfalls auf der Strecke. Er wird während einer Rast des Nachts von einem Haufen Rednecks erschlagen.

Der Film ist aber nicht nur desillusionierend, wie man vielleicht meinen könnte (und manchmal liest). Es gibt ja noch Drogen – die allerdings auch nicht uneingeschränkt positiv dargestellt werden: Eine ellenlange, für cleane Kino-Verhältnisse deutlich zu lange psychedelische Sequenz in der Mitte des Streifens zeigt durchaus beide Enden der Tüte. Vor allem aber gibt es ein Leben in der Nachfolge Rousseaus (in Amerika wohl eher Thoreaus), also im Einklang mit der Natur und möglichst fern der Gesellschaft. Die Episode bei einer Blumenkinder-Kommune, die sich für dieses einfache Leben entschieden hat, birgt dann auch die schönste Szene des Films.

Es ist spät am Nachmittag. Wyatt und Billy beobachten, wie einige Mitglieder der Kommune – ich glaube, zu »Wasn't born to follow« der Byrds – auf den kargen Sandboden Saat ausstreuen. Billy schüttelt zweifelnd den Kopf: »Das schaffen die nie, das schaffen die nie.« Die Sonne geht langsam unter, und Wyatts Gesicht verklärt sich zu einem Lächeln: »Wird schon, Billy. Wird schon.«

Und natürlich der Soundtrack: Jimi Hendrix, Steppenwolf, The Byrds, Roger McGuinn, The Band usf. – Taschentücher raus – hier geht eine Epoche zu Ende!

Darf ich noch etwas höher?

Auch die stinknormalste, chauvinistischste Feier im altfränkischen Partykeller wurde mit dem schönen Gallizismus »Fete« plötzlich auf europäisches Niveau gehoben – in den kosmopolitischen Siebzigern. Unterm Strich änderte sich allerdings nicht viel: Man trank weiterhin das Bier der Region und bei Professors auch schon mal einen Mosel-Saar-Ruwer, wenn die Gastgeber nicht zufällig eine Bowle vorbereitet hatten (mit Früchten, die seit Weihnachten im Rum lagen, sozusagen rumlagen und endlich ihrer Bestimmung Folge leisten konnten: nämlich den niederträchtigsten Kopfschmerz seit Menschengedenken zu bereiten).

In Halbstarken-Kreisen schwor man zusehends auf ein Bacardi-Cola-Gemisch, das unter dem Namen »Neger« firmierte (und liebenswerte Rassismen wie »leider nur flüssig« heraufbeschwor). Hier galt die Fete als eine Art Vorschule des Lebens – des Geschlechtslebens. Einmal, der ehrenamtliche DJ hatte gerade das hardrocklastige letzte Drittel eingeläutet, sorgte ein Freund mit einer innovativen, sehr zeitgemäßen Strategie für einiges Aufsehen. Er frug vorher höflich an, bevor seine Hand sich weiter vorwagte, offenbar um dem weiblichen Gegenüber ein Gefühl von Mitbestimmung zu vermitteln. »Darf ich dies? ... Darf ich das? ... Darf ich noch etwas höher?«

Uns neidischen Kopfschüttlern erschien das alles äußerst obskur, aber der Erfolg gab ihm recht. Sie hat zu allem nur »ja« gesagt! Und es hat dann auch später kein gutes Ende genommen mit ihr ... Wir hingegen begaben uns, wie gehabt, auf den langen Marsch durch die Institutionen spätpubertärer Gesprächskultur – und unterhielten uns sehr angeregt über die nächste Geschi-Arbeit (für die man einfach nicht lernen konnte), den schmerbäuchigen Lehrer S., der die Mädchen befingerte, über die literarische Qualität von »Homo Faber«, »Siddharta« und »Der Fänger im Roggen« oder darüber, ob Udo Lindenberg auf der letzten Tour genauso gut oder vielleicht sogar besser als auf Platte gewesen sei.

Wenn aber der Gastgeber eigenhändig zur Tat schritt und die
Single »I was made for lovin' you« auflegte, unterbrachen wir nicht
ungern das Gespräch für eine rasante Partie Luftgitarre. Ja, so war
es ... und so wird es immer sein.

Die Coca Cola-Kühltasche

Nein, was da aber auch alles reinging! Die für jedes gelungene Picknick obligatorische Einliterflasche Coca Cola (Afri Cola tranken nur Halbstarke, Rocker und Menschen mit Mikrofonfrisuren) ließ sich sogar aufrecht hinstellen; und dann war da immer noch Platz für ein paar gekochte Eier (»aber für jeden nur eins, sonst macht ihr nachher noch kikeriki« – nur der Vater durfte zwei essen und sah der Mutter hernach so tief in die Augen), für Wurstbrote, selbstgemachten Johannisbeersaft und Kuchen (immer noch »mit guter Butter«).

Ach ja, und männliche Picknickteilnehmer, ob jung oder alt, trugen Sandalen, damit die Füße atmen konnten. Die holde Weiblichkeit ging in hölzernen Clogs, die sich leicht entwenden ließen – usw. usw. Wer den »Frischwärts-Paß« besaß, bekam die Tasche sehr viel billiger. Es lohnte sich also.

Jimis Tod

Ein Drama

KARL BRUCKMAIER: Der Hausmeister an unserem nieder-
bayerischen Gymnasium hieß Hofemeister oder so ähnlich, ein
untersetzter, alter Mann mit schlohweißem Haupthaar und einem
meist mild-verständnislosen Lächeln im kantigen Gesicht. Als er
sich an jenem Septembermorgen nach leichtem Klopfen in unser
Klassenzimmer schob – grau bekittelt wie immer, grau wie der
ganze Schulbetrieb, grau wie etwas, von dem wir noch nicht wissen konnten, daß uns davor graute – lächelte er wohl auch und
hob verlegen einen mit gerollten Plakaten gefüllten Papierkorb
in die Höhe. Es sei wohl einer von unseren Heiligen gestorben,
und das komme jetzt von der Schülerzeitung und jeder nur eines,
bitte.

DIETRICH ZUR NEDDEN: Die letzten Seufzer, Huldigungen sind
verklungen zum 100. Todestag Nietzsches. Ist erst ein paar Tage
her. Und nun kommt schon Jimi Hendrix und ist dreißig Jahre
tot. Wie die Zeit vergeht, sagen die Einfallslosen, und die vielen
anderen wundern sich: Wie? Zwischen Nietzsche und Hendrix
liegen nur siebzig Jahre? Was sind schon siebzig Jahre? Das weiß
die Bibel ...

MARTIN LUTHER: Unser Leben währet siebzig Jahre, und wenns
hoch kommt, so sinds achtzig Jahre, und was daran köstlich
scheint, ist doch nur vergebliche Mühe; denn es fähret schnell
dahin, als flögen wir davon.

ECKHARD BERGMANN: Lieber Jimi Hendrix! Du kennst mich
natürlich nicht, aber ich komme erst jetzt dazu, Dir und Deinen
Kollegen zu danken und zwar: Mick Jagger, Jimmy Page, Ginger
Baker, Jim Morrison ... Ohne Euch hätte ich und hätten die meisten meiner Freunde es nicht geschafft, die Phase Ende der Sechziger bis Mitte der Siebziger einigermaßen geistig gesund (unsere
Eltern waren da zwar genau entgegengesetzter Meinung) zu über-
stehen.

KARL BRUCKMAIER: Er starb den irgendwie seltsam klaglos und selbstverständlich hingenommenen Stellvertretertod für die sechziger Jahre und den dort beheimateten Drang zur Freiheit – wie Glasperlen reihten sich die Namen, Martin Luther King, Bobbie Kennedy, Meredith Hunter, Janis Joplin, Jim Morrison, Brian Jones, fast war es eine Schande, nicht jung gestorben zu sein, nachdem man so schnell gelebt hatte.

ECKHARD BERGMANN: Die Musik von Dir und Deinen Kollegen, lieber Jimi Hendrix, war es, die in uns all diese Träume und Hoffnungen erst weckte und stimulierte. Weil diese Musik nur uns gehörte und weil uns die Zukunft gehörte. Jetzt ist die Zukunft Gegenwart geworden. Wir haben Dich längst überholt, Jimi Hendrix, altersmäßig. Du bist nur 27 geworden, wir sind jetzt ...

DIETRICH ZUR NEDDEN: Was sind schon siebzig Jahre?

ECKHARD BERGMANN: Die meisten aus meiner Klasse sind inzwischen Lehrer oder Ingenieure, Ärzte, Anwälte, einige Kaufleute sind auch dabei. Ja, Jimi; wie das Leben eben so spielt.

KIM BÖNTE: Die Misere der meisten Rockmusiker besteht darin, daß sie nicht wie Jimi Hendrix, Janis Joplin oder Jim Morrison früh genug sterben, sondern irgendwann alt werden und trotzdem noch einmal auf die Bühne oder ins Studio gehen. Das ist meist kein Vergnügen, auch nicht für die Zuhörer ...

ECKHARD BERGMANN: Kann man für immer jung bleiben? Man kann! Und zwar nicht nur dann, wenn man James Dean oder Jimi Hendrix heißt und dementsprechend früh stirbt. Es kommt immer auf den Kopf an. Und ich liege, Gott sei Dank, nicht in Seattle auf dem Friedhof. Das ist doch schon eine ganze Menge, oder? Denn so ganz erwachsen werden ... nein, das will ich bestimmt nicht. Das ist ein Versprechen, Jimi Hendrix.

KARL BRUCKMAIER: Warum wurde ausgerechnet nach dem Tod von Jimi Hendrix ein Poster an unserer Schule verteilt? Mehr noch als Janis und Jim und die anderen, ungenannten und ungezählten Toten und Zerstörten jener ach so kreuzfidelen Sixties, war Jimi Hendrix ein Schock gewesen, ein Grund, sich tief drinnen berühren zu lassen, und dann etwas im eigenen Leben zu verändern.

JOURNALIST, ABSOLUT UNBESTECHLICH: Jaja, alles gut und schön, aber jetzt mal Butter bei die Fische. Was ist damals passiert?

(Lautes Durcheinandergerede, aus dem sich dann langsam einzelne Stimmen herausschälen.)

FRANK SCHÄFER: In der Nacht vom 17. auf den 18. September 1970 ...

KARL BRUCKMAIER: Wenige Wochen vor seinem 28. Geburtstag ...

FRANK SCHÄFER: ... soll er neun Vesparex-Schlaftabletten ...

DIETRICH ZUR NEDDEN: ...gleich neun Schlaftabletten Vesperax ...

CORINNE ULLRICH: ... neun Vesparax-Schlaftabletten ...

FRANK SCHÄFER: ... geschluckt haben und dann am eigenen Erbrochenen erstickt sein.

THE WASHINGTON POST: Ob durch Drogeneinfluß oder Alkohol, wurde nie sicher geklärt.

KARL BRUCKMAIER: ... ob im Alkohol-, Pillen- oder Heroinrausch, ist so unwichtig wie ungeklärt.

FRANKFURTER ALLGEMEINE ZEITUNG: An den Ursachen seines Todes ist viel herumgerätselt worden, doch ist es letztlich kaum entscheidend, ob er an Drogen, Schlaftabletten oder Alkoholfolgen starb, und auch kaum, ob es ein Mißgeschick oder Selbstmord war.

KARL BRUCKMAIER: Jimi Hendrix starb an einem Zuviel von allem und wohl auch an einem Zuwenig.

INTERNATIONAL HERALD TRIBUNE: Er starb an einer Überdosis Drogen.

TAGESSPIEGEL: Der gerichtsmedizinische Befund zum Tode von Hendrix liegt der Öffentlichkeit vor: Überdosis Schlaftabletten (neun). Der Bericht weist ferner darauf hin, daß sich Hendrix in keinem depressiven Zustand befunden habe und auch kein Opfer eines Rauschmittels sei.

DIETRICH ZUR NEDDEN: Aber – und das ist eine der vielen Fragen, die für immer unbeantwortet bleiben werden und deswegen bestens geeignet sind, als Grundlage diverser Verschwörungstheorien zu dienen – warum nur schluckte Hendrix gleich neun Schlaftabletten Vesperax, wenn die empfohlene Dosis eine halbe ist und Hendrix selbst normalerweise zwei nahm? Oder nahm er sie gar nicht?

HARRY SHAPIRO/CAESAR GLEBBEEK *(unisono und wie mit erhobenem Zeigefinger)*: Er könnte sie mit Mandrax (Methaqualone, Quaaludes) verwechselt oder die Wirkung von Barbituraten unterschätzt haben.

NOEL REDDING: Ich bin mir nicht sicher, was seinen Tod betrifft. Ich glaube, die Nacht vorher hat er Acid genommen. Ich weiß nicht, ob es ein Unfall war, ob Selbstmord oder Mord.

HARRY SHAPIRO/CAESAR GLEBBEEK *(unisono und wie mit erhobenem Zeigefinger)*: Das größte Problem beim Umgang mit diesen Drogen ist der schmale Grat zwischen einer normalen therapeutischen Dosis und einer lebensgefährlichen; und Alkohol verstärkt ihre Wirkung. In Jimis Todesjahr starben allein in England fast 1000 Menschen an der unbeabsichtigten Einnahme einer Überdosis von Barbituraten.

CORINNE ULLRICH: Wahrscheinlich hatte Jimis von ständigen Drogen- und Medikamentenmißbrauch sowie unglaublichem Streß und Anspannung geschwächter Körper einfach aufgegeben.

ERIC BURDON: Das Business hat ihn umgebracht. Ich kann es nicht besser sagen.

HAMBURGER ABENDBLATT: Pop-Star Jimi Hendrix (24) hat seinem Leben selbst ein Ende gesetzt, um sich nicht künstlerisch unterdrücken zu lassen. Er wollte glücklich sterben und hat deshalb den Tod zu einem Zeitpunkt gewählt, da er unglücklich zu werden drohte. Das behauptete im BBC-Fernsehen sein Freund und Kollege Eric Burdon (24), bei dem sich Jimis deutsche Freundin Monika Dannemann (23) aus Düsseldorf seit dem Tod des Stars aufhält.

HARUN FAROCKI: Wenn man 16 ist und z.B. Jimi Hendrix liebt,

kann man nicht verstehen, wie der sich das Leben nimmt. Das würde man selbst nicht tun, wenn man so geliebt würde, wie man selbst Hendrix liebt.

ERIC BURDON: An einen Selbstmord habe ich nie geglaubt.

DIETRICH ZUR NEDDEN: CIA? FBI?

FRANK SCHÄFER: Wenn nicht auch hier, wie schon bei Elvis Presleys Tod, von der Stasi gedungene Außerirdische ihre eklen Saugnäpfe mit im Spiel hatten.

DIETRICH ZUR NEDDEN: Um zwei Uhr morgens an seinem Todestag, dem 18. September 1970, besucht Hendrix Leute, die laut Aussage seiner Freundin Monika Dannemann »not his friends« waren. »Hendrix apparently smoked some grass there«, heißt es in einer Zusammenfassung seiner letzten Stunden, und Nietzsche wußte, wovon die Rede war ...

FRIEDICH NIETZSCHE: Wenn man von einem unerträglichen Druck loskommen will, so hat man Haschisch nötig.

MONIKA DANNEMANN: Wir kamen gegen zwanzig Uhr dreißig zusammen nach Hause.

Ich kochte etwas zu essen, und gegen dreiundzwanzig Uhr tranken wir eine Flasche Wein. Ich wusch mir die Haare, und wir sprachen über Musik. Um ein Uhr fünfundvierzig früh sagte Jimi, er hätte noch eine Verabredung. Ich fuhr ihn zu der angegebenen Adresse und holte ihn um drei Uhr wieder ab. Zwischendurch haben wir dreimal miteinander telefoniert. Zu Hause machte ich ihm zwei Sandwiches mit Thunfisch. Wir sprachen noch etwas und gingen dann ins Bett.

JOURNALIST, ABSOLUT UNBESTECHLICH: Gestatten Sie, daß ich mitschreibe ...

MONIKA DANNEMANN: Frühmorgens, um sieben Uhr, war Jimi noch hellwach.

JOURNALIST, ABSOLUT UNBESTECHLICH (murmelnd): Um sieben noch hellwach ...

MONIKA DANNEMANN: Um sieben Uhr nahm ich eine Schlaftablette ...

JOURNALIST, ABSOLUT UNBESTECHLICH: Sieben Uhr, aha.

MONIKA DANNEMANN: Ich bin gegen viertel nach sieben eingeschlafen ...

JOURNALIST, ABSOLUT UNBESTECHLICH: Ja, hab ich.

MONIKA DANNEMANN: Ungefähr um zwanzig nach zehn Uhr morgens wurde ich wach; Jimi schlief ganz normal; und ich weckte ihn nicht, da er an diesem Tag einige wichtige Termine, unter anderem bei der Plattenfirma, hatte. Ich verließ dann kurz die Wohnung, um für uns Zigaretten zu kaufen.

JOURNALIST, ABSOLUT UNBESTECHLICH: Und als Sie zurückkamen?

MONIKA DANNEMANN: ... schaute ich nach, ob Jimi wach war. Dann merkte ich, daß es ihm schlecht ging.

JOURNALIST, ABSOLUT UNBESTECHLICH: Schlecht? Inwiefern?

MONIKA DANNEMANN: Daß etwas aus seinem Mund herausfloß, worauf ich versuchte ihn zu wecken. Das gelang mir aber nicht.

JOURNALIST, ABSOLUT UNBESTECHLICH: Aus seinem Mund?

MONIKA DANNEMANN: Er lag in einer Lache von Erbrochenem. Ich fühlte seinen Puls, aber der war normal. Sein Herzschlag war auch genauso wie meiner. Ich versuchte noch mal ihn zu wecken, aber er wollte nicht aufwachen.

JOURNALIST, ABSOLUT UNBESTECHLICH: Und dann?

MONIKA DANNEMANN: Ich fand dann eine Zehnerpackung Schlaftabletten, in der neun Stück fehlten. Nachdem ich eingeschlafen war, muß Jimi ein paar Schlaftabletten genommen haben. Ich kann mir nur vorstellen, daß die ihm zu langsam gewirkt haben, so daß er noch mehr genommen hat, eben neun Stück.

CHARLES SHAAR MURRAY (wie ein Oberschüler): In ihrer Panik rief sie Eric Burdon an ...

MONIKA DANNEMANN: Da ich die Telefonnummer von Jimis Arzt nicht fand, rief ich eine Bekannte, Alvinia Bridges, an, die zu der Zeit bei Eric Burdon wohnte.

ALVINIA BRIDGES: Er hatte sich übergeben im Schlaf. Ich sagte, dreh ihn um. Dann zog ich mir etwas über und rannte zu ihr.

CHRISTOPHER OGILATI: Kurz darauf rief Monika Dannemann noch mal an und sagte, es ginge Jimi schlechter.

ERIC BURDON: Laß ihn rumlaufen, sagte ich, gib ihm Kaffee, spritz ihm kaltes Wasser ins Gesicht.

MONIKA DANNEMANN: ... man darf ja nicht vergessen, daß er ein Star war; also dachte ich, daß ich wohl besser ganz schnell seinen Arzt anrufen sollte. Ich wußte, er hieß Robertson, aber es gab so viele Robertsons im Telefonbuch, daß ich dachte, vergiß es.

ERIC BURDON: Ich kann keinen Krankenwagen holen, sagte sie, hier ist alles voll Haschisch. Vergiß es, sagte ich, hol sofort einen Krankenwagen. Alvinia ist schon auf dem Weg.

MONIKA DANNEMANN: Als ich sie schließlich erreichte, fragte ich sie nach der Nummer, denn sie kannte Jimi auch, und ob sie oder irgend jemand sonst einen guten Arzt kennen würde. Sie sagte nein. Eric Burdon kam ans Telefon und wollte wissen, was los war. Ich sagte: Jimi geht's nicht gut, ich krieg' ihn nicht wach und rufe jetzt den Notarzt. Er meinte, ich solle auf gar keinen Fall einen Krankenwagen rufen, und ich antwortete: Ich werde doch einen rufen, und ich muß jetzt auflegen. Er sagte: Na gut, dann ruf halt deinen blöden Krankenwagen. Er war unheimlich wütend.

CHRISTOPHER OGILATI (süffisant): Während Jimi offenbar im Sterben lag, waren die Drogen entfernt und im Garten vergraben worden.

CHARLES SHAAR MURRAY (übereifrig, schnell sprechend): Die Ambulanz kam auch gleich, aber irgendwie hatte man Hendrix beim Transport auf den Rücken gelegt, und da sein ganzer Körper von den Tabletten vollständig gelähmt war, konnte er das Erbrochene nicht ausspucken oder -husten und ist einfach daran erstickt.

CHRISTOPHER OGILATI (rauh): Es wurde festgestellt, daß erst um 11:18 Uhr ein Krankenwagen alarmiert worden war.

MONIKA DANNEMANN: Als die Sanitäter kamen, haben sie seinen Puls gemessen, Herzschlag sowie die Augen kontrolliert. Danach meinten sie, es wäre alles okay, er wäre nur tief am Schlafen.

CHARLES SHAAR MURRAY: Die Leute von der Ambulanz hatten Monika Dannemann gesagt, Hendrix käme schon wieder in Ordnung, aber ihre Versicherungen erwiesen sich als völlig unbegründet.

MONIKA DANNEMANN: Sie trugen Jimi in den Krankenwagen, und ich fuhr mit. Sie stellten keine Sirene an, und wir brauchten bis zum Krankenhaus etwa 18 Minuten, es war eine ganz normale Fahrt. Später stellte ich fest, daß sich direkt um die Ecke ein Krankenhaus befand. Sie brachten ihn aber nicht dorthin, sondern ins weiter entfernte St. Mary's. Sie setzten Jimi aufrecht auf einen Stuhl. Weil Jimi schlief, fiel sein Kopf nach vorne, doch einer der Typen drückte ihn immer wieder zurück.

HARRY SHAPIRO/CAESAR GLEBBEEK *(unisono und wie mit erhobenem Zeigefinger)*: Der Krankenwagen erreichte das »St. Mary Abbots«-Krankenhaus in der Marlowes Road in Kensington kurz nach zwölf Uhr mittags.

MONIKA DANNEMANN: Als wir den Eingang des Krankenhauses erreichten, machten die Sanitäter plötzlich ganz schnell und legten Jimi eine Sauerstoffmaske an. Also wußte ich, daß etwas nicht stimmte. Sie brachten ihn sofort in einen Raum, und ich gab dem Arzt das Päckchen, damit er wußte, um welche Tabletten es sich handelte und so weiter. Aber er interessierte sich nicht besonders für die Tabletten, sondern für mich und Jimi – Schwarz und Weiß, das gefiel ihm nicht. Er wollte wissen, wer ich war, was ich machte, warum ich mit ihm zusammen wäre, und so weiter.

DR. MARTIN SEIFER: Ich begann sofort mit der Wiederbelebung, aber der Monitor blieb dunkel.

MONIKA DANNEMANN: Ich konnte es nicht fassen und sagte: Wir werden heiraten, falls Sie das interessiert. Ich war wirklich außer mir. Aber er stellte immer neue Fragen.

ALVINIA BRIDGES: Eine Schwester kam heraus und sagte: Er kommt durch.

MONIKA DANNEMANN: Dann kam nach über einer halben Stunde eine Krankenschwester – zwischendurch hatte ich versucht, den Raum zu betreten, aber sie hielten mich jedesmal auf. Sie sagte, ich solle mir keine Sorgen machen, sein Herz habe aufgehört zu schlagen, aber das würden sie schon wieder in Ordnung bringen, keine Sorge.

ALVINIA BRIDGES: Dann kam sie zurück und sagte, er ist tot.

MONIKA DANNEMANN: Ungefähr zehn Minuten später kam die Krankenschwester wieder und teilte uns mit, daß er gestorben sei. Später habe ich mit mehreren Ärzten gesprochen, die mir erklärten, daß man, wenn einem übel ist und die Luftröhre verstopft ist, einen Luftröhrenschnitt macht, damit der Patient wieder atmen kann und es kein Problem mehr gibt. Aber bei ihm haben sie das nicht gemacht. Sie hatten ihn eine ganze Stunde lang im Krankenhaus, aber sie haben weder einen Luftröhrenschnitt gemacht, noch sonst was. Er ist an seinem Erbrochenen erstickt. Sie hätten ihn also wirklich retten können – aber sie haben es verdammt noch mal nicht getan.

DR. MARTIN SEIFER: Zu diesem Zeitpunkt, als ich ihn sah, war er nicht mehr zu retten.

CORINNE ULLRICH: 20 Jahre später ließ Kathy Etchingham den Fall noch einmal aufrollen. Erst jetzt stellte sich heraus, daß kein anderer Zeuge Monika Dannemanns Bericht vom Hergang der Ereignisse am 18. September 1970 bestätigen wollte.

JOURNALIST, ABSOLUT UNBESTECHLICH: Auch die beiden Krankenwagenfahrer erzählen eine andere Version. Laßt mal hören!!

REG JONES: Als wir in die Wohnung kamen, war die Tür weit offen. Der Körper lag auf dem Bett, bedeckt von Kotze in allen Farben, schwarz, braun, überall, auf ihm, auf dem Kissen. Es war kein anderer Mensch in Sicht. Ich ging zurück in den Krankenwagen, um einen Aspirator zu holen und ihn wiederzubeleben, konnte es aber nicht. Die Kotze war ganz trocken, als hätte er schon eine lange Zeit so gelegen. Er hatte keinen Herzschlag. Er war blau, atmete nicht und reagierte nicht auf Licht oder Schmerz. Wir riefen die Polizei, denn wir dachten, daß die Umstände seines Todes sehr merkwürdig waren.

HARRY SHAPIRO/CAESAR GLEBBEEK *(unisono und wie mit erhobenem Zeigefinger)*: Der Leiter der Aufnahmeabteilung, Mr. Price, hätte für Jimi, falls dieser ins Krankenhaus gebracht worden wäre, ein Aufnahmeformular ausfüllen müssen. Aber ein solches Formular wurde nie ausgefüllt, da Jimi offiziell nicht ins Krankenhaus eingeliefert worden war.

WALTER PRICE: Der Krankenwagen fuhr vor, die beiden Sanitäter sprangen raus und rannten in die Notaufnahme. Zwei Ärzte gingen nach draußen, machten vergebliche Wiederbelebungsversuche. Später hörte ich, wie sie sagten, er sei im Krankenwagen gestorben. Sie brachten ihn direkt in die Leichenhalle.

CORINNE ULLRICH: Die Wahrheit nahm Monika mit ins Grab. Sie verübte im Alter von 50 Jahren im Juni 1998 Selbstmord, nachdem sie wenige Tage zuvor in einem Zivilgerichtsverfahren in London Kathy Etchingham unterlegen war.

MONIKA DANNEMANN: Ich verlangte ihn zu sehen, weil Jimi mir geraten hatte, falls er sterben würde, müßte ich bestimmte Dinge für ihn tun. Unter anderem sollte ich mich drei Tage lang um ihn kümmern, weil es schon vorgekommen sei, daß Menschen auf eine Astralreise gingen und ihr Körper dabei tot wirkte. Und deshalb seien einige von ihnen lebendig begraben worden. Natürlich wurde mir diese Bitte sofort abgeschlagen. Aber nach einigem Drängen durfte ich ihn sehen, und ich war völlig überrascht, denn auf seinem Gesicht lag ein Lächeln.

HARRY SHAPIRO/CAESAR GLEBBEEK *(unisono und wie mit erhobenem Zeigefinger)*: In Seattle hatte sich Jimis ganze Familie versammelt. Plötzlich begann sich der Schaukelstuhl in der Ecke leicht zu bewegen. Rose, eine Freundin der Familie drehte sich um und schrie:»Das ist Jimi!« Und der Hund der Familie hörte nicht auf zu heulen.

FRANK SCHÄFER: Als Eric Clapton, der noch im März des Jahres ausgiebig mit Jimi gejammt hatte, von dessen Tod erfuhr, soll er wie besinnungslos seinen Kopf immer wieder gegen die Studiowand gehauen und dabei geschrien haben ...

ERIC CLAPTON: Wie kann er einfach sterben und mich verlassen?!

FRANK MARINO *(schließt seine Les Paul an, beginnt etwas zu improvisieren, sein Spiel geht dann über in sanftes Fingerpicking, und er singt dazu)*:
Also, mein Freund und ich, wir waren viel zusammen.
Und wir ritten gemeinsam auf Engelsflügeln.
Und ich dachte nicht an die Zukunft,
Solange ich ihn spielen und singen hörte.
Wenn es mir mies ging,
Dann munterte er mich auf.
Aber gleichzeitig
Ließ mich der Zauber seiner Musik weinen.
Und dann, eines Tages, machte er sich
Einfach davon und starb.
Und ich bleib allein mit meinen Tränen.

LOTHAR TRAMPERT: Schon zehn Tage, nachdem er gestorben war, lag das offizielle Statement des Pathologen Donald Teare vor, in dem unter Punkt 6 (Todesursache) zu lesen war ...

DONALD TEARE: Einatmen von Erbrochenem; Barbituratvergiftung (Quinalbarbitone); unzureichende Indizien für die Umstände, kein abschließendes Urteil.

CHRISTOPHER OGILATI: Sein Leichnam wurde nach Hause gebracht, nach Seattle.

ERIC BURDON *(düster)*: Er wollte in England begraben werden.

HARRY SHAPIRO/CAESAR GLEBBEEK *(unisono und wie mit erhobenem Zeigefinger)*: Seattle hatte einen wunderschönen Altweibersommer erlebt, aber am 1. Oktober, dem Tag von Jimis Beerdigung, schien eine blasse Wintersonne.

GEORG DIEZ: ... der massige Musikjournalist MacDonald kann sich noch an die Beerdigung von Jimi Hendrix erinnern, damals, als sie den großen Sohn der Stadt in einem billigen Grab verscharrten, drüben in Renton, weil es sich sein Vater nicht anders leisten konnte.

AL HENDRIX: Sorry Jimmy, it's cheap.

CHRISTOPHER OGILATI: Seattle war zum toten Jimi Hendrix nicht freundlicher als zum Lebenden. Es gab eine ziemliche Aufregung um ein Denkmal, schließlich hatte er Drogen genommen. Endlich fand man einen Platz für einen Gedenkstein – im Zoo.

BILLY COX: Es ist aufregend zu sehen, daß die Welt erst jetzt Jimis Talent wirklich erkennt. Vielleicht werden die alles überschattenden Gerüchte, die von einigen in Umlauf gebracht worden sind und die das Bild von ihm wie eine Wolke verdunkelt haben, ersetzt werden durch ein Verständnis für den Menschen, den ich gekannt habe – ein Kind des Universums, ein Meistergitarrist, eine warme und sanfte Seele.

KARL BRUCKMAIER: Wir Siebtklässler fühlten uns vermutlich geehrt, irgend etwas von den coolen Schülerzeitungsmachern geschenkt zu bekommen und sei es ein Heiligenbildchen, aber was mir wirklich in Erinnerung blieb, ist zweierlei: Die Anteilnahme im Blick des Hausmeisters, der wohl in seinem Leben auch mehr als einen Freund verloren hatte und darum sein Mitgefühl nicht unterdrücken konnte. Und das billig gedruckte, kakaofarbene und milchweiße Gesicht, welches das Plakat ausfüllte: Jimi Hendrix. Da habe ich das erste Mal von ihm gehört; da habe ich ihn zum ersten Mal gesehen. Da war er bereits tot ...

JIMI HENDRIX: S'cuse me while I kiss the sky.

Zitierte Literatur

Eckhard Bergmann. *home.t-online.de/home/ee.bergmann/Jimi_Hendrix/ jimi_hendrix.html*

Kim Bönte: *15-Minuten-Versuch. Debbie Harry arbeitet mit »Last Exit« konsequent gegen den Blondie-Mythos.* In: Jungle World vom 10.3. 1999.

Karl Bruckmaier: *Entschuldige bitte, ich küsse den Himmel.* In: Süddeutsche Zeitung vom 18.9.2000.

Georg Diez: *Die Revolution frisst ihre Garagen.* In: Süddeutsche Zeitung vom 4.3.2001.

Harun Farocki: *Obdachlose am Flughafen. Sprache und Film, Filmsprache. Harun Farocki im Gespräch mit Rembert Hüser.* In: Jungle World vom 8. November 2000.

Rudolf Herfurtner: *Brennende Gitarre. Ist Jimi Hendrix wirklich tot?* München/Wien 1980.

Christopher Ogilati: *Hey Joe. Das kurze wilde Leben des Jimi Hendrix.* Dt. Bearbeitung von Wolfgang Mönninghoff. BBC 1999.

Frank Schäfer: *Hendrix, Jimi.* In: Michael Rudolf, Frank Schäfer: *Lexikon der Rockgitarristen.* Berlin 1999, S. 121ff.

Charles Shaar Murray: *Purple Haze – Jimi Hendrix. Die Legende der Rockmusik.* Wien 1990.

Harry Shapiro/Caesar Glebbeek: *Jimi Hendrix – Electric Gypsy.* Köln 1993.

Corinne Ullrich: *Jimi Hendrix.* München 2000.

Lothar Trampert: *Elektrisch! Jimi Hendrix. Der Musiker hinter dem Mythos.* München 1994.

Dietrich zur Nedden: *Nietzsche und Hendrix.* In: die tageszeitung vom 19.9.2000.

Das faulende F

Bob Dylans »Tarantula«

Die Veröffentlichungsgeschichte von »Tarantula«, Bob Dylans einzigem längeren Prosa-Text bisher, ist ähnlich verkorkst wie die der legendären »Basement Tapes« – und nicht zuletzt deshalb auch genauso mythenselig und geschichtenumrankt. Auch hier müssen erst sechs Jahre ins Land ziehen, bis der Text schließlich veröffentlicht wird (bei den Kelleraufnahmen aus dem »Big Pink« waren es neun). Und so wie dort längst Bootlegs kursieren und reißenden Absatz finden, bevor die Tapes offiziell erscheinen, gibt es hier zunächst nur einen Raubdruck, der die Korrekturbögen zur Grundlage hat – jene auch an ein paar Zeitungen und Zeitschriften verschickte Fahnenabzüge, die Dylan nicht bearbeiten konnte, weil ihn ein Motorradunfall, der berühmte Motorradunfall, für längere Zeit außer Gefecht setzte (oder auch nicht außer Gefecht setzte), und die er danach nicht mehr bearbeiten wollte, weil er sich von dem Text in der Zwischenzeit schon zu weit entfernt hatte und ihn jetzt als »Unsinn« abtat. Nicht zu Unrecht übrigens, denn das ist er ja wirklich, Unsinn, und zwar durchaus mit poetologischem Kalkül.

Niedergeschrieben wurde »Tarantula« von Januar bis September 1965, in einer Zeit also, in der Dylan auch in seinen Lyrics (der Alben »Bringing It All Back Home« und »Highway 61 Revisited«) gegen die längst ritualisierte und also wohlfeile Protest-Attitüde der Folkies aufbegehrt und sich in eine surrealistische Bilderwelt flüchtet, sich mithin durch literarische Uneindeutigkeit vor einer schnellen politischen Vereinnahmung sperrt.

»Tarantula« geht noch einen Schritt weiter. Der Text ist ein Experiment in Richtung auf den totalen Sinnentzug und läßt zunächst an die surrealistische Praxis der écriture automatique denken, an das bereits von Rimbaud, Lautréamont und Apollinaire vorweggenommene und von Breton dann nachdrücklich empfohlene delirante, trancehafte Schreiben, das der Konditionierung und Domestizierung, wie sie Logik und gesellschaftliche Normen nun einmal zeitigen, durch bloße Schnelligkeit oder aber chemische Hilfsmittel zu entkommen trachtet. Und was Joan Baez von der Zeit der Niederschrift zu berichten weiß, scheint dies zu unterstützen: Er habe gearbeitet wie »ein Fernschreiber. Er stand da und wackelte mit den Knien. Er stand, rauchte den ganzen Tag und trank Wein. Und ich konnte ihn nur zum Essen bringen, wenn ich hinging und vor seinen Augen aß. Und sofort langte er nach allem, was ich in der Hand hatte.«

Auch wenn nichts davon stimmt, ist die Beschreibung aufschlußreich, weil sie zeigt, was Dylan prätendiert, in welche Tradition er sich stellt – in die des triebhaften, ekstatischen Schreibens der Beat-Literaten nämlich, vor allem der großen Drei, Allen Ginsbergs, mit dem er gut befreundet war, William S. Burroughs' und nicht zuletzt Jack Kerouacs. Die schöne Legende um die Abfassung von »On The Road« zeigt denn auch große Ähnlichkeit mit der Baezschen Geschichte.

Und manche Parts des Buches offenbaren durchaus eine gewisse stilistische Affinität zu den Genannten – der folgende etwa, der so ähnlich in »Naked Lunch« oder »Nova Express« stehen könnte: »das jaulende f aus dem neon dobro & ein erhebendes gefühl nach enttäuschenden liedertexten auf der outlaw matratze am Ende der straße während du trophäen abfummelst die zu besuch sind & dem tramp mit dem eisbeutel auf dem kopf im bett ein kissen in den rücken stopfst und die nächsten verwandten stehn am nackten paravent – ein herz voll tratsch & ein wolf mit silbrigen speichelfäden, drohend und unumgänglich, ein schoß der sich öffnet wie ein abgrundtiefer rostiger tümpel, ein jähes erwachen & dann gefriert alles in träumen von einem nebulösen geburtstag ...«

Aber die Inkohärenz dieses Textes geht letztlich doch weit über das hinaus, was uns die Beats zumuten. Bisweilen sieht es so aus, als hätte er alle avantgardistischen Schreibweisen inkorporiert, derer er habhaft werden konnte: dadaistische Montage, Cut-up-Verfahren, drogeninduziertes Bewußtseinsprotokoll, religiöse Exaltationen in der Nachfolge von William Blake etc. Er verschmilzt das alles zu einer gewaltigen Kakophonie, die manchmal nach einem monumentalen Medien-Mix klingt, so als würden alle Rundfunk- und Fernseh-Sender des Landes für einen kurzen Moment übereinandergeblendet. Ein unlesbares, weil undurchschaubares Stimmengewirr also, das ein bißchen an James Joyces »Finnegans Wake« erinnert, weil man auch hier nicht herausbekommt, worum es eigentlich geht, und an die manieristischen Satzmäander in Fischarts »Geschichtsklitterung«.

Dieses dicke Prosa-Müsli wird immer wieder vermengt mit leichter goutierbaren versartigen Passagen, die nicht mit dem Bewußtseinsstrom, oder was immer das ist, sondern eher untereinander korrespondieren.

Sie sind stringenter, bisweilen geradezu herkömmlich erzählt, oft in der Form eines Briefes, vor allem aber albern, anscheinend parodistisch und meistens komisch: »lieber tom hab ich dir schon mal gesagt daß ich finde du solltest eigentlich bill heißen. ist natürlich nicht so wichtig, aber weißt du, ich habs gern leger wenn ich mit jemand zusammen bin. wie gehts margy? oder martha oder wie zum Teufel heißt sie eigentlich? paß auf: wenn du ankommst & du hörst daß einer ›willy‹ brüllt, dann bin das ich, ja? ... also komm. ein wagen & eine party werden dich erwarten. ich werde sehr leicht zu finden sein, also sag hinterher nicht du hättest nicht gewußt daß ich da war

dein dankbarer
truman peyote«

Nun, alles in allem bekommen wir es hier also wieder mit einem dieser Texte zu tun, die man eigentlich nicht lesen kann, über die sich nur schreiben läßt. Aber nicht mal das ist passiert. Außerhalb der Dylanologie wurde kaum etwas zu diesem Buch veröffentlicht, wenn man mal von zeitgenössischen Kritiken absieht, und dortselbst behandelt man es auch nur am Rande.

Daß »Tarantula« gleich nach seinem offiziellen Erscheinen 1971 zum Bestseller avancierte und auf Platz 7 der »Time«-Charts vorrückte, lag also mehr an seiner geheimnisvollen Aura, die, wenn die verspätete Publikation nicht doch vom Verlag kalkuliert war, kein Werbestratege besser hätte evozieren können. Und nicht zuletzt an der Popularität seines Autors. So einem frißt man ja bekanntlich aus der Hand, auch wenn er nur Kraut und Rüben zu bieten hat.

Der Gottsucher

Über Philip K. Dick

Sechs Jahre vor seinem Tod hat Philip K. Dick in einem Interview mit der Zeitschrift »Science Fiction Review« seine Faszination für den Brahma-Mythos bekannt und damit fast so etwas wie eine erzählerische Ur-Situation verraten, aus der sich tatsächlich viele seiner Geschichten und Romane direkt oder indirekt ableiten lassen. Diesem Mythos zufolge ist unsere Wirklichkeit nichts weiter als ein Traum der uralten indischen Gottheit Brahma, und so werden wir in dem Moment aufhören zu sein, in dem sie erwacht. Das kann einen schon faszinieren, durchaus, das kann einen aber genauso gut verstören. Und damit ist auch schon eins der wesentlichen Funktionsmerkmale Dickscher Erzählkunst benannt. Das Wort Kunst ist hier übrigens mit Bedacht gewählt, denn obwohl er mit 33 Romanen und über 100 Kurzgeschichten in knapp 30 Produktionsjahren ein verdächtig, ja eigentlich viel zu großes Œuvre hinterlassen hat und das auch noch vor allem dem Trivialgenre Science Fiction zu subsumieren ist, haben viele seiner Werke durchaus literarische Qualitäten.

»Ubik« etwa, einer seiner bekanntesten und am häufigsten interpretierten Romane, der an dem erwähnten Mythos beinahe entlanggeschrieben zu sein scheint. Der Agent Joe Chip und seine Kollegen, angestellt bei einer Organisation zur Kontrolle und Bekämpfung parapsychologisch Begabter, fliegen in einer heiklen Mission zum Mond, dort wird ein Attentat auf sie verübt, das ihren Chef Glen Runciter das Leben kostet. Nun ist man in dieser 1969 erdachten nahen Zukunft bereits in der Lage, das Leben künstlich zu verlängern, indem man die Menschen in ein »Tiefkühlgrab« einlagert, das zumindest für gewisse Zeit ihre Hirntätigkeit aufrechterhält. Runciter wird in ein solches Moratorium gebracht, von wo aus er weiterhin mit der Welt kommunizieren kann. Chip und die anderen Überlebenden des Attentats bekommen es nun mit merkwürdigen Realitätskrümmungen zu tun. Die Zeit scheint rückwärts zu laufen, die Gegenwart regrediert ins Jahr 1939, und schließlich werden einige Mitglieder der Gruppe förmlich dehydriert und zerfallen zu Staub. Chip versucht, dem Rätsel auf die Spur zu kommen, sieht sich mit merkwürdigen Botschaften seines eingefrorenen Chefs konfrontiert, und muß dann das Schreckliche feststellen (eine Anagnorisis wie in der antiken Tragödie): Auch er und die anderen sind bei dem Attentat gestorben und befinden sich jetzt in der »Kaltpackung«, haben sich ihr Weiterleben also bloß imaginiert. Jetzt stellen sich natürlich existentielle Fragen: Ist Runciter am Leben geblieben? Ist er ebenfalls eingefroren – und kommuniziert mit ihnen im Halbleben? Oder existieren Chip und seine Freunde am Ende bloß in seiner Vorstellung?

Die Struktur ist klar (und taucht in vielen anderen Texten Dicks wieder auf, übrigens schon in den frühen Kurzgeschichten): Er fingiert eine Realität, vergegenwärtigt und beglaubigt diese mit allen ihm zu Gebote stehenden erzählerischen Mitteln, fingiert dann aber noch eine weitere alternative Wirklichkeit, die genauso authentisch evoziert wird, so daß der Leser nicht entscheiden kann, welche er nun glauben, mithin als echte Realität annehmen soll. Einen zusätzlichen Dreh bekommt die Geschichte hier, gleichsam dem Mythos analog, indem Dick überdies insinuiert, daß eine der beiden Realitäten nur als Imagination eines Protagonisten aus der anderen hervorgehe. Aber was ist hier nur vorgestellte und was wirklich erlebte Realität? Fragen, deren Beantwortung sich der Autor aus gutem Grund entzieht, denn diese epistemologische Leerstelle ist ja das Thema. Sein Lebensthema.

Mit Philip K. Dick nämlich, unter anderen, hält die ästhetische Moderne im Science Fiction-Genre Einzug. Er diskutiert im Modus des Zukunftsromans jene philosophischen Probleme, um die sich auch schon die Schriftsteller der klassischen Moderne bemühten: den Solipsismus, die Diskrepanz von subjektiver und objektiver Realität, die Defizite der menschlichen Wahrnehmungsfähigkeit überhaupt und die unter solchen erkenntnistheoretischen Bedingungen sich zwangsläufig auflösende Identität des Einzelnen. Überdies beschäftigten ihn von Anfang an – und seit den sechziger Jahren zunehmend – metaphysische Fragen. Offensichtlich erlebte er seinerzeit im Drogenrausch, auch dies ein immer wiederkehrender Topos des Werks, eine Art Epiphanie, und anschließend war er sich wohl nicht recht im klaren darüber, ob es sich hier bloß um eine drogeninduzierte Halluzination, eine krude LSD-Vision handelte oder eben doch um eine veritable Erscheinung Gottes. Wie andere Acid-Heads in den furiosen 60ern auch geht er diesen dope-gestützten religiösen Erfahrungen nach – am eindringlichsten wohl in dem Roman »Die drei Stigmata des Palmer Eldritch« (Haffmans 1997).

Im 21. Jahrhundert ist die Erdatmosphäre so überhitzt, daß die Menschen nur noch mit einem transportablen Kühlaggregat vor die Tür gehen können. Wenn man Pech hat, wird man von den Vereinten Nationen zwangsrekrutiert und muß für den Rest des Lebens die Kolonisierung des Mars oder der Venus vorantreiben. Das Leben hier ist noch trostloser. Die Menschen vegetieren in »Gruben«, kleinen Wohneinheiten unter der Erde, vor sich hin und fallen über kurz oder lang der Lethargie anheim. Kleine Fluchten verheißt allein die Droge Can-D, die es ermöglicht, sich virtuell in ein idealisiertes Amerika der 20er Jahre zurückzuversetzen. Voraussetzung dafür ist ein Miniaturmodell jener Welt, ein sogenanntes Layout mit Spielpuppen, Utensilien etc. Nach zehnjähriger Abwesenheit kommt der Aussteiger Palmer Eldritch aus entlegenen Sonnensystemen zurück und bringt eine Droge mit, die keine Imaginationskrücke in Gestalt einer Miniaturwelt mehr benötigt. Eldritchs Droge Chew-Z bietet freilich noch eine weitere Verbesserung: das vom Junkie kreierte Wunschuniversum ist keine bloße Imagination mehr, sondern eine Art Parallelwelt – mithin objektive Realität. Leo Bulero, der Chef von Perky Pat Layouts, marktführender Layout-Anbieter und Drogenboß im Verborgenen, sieht seine Felle wegschwimmen, versucht Eldritch umzubringen und wird von diesem unter Chew-Z gesetzt. Von nun an geht alles drunter und drüber. Der Roman oszilliert zwischen den beiden Realitäten, da Bulero während des Trips der Parallelwelt zu entkommen sucht, sich aber nur eine Gegenwelt schafft, die der wirklichen haargenau gleicht. Dick treibt sein Vexierspiel mit den Erzählebenen ohne Rücksicht auf logische Verluste. Immer wenn der Leser sich gerade halbwegs wieder eingerichtet hat, festen narrativen Boden unter den Füßen zu haben vermeint, fällt Dick ein neuer absurder Fiktionsbruch ein. Bis zum Schluß kann man nie wissen, was noch Trip und was schon wieder objektive Realität sein soll.

Der Roman liefert aber nicht nur eine authentische Darstellung psychedelischer Bewußtseinszustände, man soll ihn auch als hinterhältige religiöse Allegorie lesen. Palmer Eldritch ist Gott. Ein böser Gott, »der aus dem Prox-System über uns hereinbricht ... und uns das bietet, wofür wir seit über zweitausend Jahren beten«. Das ewige Leben im Chew-Z-Universum. Freilich nicht ganz bedingungslos: »Eldritch wird in unser Leben eindringen und uns auf Schritt und Tritt verfolgen.« Es hat schließlich nie jemand gesagt, daß transzendentale Erlebnisse nicht auch einem Horror-Trip gleichkommen können!

Nun, man wird Dick nach all dem kaum vorwerfen dürfen, er habe mit seiner Prosa »handlungsverbrämte Propaganda für reine Wissenschaft, unterhaltende Reklame für den absolut gesetzten technischen Fortschritt« geliefert, wie dies Michael Pehlke und Norbert Lingfeld in ihrer »ideologiekritischen« Studie »Roboter und Gartenlaube« an der klassischen Science Fiction-Literatur monieren. Die futuristische Staffage und das Setting interessieren ihn nämlich gar nicht so sehr, hier ist er oft schlampig, willkürlich, nicht so um logische Kohärenz bemüht. Seine Zukunftswelten geraten eher plan und großflächig, und sie gemahnen schon mal an einen schlechten Comic oder Werbespot. Skrupulös, detailgenau und liebevoll, wenn ihm einmal nicht der Lektor mit dem Abgabetermin im Nacken saß. hat Dick in erster Linie seine Protagonisten gezeichnet, ihre sozialen und politischen Interaktionen, ihre psychische Verfassung resp. Fassungslosigkeit. Sie sind keine strahlenden Helden, sondern fast immer Allerweltsmenschen – Bürokraten, Techniker, Handwerker, am häufigsten begegnet einem etwa der »repair man« –, und sie sind Melancholiker, die an den zukünftigen Verhältnissen leiden und denen der technologische Fortschritt das Leben nur vordergründig einfacher gemacht hat.

Oft nicht einmal das. Deshalb erscheint mir der eher profane Harrison Ford in Ridley Scotts Verfilmung »Blade Runner« (nach der sehr viel komplexeren Buchvorlage »Do Androids Dream Of Electric Sheep?«) eine durchaus bessere Wahl als Darsteller eines typischen Dick-Protagonisten gewesen zu sein als der zum Superhelden aufgepumpte Arnold Schwarzenegger in dem Action-Reißer »Total Recall« (der auf der verwirrenden, für den Nebula Award nominierten Erzählung »We Can Remember It For You Wholesale« beruht). Wie man hört, verfilmt Steven Spielberg gerade eine weitere Dick-Story, leider mit dem Lackel Tom Cruise in der Hauptrolle: und zwar »The Minority Report« (auf deutsch erschienen in »Autofab«, dem 7. Band der sehr schönen zehnbändigen Ausgabe sämtlicher SF-Geschichten Dicks bei Haffmans, die seit kurzem abgeschlossen vorliegt); eine Geschichte, in der die Menschen bereits bestraft werden für Verbrechen, die sie erst noch begehen wollen.

Eben! Dick ist kein Apologet des Fortschritts, er berichtet vielmehr von der Kehrseite utopischer Hoffnung und grundiert seine Geschichten mit einem tiefen Pessimismus hinsichtlich der Lösbarkeit gesellschaftlicher Probleme durch die Weiterentwicklung der Technologie. Und er lenkt den Blick auf die Gefahren, die sie birgt, etwa daß sie sich als sehr taugliches Hilfsmittel bei der Manipulation und Kontrolle der Massen erweisen und so möglicherweise der Durchsetzung von totalitären Staatsformen Vorschub leisten könnte. Entsprechend häufig installiert er in seinen technologisch hochentwickelten Zukunftsszenarien ein restriktives Law-and-Order-Regime, das dann freilich auch immer entfernte Ähnlichkeit mit den USA seiner Zeit hat. Am schärfsten und eindeutigsten formuliert er solche Kritik in »Flow My Tears, The Policeman Said« (dt. »Eine andere Welt«), Dicks belletristischer Rache an den kalifornischen Behörden. Die nämlich hatten den Renegaten und in einschlägigen Drogenkreisen verkehrenden Schriftsteller observieren lassen und waren sogar bei ihm eingebrochen, augenscheinlich um allzu subversive Schriften sicherzustellen. Dick erstattet Anzeige, aber die lokale Polizei verschleppt die Ermittlungsarbeiten und redet sich mit einem Anschlag einer religiösen Gruppe heraus. Als er sich darüber an höherer Stelle beschwert, so erzählt er es jedenfalls später seinem Freund Paul Williams, habe man ihm offen gedroht:»›Wir wollen keinen Kreuzzug hier in Marin County. Ziehen Sie woanders hin oder es trifft Sie eines Nachts eine Kugel im Rücken. Oder Schlimmeres.‹ Ich fragte, was ›Schlimmeres‹ sei. Der Polizist: ›Das werden Sie bestimmt nicht wissen wollen.‹« Dick ist daraufhin nach Kanada gezogen. Später meinte er, die Behörden seien vor allem hinter der Kurzgeschichte »Faith Of Our Fathers« hergewesen. Darin geht es um einen hohen Regierungsbeamten, der von einer revolutionären Organisation eine Droge verabreicht bekommt, die in Wirklichkeit ein Halluzinogen-Blocker ist. Der nun ermöglicht ihm, das Staatsoberhaupt in seiner wahren Gestalt zu sehen, weil er die über das Trinkwasser in alle Haushalte geleiteten Drogen neutralisiert. Und was sieht er da? Eine gottgleiche, böse, außerirdische Kreatur.

Sehr bedenklich ...

Tanzen mit Keith

Der süßlich-schwere Duft von Räucherstäbchen schwebte aus dem Aufnahmeraum den Korridor entlang, während westindische Rhythmen in die sanften Harmonien von »Sweet Virginia« übergingen. Augenscheinlich hatten sie es sich schon gemütlich gemacht. Aber als Jerry und seine Begleiterin Anke eintraten und man sie mit aufmunterndem Schulterklopfen und gutgelaunten Rippenpüffen begrüßte, sahen sie, daß der Mann, der ständig zwischen verkommener Eleganz und dem heillosen Drogenabgrund hin und her pendelt, wieder einmal zu spät kam. Sie warteten eine geschlagene halbe Stunde, kosteten von dem hervorragenden Stoff, der seine Runde machte, als Keith beinahe unbemerkt, noch mit vom Schlaf ganz zerwühlten Haaren hereinstolzierte und sich ein großes Glas »Apollinaris« eingoß. Plötzlich hielt er inne und nahm eine jener berühmten, so oft kopierten Rockposen ein, indem er sich mit abrupten Bewegungen durchs struppige Haar fuhr. Wow, dachten sie und begrüßten ihn mit steil emporgerecktem Daumen, was er mit einem breiten Grinsen quittierte.

»Hi, folks!«

»Hi, Keith«, antworteten sie wie aus der Pistole geschossen.

Dann stöpselte er die Gitarre ein, zündete sich die erste von vielen noch folgenden Zigaretten an, nahm einen tüchtigen Schluck von seinem Drink, den er auf dem Verstärker plazierte, und schlug ein lethargisches Rhythm 'n' Blues-Riff an. Die Session hatte offiziell begonnen.

Die ersten paar Stunden verliefen auf geradezu total hypnotische Weise langweilig. Es passierte nichts, rein gar nichts, aber für einen Fremden wäre es unmöglich, ihnen auch nur eine Minute den Rücken zu drehen – aus Angst, irgendwas Spannendes oder auch nur völlig Verrücktes zu verpassen. Jerry und Anke hingegen, die schon quasi zur »Familie« gehörten, scharrten mittlerweile ungeduldig mit den Füßen, grummelten auch leise.

»Nu macht mal langsam hinne da!«

Aber Keith kannte natürlich kein Pardon. Wenn er glaubt, daß er drei Stunden lang an einem Riff arbeiten muß, dann tut er es, während sich alle anderen gelangweilt in der Nase bohren. Sie hatten nie erlebt, daß er aufhört und irgendetwas erklärt. Heute abend wollte er diesen schleppenden Blues hinkriegen, aber Charlie hakte immer wieder bei einem Wirbel und mußte sich dafür so manchen spöttischen Blick gefallen lassen. Keith blieb gelassen. Vier Stunden vergingen, doch das wandelnde Metronom zeigte noch keine Anzeichen von Blasenschwäche, sondern begann noch einmal die anständig rappelnde Einleitungsphrase, bis Charlie kapierte. Endlich Pause. Sie aßen eine Kleinigkeit, fröhnten Lastern. Die Flasche »Apollinaris« ging zur Neige, aber glücklicherweise hatte der Mixer diesmal an alles gedacht – denn er war auch für die Drinks verantwortlich, während man sich mit dem Rauchwerk immer reihum abwechselte.

Nach zwei weiteren rifflastigen Stunden war der Song im Kasten. Wir fuhren alle zurück zum Hotel, weil auf dem Stockwerk, das allein den Stones gehörte, heute noch eine Party steigen sollte. Natürlich wurde Richards' Zimmer Mittelpunkt der Aktivitäten.

Es sagte einiges aus über die Leichtigkeit, mit der er sein selbstgewähltes Rock 'n' Roll-Zigeunerexil auslebt. Etwa ein Dutzend Schals waren liebevoll über die Lampen drapiert, und aus dem Nebenraum kam eine coole Version von »Tumbling Dice«. Mochte Keith auch verkommen aussehen und nach außen hin das Image eines zugrunde gerichteten Rockstars verkörpern, im Kopf war er voll da. Er sprach in prägnanten Sätzen, und seine Stimme hatte einen derart starken Rhythmus, daß man beinahe danach tanzen konnte.

Tja, und dann tanzten sie wirklich. Kinder, und wie sie tanzten ...

Lost Soul On The Road To Hell

Erinnerung an Rory Gallagher

Mit Taste und deren drei LPs – »Taste« (1969), »On The Boards« (1970) und »Live Taste« (1971) – hat Gallagher Blues-Rock-Geschichte geschrieben. Songs wie »Blister Of The Moon«, »Born On The Wrong Side Of Time«, »Same Old Story« und natürlich der Band-Klassiker »What's Going On« zeigen, aus was für einem harten, ungeschliffenen und völlig astlochfreien Holz das Trio war – und daß ihr aufgeräumtes Zusammenspiel jedem Vergleich mit Cream mühelos standhalten konnte. Als Nachfolger im Geiste wurden die drei dann spätestens gehandelt, nachdem sie bei deren Abschiedskonzert in der Royal Albert Hall Clapton, Bruce und Baker an die berühmte »Wand« gespielt hatten. Nicht lange und Rory stieß bei einer Leserumfrage des »Melody Maker« den »God« vom Gitarrenhimmelsthrone – der zweite Platz wurmt Erich heute noch.

Der Sound von Taste war zerzaust und ruppig wie ein Straßenköter, die Songstrukturen ornamentlos schlicht. Notwendigerweise schlicht, denn so boten sie genügend Raum zur Improvisation, Raum für Rorys in Schweiß und Guinness schier ertrinkende Soli. »Meine spontansten Einfälle habe ich bei Konzerten«, lacht der trinkfeste Ire schalkhaft. »Auf diesen Ideen baue ich dann weiter auf. Ich wäre nie in der Lage, mich zu wiederholen, weil es bei mir kein festes Konzept gibt.« Die beiden Mitstreiter Richard McCracken (bg) und John Wilson (dr) sahen das genauso, waren aber nicht sehr glücklich darüber, fühlten sich vor allem bei Konzerten zur bloßen Begleit-Knappschaft degradiert. Wilson: »Manchmal benahm er sich, als ob wir gar nicht existieren würden. Mal spielte er drei Solonummern hintereinander, bei anderen Gelegenheiten begann er ein zwölftaktiges Stück und improvisierte über neun Takte, nur um uns zu verwirren.« So war Gevatter Zwietracht ihr ständiger Begleiter. Und man wunderte sich auch nicht sehr, als die Band, der eine goldene Schallplatten-Zukunft geweissagt wurde, nach einem elektrisierenden Auftritt beim Isle of Wight-Festival 1970 ihre Trennung bekanntgab. Eine Weile hielt sich hartnäckig das Gerücht, Gallagher werde nun Mick Taylor bei den Stones ersetzen. Aber nichts da, der wandelte lieber auf Solo-Pfaden, gründete eine neue Trinität – und machte eigentlich nichts anderes als bei Taste. Allerdings mußte er nun nicht mehr nach jedem Auftritt Gallonen irischen Whiskeys ausgeben, um die flunderflachgewalzten Egos entnervter Band-Mitglieder hochzupäppeln.

Gallagher war nie ein Saiten-Irrwisch der Überschallklasse. Er nahm sich die Zeit, über sein Instrument nachzudenken, und löste in aller Seelenruhe die rauhen Blues- und Rock-Riffs in ihre Einzeltöne auf, wußte genau, wann ein paar gläserne Slides dem Song zum Besten gereichen, und hatte zudem genügend dramaturgisches Gespür, um zu bemerken, wann der Solo-Spaß ein Ende haben mußte. Daß man auch dies Virtuosität nennen kann, steht außer Frage. Bei den gut zwei Dutzend Aufnahmen, an denen Rory maßgeblich beteiligt war, ist es »kein Zuckerschlecken«, die wirklich extraordinären namhaft zu machen. An erster Stelle stehen allemal die Konzertmitschnitte, etwa »Live In Europe«, das Doppelalbum »Irish Tour '74« und das rauhbeinige, fast schon hardrockige »Stagefright«. Hier haben wir die Gallagher-Standards, etwa »Bullfrog Blues«, »Laundromat«, »Tattoo'd Lady« oder »Moonchild« so, wie sie sein müssen: dynamisch, energiegeladen und immer im Zwiegespräch mit einem enthusiasmierten Publikum. Lieb und teuer sind mir allerdings auch die schmirgelpapiernen Achtziger-Jahre-Produktionen »Jinx« und »Defender«, die trotz moderner, ach modernster Studiotechnik so knochentrocken losrocken, daß selbst ein Binnenreim hier nichts mehr verderben kann.

Noch in den Neunzigern tourten Gallagher und seine alte 57er Stratocaster durch die Hallen dieser Welt – bei beiden war der Lack längst ab, aber von Materialermüdung immer noch keine Spur. – Dann schließlich doch, jedenfalls beim Meister. 1995 ging er – für Eingeweihte kaum überraschend – ins Krankenhaus, um sich seine vom langjährigen Guinness-Genuß ganz mürbe gewordene Leber durch eine frische ersetzen zu lassen, dabei fing er sich einen Virus ein und erkrankte an einer schweren Lungenentzündung, an der er am 14. Juni 1995 starb.

»Lost soul on the road to Hell / Wind up the motor and ring the bell / No stopping now / Pain ist coming down on me«, schrieb er bereits 1987 in »Road To Hell«. Wer wird seiner zerschrammten Strat jemals wieder den Blues besorgen?

Alex DeLarge – Aesthet des Terrors

In einer gar nicht mehr so fernen Zukunft lebt ein halbstarker Unhold von schier animalischer Boshaftigkeit. Wirklich Zukunft? Anthony Burgess, der Alex DeLarge 1962 als Protagonist und Ich-Erzähler seiner Anti-Utopie »A Clockwork Orange« literarisches Leben einhaucht, dachte vielleicht an die Mitte der 80er Jahre. Am Ende sogar 1984? Noch Stanley Kubrick, der im Jahr 1971 die Romanvorlage für seine Belange zurechtstutzt, überspitzt und vielfach verkürzt, aber auch auch in eine grell-suggestive und bis heute gültige Kino-Vision überführt, hat wohl noch diese für ihn nahe Zukunft im Sinn. Für uns heutige Couch-Potatoes resp. Programmkinogänger sind Setting und Ausstattung des Films allerdings so sehr 70er-Jahre-like, daß sich das utopische Element darin möglicherweise ganz verlöre und wir uns stattdessen in einer anachronistischen Milieustudie oder einem obsoleten Sozialdrama wähnten – wenn, ja wenn diese Sprache nicht wäre.

Alex und seine drei Droogs Pete, Georgie und Doofi sprechen »Nadsat«, eine Art »Steppenidiom« (Klappentext), ein aus Slawismen, zigeunersprachlichen und altenglischen Slang-Vokabeln kontaminiertes Teenager-Argot, für das sich Burgess, der Joyce-Adept, ganz offensichtlich von »Finnegans Wake« inspirieren lassen hat, und das auch im Jahr 2002 noch hübsch zukünftig klingt (übrigens auch in Wolfgang Kreges wunderschöner deutscher Übersetzung). Schon die Exposition ist furios: »Wir saßen im Korowa ... und zerbrachen uns den Gulliver, was wir mit dem Abend anfangen sollten, einem dünnen, dunklen Winterabend, hundekalt, aber trocken. Das Korowa war ein Milch-plus-Mesto, aber ach, Brüder, wo sich heutzutage alles so skorri ändert und gleich wieder vergessen wird, und weil ihr ja auch keine Zeitung lest, da werdet ihr gar nicht mehr wissen, was das damals für Mestos waren. Was es da also gab, das war Milch plus Weißichwas. Für die geistigen Getränke hatten sie keine Lizenz, aber gegen manche von den neuen Wetschen waren damals die Gesetze noch nicht fertig, und so bekam man denn Velozet, Synthomon oder Drencomat und noch so zwei oder drei andere

Sachen in die gute alte Molocke gemixt. Das brachte einem eine schöne stille Viertelstunde, echt horrorshow, wo ihr den lieben Bog mit all seinen Engeln und Heiligen im Himmel auf der linken Schuhspitze tanzen sehn konntet, und der ganze Gulliver ging euch auf wie ein einziges Feuerwerk. Oder ihr konntet auch Messermilch pitschen, wie wir sie damals nannten, denn sie machte einen scharf auf eine Runde Zwanzig-gegen-einen.«

Keine Arbeit, keine Ahnung, wie es weitergeht, Sex, Drogen, Gewalt – das sind offenbar zu allen Zeiten die Parameter des juvenilen subkulturellen Lebens. Alex, leader of the pack, erzählt von wilden nächtlichen Orgien, von »krasten, tollschocken, Leute mit der Britwa schlitzen«, vom »Reinraus mit Petiezen« etc. Einmal mehr »die Ultra-Brutale«. Aber Alex ist kein tumber Schlagetot, wie sein Droog Doofie etwa, der zwar »fabelhaft akkurat mit dem Stiefel« war und kämpfen konnte »wie eine tollwütige Ratte«, der aber nicht »den Schimmer einer Ahnung von den höheren Dingen im Leben« hat. Nein, Alex ist anders, ein Künstler, der Beethoven liebt, der Stil hat und nicht zuletzt auch auf das gepflegte Äußere seiner Droogs einigen Wert legt. Die schmuddelige Kutte der Street-Gangs früherer Tage hat längst ausgedient: »Alle vier trugen wir Plattis, die voll im Trend lagen, und das hieß damals, sehr enge schwarze Hosen mit der zwischen den Beinen aufgenähten Puddingform, wie wir das nannten, teils zum Schutz und teils als Logo, das man bei einer bestimmten Beleuchtung gut sehen konnte: meine hatte die Form einer Spinne ... Darüber trugen wir taillierte Jacken ohne Revers, mit bullig wattierten Schultern oder Pletschos, zur Veralberung von Leuten, die solche Schultern in echt hatten. Und dann, Brüder, trugen wir damals noch Halsbinden, solche weißlichen Tücher, die aussahen wie Kartoffelbrei, wenn man mit der Gabel ein Muster hineindrückt. Die Haare waren nicht zu lang, und an den Füßen hatten wir schwere Treter, echt horrorshow für den Nahkampf.«

Ein modischer Hooligan. Und ein Ästhet des Terrors noch dazu. Alex zelebriert die Gewalt: Die Exzesse selbst scheinen einer ausgeklügelten Dramaturgie zu gehorchen – und seine emphatischen

Schilderungen sind echte sprachliche Kabinettstückchen. Fürwahr, meine Brüder: »Ich hielt ihr die Rucke vor die Flappe, damit sie nicht Mord und Verheerung in alle vier Winde hinausschrie, aber diese Hundemutter biß mir tief und giftig rein, und nun war ich es, der schrie, und schon ließ sie einen schönen schrillen Brüller nach der Polizei los.

Ging nicht anders, sie mußte richtig getollschockt werden, erst mit einem Gewicht von ihrer Waage und dann noch mal mit einer Brechstange, die zum Kistenöffnen dalag, und die rote Tinte kam raus wie eine alte Freundin.« Ist das nicht schön?

Als Alex und seine Droogs bei ihrer nächtlichen Streife auf eine rivalisierende Gang stoßen und wir dann also Zeugen eines heftigen Reviergerangels werden, das sie selbstverständlich für sich entscheiden können, kommt sogar der Mond, als Signum des Poetischen, zu seinem uralten Recht – er darf den neo-romantischen Kampf in numinoses Licht tauchen: »Also teusten wir im Dunkeln, und die alte Luna mit den Astronauten ging gerade erst auf, und die Sterne blitzten wie Messer, die mittun wollten. Einem von Billyboys Droogs konnte ich mit der Britwa von oben bis unten die Plattis aufschlitzen, ganz glatt, ohne den Plotti unter dem Stoff zu berühren, und als der Junge mitten im Geteuse plötzlich merkte, daß er vorn aufgezippt war wie eine Schote, mit bloßem Bauch und baumelnden Jarbeln, da drehte er durch, fing an zu brüllen und zu fuchteln und paßte einen Moment nicht auf den braven Doofie mit seiner whussssschenden Kette auf, und der brave Doofie zog ihm die Kette voll über die Glassis, und Billyboys Droog taumelte von dannen und schrie sich das Herz aus dem Leibe.« Dieser Rhythmus, dieses feine Melos der Sprache!

Und doch gibt es da noch eine schönere Stelle, in der die Worte leis' zu illuminieren beginnen und nachgerade zu sich selbst kommen. Nämlich als Alex ein Aufbegehren in den eigenen Reihen niederzuschlagen hat und die alte bewährte Hackordnung mit ihm an der Spitze wiederherstellt: »... dann zählte ich ras, dwa, tri, und machte ek, ek, ek mit der Britwa, aber nicht nach den Augen oder dem Litso, sondern nach Georgies Noschhand, und, meine kleinen

Brüder, er ließ den Nosch fallen. Tatsache, der Nosch klirrte auf das harte, winterkalte Pflaster. Ich hatte ihm nur so ein wenig die Griffel angekitzelt mit meiner Britwa, und schon guckte er besorgt auf das malenkige bißchen Kroffi, das rot ins Laternenlicht trielte.« Alex hat noch einmal Glück gehabt. Einmal allerdings hat er auch Pech. Bei einem Einbruch erschlägt er eine »alte Petieze« und wird von der Polizei gefaßt, weil seine wieder einmal meuternden Mannen ihn verraten. Er kommt für eine Weile ins Gefängnis, läßt sich aber als Versuchsperson für eine neuartige Resozialisations-, die »Ludovico-Methode«, gewinnen, die ihn mittels einer Gehirnwäsche auf das Gute konditionieren, jeden kriminellen Impuls also vollständig ausmerzen soll. Und in der Tat, Alex bekommt physische Schmerzen, wenn er seiner alten Leidenschaft nachzugehen sucht. Die Ärzte entlassen ihn also, vom Bösen geheilt, aber seelisch so kaputt, daß er sich in der weiterhin erbarmungslosen Gesellschaft nicht mehr zurechtfindet und schließlich sogar von seinen ehemaligen Gefährten durch den Wolf gedreht wird.

Er gerät schließlich an die politische Opposition, die den repressiv-totalitären Kern der »Rückgewinnungs-Behandlung« längst erkannt hat. Jeder Mensch – einerlei, ob gut oder schlecht – hat ihrer Ansicht nach ein Anrecht auf Unantastbarkeit seiner Persönlichkeit. Andernfalls nämlich sei man sehr schnell bei einem »Totalitarismus mit allen Schikanen«: »Wird nicht die Regierung bald allein entscheiden, was ein Verbrechen ist und was nicht, und all denen, die der Regierung nicht genehm sind, Willen, Mut und Energie abzapfen?« Überdies lassen sich Gut und Böse nicht so einfach voneinander trennen. Selbst die Apologeten der »Ludovico-Methode« müssen einräumen: »Die Abgrenzung ist immer schwierig. Die Welt ist aus einem Stück, das Leben auch. Die schönsten und himmlischsten Dinge haben in gewissem Maß an der Gewalt Anteil – der Geschlechtsakt zum Beispiel, die Musik ebenso.« Kurzum, das eine ist ohne das andere nicht zu haben.

Deshalb bestehen die Oppositionellen auf der freien Wahl – anstelle des Zwangs (»Das Gute ist etwas, das man wählen muß. Wenn ein Mensch nicht wählen kann, ist er doch kein Mensch mehr.«) und versuchen, mit Hilfe des ersten Opfers Alex die Regierung zu stürzen: Er soll zum Selbstmord getrieben werden, um die Inhumanität der Methode zu beweisen, wird psychisch terrorisiert und stürzt sich dann tatsächlich aus dem Fenster. Aber er überlebt. Der Innenminister, dem Druck der mittlerweile mobilisierten Öffentlichkeit nachgebend, räumt seinen Fehler ein, die »Ludovico-Methode« wird aufgegeben, Alex wiederhergestellt und mit einem guten Job abgefunden.

Im letzten Kapitel zieht Alex mit neuen Droogs herum – die alte Leier, krasten, tollschocken, Leute mit der Britwa schlitzen ... –, macht aber nur noch halbherzig mit. Er wird langsam zu alt für diese Späße, eben erwachsen! Als er seinen alten Kumpan Pete wiedertrifft, der inzwischen geheiratet hat, ein harmloser Bürger geworden und augenscheinlich glücklich dabei ist, beschließt auch er, sich eine »Dewotschka« zu suchen und mit ihr eine Familie zu gründen.

Und wieder einmal geht ein genuiner Schurke, ein Gewaltkünstler, der zu großen Hoffnungen Anlaß gab, zum Biedermann und Philister geläutert aus seinen Abenteuern hervor. Ein weiterer schillernd-abstoßender, blendend-individualistischer Held des Verbrechens verspießert, geht auf in der grauen Masse in einer grauen Welt.

Aber ein kleiner Hoffnungsschimmer bleibt doch am Ende des Buches (nur des Buches, denn der Film hat auf den harmonisierenden Schluß gleich ganz verzichtet, zum Ärger Burgess'): »Mein Sohn, mein Junge. Wenn ich meinen Sohn erst mal hätte, würde ich ihm das alles erklären, sobald er starrig genug wäre, es irgendwie zu verstehen.

Aber dann begriff ich auch gleich, daß er es nicht verstehen würde oder nicht würde verstehen wollen und daß er alle Wetschen machen würde, die ich auch gemacht habe, ja, und vielleicht sogar eine arme alte Forelle ... totschlagen, und ich würde gar nichts tun können, um ihn davon abzuhalten. Und wenn er dann wieder einen Sohn hätte, Brüder, würde der auch nichts tun können. Und so ginge das immer weiter bis an der Welt Ende, als ob so ein bol-

schiger Riese von einem Tschelluffjek, womöglich der alte Bog selber ..., in seinen riesigen Rucken eine faule, kraschnige Orange hält
und sie immerfort dreht und dreht und dreht.«

Für Nachschub ist also gesorgt.

Echte und nicht ganz echte Messiasse

Alles muß man selber machen. Sogar bei einer so wichtigen Frage wie der nach dem erfüllten, eschatolgisch einwandfreien Leben, früher hätte man wohl »gottgefällig« gesagt, bleibt man auf sich gestellt und auf die eigene Urteilskraft verwiesen. Fatal wird es, wenn man letzterer nicht ganz so viel zutraut. Hier springen nun Erlöser, Erneuerer, Retter, Heilsbringer und andere Messiasse in die Bresche und bieten gegen einen geringen Obolus (etwa das schnöde weltliche Vermögen) geistige Führung an. Für beide Seiten in der Regel ein zufriedenstellendes Tauschgeschäft. Aber es gibt natürlich auch in diesem Metier – wie überall – Betrüger, die realiter gar keiner echten göttlichen Offenbarung teilhaftig geworden sind, von Rechts wegen also auch nichts zu offenbaren haben.

Häufig las und hörte man davon, daß San Myung Moon, Chef der »Moonies«, recte: der Internationalen Vereinigungskirche, so einer gewesen sein soll. Er meint, den ursprünglich paradiesischen Weltzustand in absehbarer Zeit restituieren zu können, aber seine rechtsradikalen Parolen kamen einem irgendwie bekannt vor und hatten schon früher nicht zum Paradies auf Erden geführt. Man mußte sich nur die singenden Moon-Spießer ansehen (etwa auf einem ihrer »God Bless America«-Festivals): breitkrawattige, immerlächelnde Klone mit gelecktem Scheitel, die Damen im zeitlos schicken Blumenblüschen – und dann dieser treudoofe Hundeblick. Das sollte die Offenbarung sein?

Wenig Originelles bot auch David Berg alias Mose David, geistiges Oberhaupt der Kinder Gottes (später umbenannt in Familie der Liebe), aber seine Utopien standen immerhin in einer guten alten Tradition. Mo empfahl, der »verderbten Gesellschaft« den Rücken zu kehren und die »urchristlichen Gemeinschaften« wiederherzustellen, und outete sich damit als Kompilator von Marx und Rousseau. Und dann gibt es natürlich noch die Scientology-Kirche (auch: »die Firma«), aber da fragen Sie besser John Travolta.

Am sympathischsten war mir allemal Abhay Charan De (in der westlichen Welt besser bekannt als Bhaktivedanta Swami Prabhupada), der die Internationale Gesellschaft für Krishna-Bewußtsein, kurz Hare Krishna, ins Leben rief. Mitglieder dieser Glaubensgemeinschaft erkannte man an ihren gelb-orangenen Gewändern und dem fast kahlgeschorenen Haupt, das bei sehr jungen Menschen bisweilen eine liebenswerte Sottise provozierte:»Ich hab ja nichts gegen kurze Haare, aber gepflegt müssen sie sein.«

Selbstgebackenes

Anmerkungen zur Neuen Subjektivität

Am Ende des politischen Jahrzehnts, der sechziger Jahre, wird die Literatur von Teilen der deutschen Intelligenzija noch schnell für tot erklärt (etwa im legendären »Kursbuch« 15 von 1968): Es sei ein menschenverachtender Zynismus, Gedichte zu schreiben, während anderswo Menschen bei lebendigem Leibe verbrennen. Solidarität war angesagt – und die ließ sich in Reden, Pamphleten und Zeitungsartikeln wirkungsvoller zum Ausdruck bringen als in Versen. Was reimt sich auf Napalm?

Der politische Kampf war allerdings schon zu Ende, als er noch gar nicht richtig begonnen hatte. Und auf dem »langen Marsch durch die Institutionen« – sind da eigentlich noch Anführungszeichen nötig? – erinnerte man sich bald wieder an die schöne Literatur als, noch dazu äußerst schmackhafte, Wegzehrung. Viele fraßen sich an ihr so satt und so rund, daß sie gar nicht mehr marschieren wollten. Auf die wieder einmal gescheiterte Revolution folgte ein politisch-kulturelles Biedermeier, der Rückzug ins Private.

Nun ließ sich das in langen nächtlichen Diskussionen geformte und mit Flugschriften genährte politische Über-Ich nicht von heute auf morgen über Bord werfen; man behalf sich statt dessen mit einem Trick und suchte ganz einfach das »Politische im Privaten«. Das hatte insofern etwas für sich, als fürs Privatleben in den hektischen Sechzigern nun wirklich keine Zeit geblieben war, weil man schon seine ganze Aufmerksamkeit brauchte, um sich im Abkürzungsurwald der »proletarischen« Parteiungen, also zwischen PLPI oder KPD/AO, ML oder KPD/ML, SEW etc. pp., zurechtzufinden.

Die Schriftsteller teilen notwendig dieses Interesse am Alltäglichen und schreiben vornehmlich über Beziehungskisten (zumal erotischer Art); auch solche Themen wie Kindheit, Kindererziehung, Selbstverwirklichung, gesellschaftlicher Anpassungsdruck und Benachteiligung (von Frauen, Kindern, sozial Schwachen, psychisch und sexuell Abweichenden) finden nun Eingang in die Literatur. Ihr privatistischer Zug verdankt sich vor allem aber einer betont subjektiven Weltsicht – womit wir endlich beim schönen Stempelwort »Neue Subjektivität« wären.

Folgerichtig beackert man in erster Linie das lyrische Feld, von jeher der Ort, wo sich das auf Authentizität und Unmittelbarkeit bedachte Subjekt tummelt. Und wahrlich, die Saat ging auf, und es erwuchsen ihr ein paar wirklich beeindruckende Texte: beispielsweise Rolf Dieter Brinkmanns »Trauer auf dem Wäschedraht im Januar« und »Einen jener klassischen«, Wolf Wondratscheks »In den Autos« und von Uli Becker, dessen sprachspielerische Energie und durchtrieben-ironische Diktion ihn allerdings deutlich von den typischen Vertretern der Neuen Subjektivität unterscheiden, »Trouble comin' every day« und »Menschen! Tiere! Sensationen!« – um nur einige wenige zu nennen.

Es gab aber auch genügend Krampf, belangloses Zeug, Umbruchprosa und larmoyantes Gewäsch: »Wenn ich jetzt sage / ich liebe dich / übergebe ich nur / vorsichtig das Geschenk / zu einem Fest das wir beide / noch nie gefeiert haben // Und wenn du gleich / wieder allein / deinen Geburtstag / vor Augen hast / und dieses Päckchen / ungeduldig an dich reißt / dann nimmst du schon / die scheppernden Scherben darin / gar nicht mehr wahr«.

»Fragile« von Karin Kiwus, die durchaus auch bessere Gedichte geschrieben hat. Aber so etwas kann eben dabei herauskommen, wenn es vor allem um Authentizität und unmittelbaren Ausdruck geht. Dem Dilettantismus sind Tür und Tor geöffnet. Nach der Lektüre solcher Texte dachte verständlicherweise jeder, das könne er auch – und besser. Von Verena Stefans Roman »Häutungen« und Karin Strucks »Klassenliebe« ging ein Sog aus, der unzählige Frauen an die Schreibtische zog. Überall stieß man nun auf entsprechende Anzeigen und Aufrufe. Die Arbeitsgruppe »Am Anfang war das Wort« zum Beispiel inserierte in der »Hannoverschen Allgemeinen Zeitung«: »Jeden Mittwoch ab 16 Uhr treffen sich Leute, die Selbstgeschriebenes und Selbstgebackenes mitbringen, im Literaturcafé ›Klingende Harfe‹«. – »Ecki« sucht im »Tip« Beiträge zum Thema »Das schwarze Loch«: »Wir haben schwarze Löcher. Wo? Wofür?

Woher? Wovon? Wir forschen, arbeiten an einer Textsammlung zu diesem Thema.« – Und Gundel wirbt für »literarische Improvisation mit Kumuli (Kunst, Musik, Literatur)«: »allein und in der Gruppe, sich dem Spiel der Wörter überlassen und sich selbst darin entdecken«.

Alles der schönen Maxime gehorchend: »Das bißchen, was ich lese, schreibe ich lieber selbst!«

Mir bleibt hier nur noch anzumerken, daß in jeder Mode auch etwas Tröstliches steckt: Sie geht vorüber.

Ich komme aus dem Moor

Über Rolf Dieter Brinkmann

Es gibt schon merkwürdige Zufälle, tragische auch. In »Gras«
(1970), Rolf Dieter Brinkmanns letztem, von der Kritik kaum mehr
wahrgenommenem Gedichtband vor dem großen Siebziger-Blues
und zeitweiligen Verstummen, imaginiert er sein eigenes Ende:
»Das Gras ist verblaßt. Jetzt wird es Zeit, sich auf einen Unfall vor-
zubereiten, der nichts Erschreckendes für mich haben wird!«
   Ich glaube ja nicht an Vorhersehungen und Weissagungen, ich
glaube ausschließlich an die grauenhafte Willkür des Fatums, aber
für einen Moment kommt man doch ins Grübeln, wenn man den
Ausriß aus der »BILD«-Zeitung wieder liest, den Uli Becker in seinem ganz wunderbaren, Brinkmann auf artifiziell-ironische Weise
fortschreibenden Debüt-Buch »Meine Fresse!« (1977) für die Nach-
welt aufbewahrt hat: »Deutscher Dichter † / dpa. London, 26. 4.
Der 35jährige Dichter Rolf Dieter Brinkmann (›Die Umarmung‹)
ist in London von einem Auto überfahren worden. Er starb.«
   Ein Unfall. 1975 war das, kurz bevor »Westwärts 1 & 2«, Brinkmanns nachmals bekanntester Gedichtband und, wie gesagt, sein
erstes Buch nach fünf Jahren, erschien. Nicht gerade ein Rock 'n'
Roll-Tod, schon gar kein Heldentod (obwohl einige Dunkelmän-
ner der Szene etwas von Selbstmord raunten oder, noch abseitiger,
eine anonyme Erledigung eines ungeliebten Autors herbeilogen).
Aber wer weiß, wenn ihn damals kein Auto erfaßt hätte, dann wäre
das Buch vielleicht auch kein Bestseller (jedenfalls für einen Lyrikband) geworden, hätte man ihm keinen Petrarca-Preis verliehen
und vermutlich auch nicht den Heiligenschein der Hochliteratur
aufgesetzt. Denn bis zu seinem Tod galt er in der linken Subkultur
doch so einiges, bei Kennern der lyrischen Szene als Geheimtip und
bei Stipendienvergabekommissionen immerhin als durchaus för-
derungswürdiger Autor, in der breiten Öffentlichkeit aber wurden
seine Texte eigentlich nicht wahrgenommen, abgesehen vielleicht
von dem kurzen schrillen Feedback Ende der sechziger Jahre, als

er zum Stellvertreter der deutschen Pop-Literatur aufstieg, dem gutbürgerlichen Kulturbetrieb mit körnigen Sottisen die Leviten las (»Die Toten bewundern die Toten!«) und bisweilen wegen seiner kruden, unkalkulierbaren Zornesausbrüche für Furore sorgte. Nachgerade legendär jener Abend im November 1968 in der Westberliner Akademie der Künste, wo er den Literaturkritikern Rudolf Hartung und Marcel Reich-Ranicki mit den Worten »Wenn dieses Buch ein Maschinengewehr wäre, würde ich Sie über den Haufen schießen!« den Abend verdorben und folglich die Diskussionsrunde gesprengt haben soll. Und das obwohl letzterer den hier gemeinten Roman »Keiner weiß mehr« durchaus wohlwollend besprochen hatte ...

Nun, das war einmal. Mittlerweile geht es ihm wie Arno Schmidt: Eine Gemeinde von Addicts schart sich um seine Texte und betreibt tiefsinnige Exegese. Und, denkt nur! sogar die Germanistik, die ja doch immer etwas länger braucht, hat ihn schon inkorporiert. Dabei fielen Brinkmann zu teutscher Grübeligkeit eigentlich nur ganz konkrete Kraftworte ein (und sein Verhältnis zur »Viehlologie« kann man nun wirklich nicht anders als gespannt bezeichnen). Nein, das Profane interessierte ihn, die möglichst authentische, möglichst unmittelbar wahrgenommene Wirklichkeit. Wie aber ist so etwas zu erreichen, Unmittelbarkeit? Der moderne Künstler, der sich wie Brinkmann die Techniken des »nouveau roman« (von Robbe-Grillet et alii) draufgeschafft hat und in seinen frühen Prosapublikationen »Die Umarmung« (1965) und »Raupenbahn« (1966) eisern daran entlangschreibt, weiß ja, daß es Realität an sich gar nicht gibt, daß sie erst in der Brechung durch unseren Wahrnehmungsapparat entsteht. Nun, in diesem Fall macht man eben die Not zur Tugend, verschreibt sich einem radikalen Subjektivismus, der totalen Introspektion mithin und postuliert: »die neuerliche Aktivierung der durch das Denken in Abstraktionen weggedrückten übrigen Schichten des Menschen, hören, tasten, sehen, die helle Sensibilität der Haut, ein Sehen das nicht zuerst über die kuriosen Balanceakte der Grammatik geschieht ... warum lieben Sie nicht Ihre Schuhsohlen? Auf denen Sie doch herumlaufen, und warum werden nicht Gedichte über Schuhsohlen oder Unterhosen oder Lippenstifte geschrieben?« Oder über nasse Strumpfhosen, sollte man hier hinzufügen – um dann endlich Gelegenheit zu finden, eins der berühmtesten und nicht zuletzt ob seiner anthologiefreundlichen Kürze häufig nachgedruckten Gedichte Brinkmanns zu zitieren:

TRAUER AUF DEM WÄSCHEDRAHT IM JANUAR

Ein Stück Draht, krumm
ausgespannt, zwischen zwei
kahlen Bäumen, die

bald wieder Blätter
treiben, früh am Morgen
hängt daran eine

frisch gewaschene
schwarze Strumpfhose
aus den verwickelten

langen Beinen tropft
das Wasser in dem hellen,
frühen Licht auf die Steine.

Und wer die »schwarze Strumpfhose« nennt, der muß auch »einen jener klassischen schwarzen Tangos« nennen – nämlich:

EINEN JENER KLASSISCHEN

schwarzen Tangos in Köln, Ende des
Monats August, da der Sommer schon

ganz verstaubt ist, kurz nach Laden
Schluß aus der offenen Tür einer

dunklen Wirtschaft, die einem
Griechen gehört, hören, ist beinahe

ein Wunder: für einen Moment eine
Überraschung, für einen Moment

Aufatmen, für einen Moment
eine Pause in dieser Straße,

die niemand liebt und atemlos
macht, beim Hindurchgehen. Ich

schrieb das schnell auf, bevor
der Moment in der verfluchten

dunstigen Abgestorbenheit Kölns
wieder erlosch.

Das ging damals noch, Mitte der Siebziger. Und vielleicht gibt es ja doch den einen oder anderen, der hier, wie ich, einen Moment innehält und einer Zeit hinterhertrauert, da man für solche anmutig-schlichten Verse noch Preise bekam. Aber so scheinbar unscheinbar die Gedichte auch sind, so kalkuliert sind sie auch. Brinkmann wollte trivial sein: »Ich hätte gern viele Gedichte so einfach geschrieben wie Songs. Leider kann ich nicht Gitarre spielen, ich kann nur Schreibmaschine schreiben, dazu nur stotternd, mit zwei Fingern. Vielleicht ist mir aber manchmal gelungen, die Gedichte einfach genug zu machen, wie Songs, wie eine Tür aufzumachen, aus der Sprache und den Festlegungen raus«, schreibt er in seiner Vorbemerkung zu »Westwärts 1 & 2«. Kurzum, die Sprache mit ihren Festlegungen sprachlich hinter sich zu lassen, die Einmaligkeit des Augenblicks, der versprachlicht schon wieder einer von vielen ist, trotzdem in Worten festzuhalten, das sind die paradoxen Forderungen an seine, an jede Literatur. »Einübung einer neuen Sensibilität« heißt das Programm, eine Sensibilität, die sich nicht mehr blind auf Worte verläßt, weil sich mit diesen Keksförmchen nur genormte Figuren aus dem großen Teig des Lebens ausstechen lassen. So ein poetologisches Programm entsteht nicht aus dem Nichts. Brinkmann bedient sich beim weltläufigen William Carlos Williams, der Beat Generation, noch mehr aber bei Frank O'Hara, der 1966 bei einem Autounfall gestorben war (kleiner Hinweis zum Grübeln für Esoteriker!) und der all den jungen unerfahrenen Lyrikern ins Poesialbum geschrieben hatte, »daß schlechthin alles, was man sieht und womit man sich beschäftigt, wenn man es nur genau genug sieht und direkt genug wiedergibt, ein Gedicht werden kann«. So jedenfalls paraphrasiert ihn Brinkmann in der »Notiz« zu »Piloten« (1968), seinem zweiten Gedichtband bei einem Major-Verlag (Kiepenheuer & Witsch, wo ein Jahr zuvor auch schon »Was fraglich ist wofür« erschienen war). Im Jahr darauf übersetzte Brinkmann dann auch O'Haras »Lunch Poems«.

Kurzum, er war affiziert von der amerikanischen Underground- und Pop-Szene, vor allem von jener jungen Literatur, die den propagierten Sensualismus und die Hinwendung zum Alltäglichen und Trivialen schon eine Weile praktizierte. Und er setzte alles daran, ihrer Rezeption in Deutschland den Boden zu bereiten, um die hiesige Mausoleumskultur über kurz oder lang zum Einsturz zu bringen. Und zwar nicht nur mit seiner eigenen schriftstellerischen Arbeit, sondern auch – kurzfristig vielleicht sogar noch wirkungsmächtiger – als Übersetzer und Herausgeber von Anthologien. Vor allem einer Anthologie, die in Kollaboration mit seinem Freund Ralf-Rainer Rygulla entstanden ist: »Acid. Neue amerikanische Szene« (1969).

Was diese von den nur kurz zuvor bzw. gleichzeitig erschienenen Kompilationen »Fuck You« (Hg. v. R.-R. Rygulla, Darmstadt 1968) und »Silverscreen« (Hg. von R. D. Brinkmann, Köln 1969), aber auch von den früheren Sammlungen »Junge amerikanische Lyrik« (Hg. von Gregory Corso und Walter Höllerer, München 1961) und »Beat« (Hg. von Karl O. Paetel, Reinbek bei Hamburg 1962) unterscheidet, ist zunächst einmal ihre größere Materialfülle, zugleich aber auch ihr offeneres Konzept. Während jene sich auf die amerikanische Underground-Belletristik – meistenteils sogar nur auf die lyrische Produktion dieser Szene – beschränken, geht es hier darum, so Brinkmann im Nachwort, »ein Gesamtklima vorzustellen, das sich seit dem Auftreten der Beat Generation Mitte der fünfziger Jahre andeutete und von der nachfolgenden jüngeren Generation aufgegriffen, modifiziert und weiterentwickelt worden ist«. Mit anderen Worten, neben Lyrik und Kurzprosa dokumentiert »Acid« auch Interviews, Zeichnungen, Collagen, Comics, Fotos und sogar ganz unpoetische Essays, heterogenes Material also, das vor allem symptomatischen Prinzipien gerecht werden, mithin den Geist dieser Zeit einfangen soll – und dies auch tut. Daß die Herausgeber dabei neben Brillantem, auch von teilweise schon damals populären Künstlern wie Donald Barthelme, Ted Berrigan, Joe Brainard, Charles Bukowski, William S. Burroughs, Leslie A. Fiedler, Marshall McLuhan, den Fugs, Frank O'Hara selbstredend, Andy Warhol, Frank Zappa etc., auch ein Haufen obskures Zeug zusammengestoppelt haben, ist von daher verständlich. Das macht auch nichts, weil sich im Übertriebenen, in der extremen Übererfüllung des weltanschaulichen Solls dieses selbst eben noch immer am offensichtlichsten zeigt. Und witzig ist es allemal. Witzig ist es aber auch zu sehen, wie die Herausgeber Hand in Hand arbeiten. In seinem Nachwort »Der Film in Worten«, zugleich ein Aufriß seiner eigenen Poetik, fordert Brinkmann einmal mehr eine »erweiterte Sinnlichkeit« anstatt der herrschenden »Lustfeindlichkeit« und des »total blinden Begriffsfetischismus«. Und in den anschließenden biographischen Anmerkungen zu den Beiträgern setzt sein Kombattant Rygulla das Gelernte dann auch gleich in die Tat um: »ANNE WALDMANN hat langes weiches Haar und ein Gesicht wie Sarah Miles. Sie sieht sehr freundlich aus. Sie ist wahrscheinlich der jüngste Autor dieser Anthologie ...« (Heute würde man wohl eher »Autorin« schreiben.) Oder: »TOM CLARK sieht, was für einen bereits arrivierten jungen Lyriker ungewöhnlich ist, aus wie ein schöner Hippie ...« Oder: »LEONORE KANDEL ist nicht mehr länger eine professionelle Bauchtänzerin ...« Wunderbar

strange dann allerdings auch der folgende Eintrag:»TED BERRI-
GAN wurde am 15.11.1934 in Providence, R. I., geboren. Das
macht ihn 32 Jahre alt.« Nun war Berrigan 1969, als Rygulla seine
Kurzbiogramme schrieb, schon 35 Jahre alt! Das sind die Acid-Fak-
ten. Schon kurze Zeit später ist der Spaß dann allerdings vorbei. Der
große Markt vereinnahmt die »Gegenkultur« und bricht ihre revo-
lutionäre Spitze. Bald darauf marschieren auch die ehemaligen Pro-
testler los, im Gleichschritt durch die Institutionen – und erkennen
so langsam die klimatischen, kulinarischen und anderen Vorzüge
der Toscana. Vorbei die Hoffnung auf eine Veränderung der Literatur (und langfristig auch Gesellschaft) durch die Pop-Subkultur.
Brinkmann fällt in eine tiefe Depression und zieht sich langsam aus
der Öffentlichkeit zurück. Nicht ganz freiwillig, denn viel will die
von ihm auch nicht mehr wissen. Vielleicht fühlt man sich, endlich
erwachsen geworden, durch ihn zu sehr an die eigenen juvenilen
Phantastereien erinnert.

Aber die Rückbesinnung auf das schreibende Selbst setzt auch
neue Produktivität frei. Brinkmann experimentiert mit avantgardistischen Schreibweisen, der Montage und Collage, integriert au-
thentisches Bildmaterial in seine Texte, wie er dies schon früher
ansatzweise probiert hatte – bei dem bibliophilen Band »Godzilla«
(1968) etwa, der die Gedichte auf Photos von kitschig-drallen
Bikini-Schönheiten präsentiert. Es entstehen Mappen und Colla-
gebücher. Das eindrucksvollste dieser erst postum veröffentlichten
scrap books, die als Vorarbeiten zu einem neuen Roman angelegt
waren, ist wohl »Rom, Blicke« (1979). Hier versucht er in Fotos,
Postkarten, Quittungen, Stadtplänen, Collagen, Briefen an seine
Frau Maleen sowie an Freunde und Kollegen, Tagebuch- und Lek-
türenotizen seinen Aufenthalt in der Ewigen Stadt – er war 1972/73
Stipendiat der Villa Massimo – authentisch, möglichst eins zu eins
abzubilden. Eine gigantische Haßlatte: »Schrotti überall!«. Kaum
etwas hält seinem Exekutoren-Blick stand: nicht die Mit-Stipen-
diaten an der Villa Massimo, nicht die Linksintellektuellen, nicht
der Kulturbetrieb, ein paar literarische Solitäre allerhöchstens – und

seine Frau, der er seitenlang und beinahe quälend minutiös seine Befindlichkeiten beschreibt. Quälend auch deshalb, weil er jegliche Stilisierung fahren läßt, ein amorphes Ad-hoc-Protokoll liefert, das auf den Leser keine Rücksicht nimmt (in dieser Form von Brinkmann aber ja auch nicht zum Druck vorgesehen war). Rom wird zur Großmetapher für die verwesende Zivilisation, ihren äußeren wie inneren Zerfall, für das zum Untergang verurteilte Abendland. Selbst die einstmals so protegierte populäre Kultur mit allen ihren Weiterungen, einschließlich der Rockmusik, hat Anteil an der allgegenwärtigen »mentalen Verseuchung«. Nicht umsonst stehen jetzt die großen Kulturpessimisten John Cowper Powys, Hans Henny Jahnn, Gottfried Benn und der späte Arno Schmidt auf seinem Lektüreprogramm.

Durch Brinkmanns rücksichtsloses und nachgerade dokumentarisches Stenogramm bekommen wir allerdings auch einen detailreichen Einblick in die Kulturszene der sich langsam sedierenden Protestgeneration: Kleidungs- und Diskussionsgebaren, Haartrachten, Strategien der Stipendienakquisition und andere Nichtigkeiten des intellektuellen Alltags, die man in keiner Kulturgeschichte findet. Das wäre jetzt gewissermaßen das Karasek-Argument: So viel kann man lernen aus dem Buch! Ob es aber als Werk wirklich gelungen ist? Beeindruckend, doch, das ist es schon, dieses monomanische, alles, das heißt auch sich selbst sezierende Bewußtseinsprotokoll, aber über weite Passagen eben auch von einer prosaischen Nichtigkeit, einer Durchschnittlichkeit, stellenweise sogar von einer Dummheit und dumpfen Spießigkeit, die man diesem Renegaten und Philisterschreck eigentlich gar nicht zugetraut hätte. Aber gerade, wenn die Lektüre wieder einmal ärgerlich wird, landet man bei einer dieser kleinen lyrischen Inseln, die dann doch versöhnlich stimmen: »Ich komme aus dem Moor, ich habe schwarze verkohlte Bahnböschungen hinter mir gelassen, früher Rock 'n' Roll darüber geweht, verbranntes Stangenpulver, ein ausgebleichtes Kornfeld im Sommer mit hineingetretenen verwirrenden Gängen, den Geruch von blühender zerriebener Kamille, und ich bin durch Großstädte geschleift, ich bin in Urinlachen geschwommen und habe allerlei dunkle Dinge gesehen und habe einiges kurz davon gekostet – was also solls, was die ›moderne‹ Welt mir zu bieten hat?«

Ein bißchen was scheint sie für Brinkmann aber doch noch einmal zu bieten zu haben, in seinem letzten Lebensjahr. Unter anderem die gute alte Rockmusik, die für ihn wieder »das einzige innerhalb der geregelten geordneten westlichen Welt (von den Drogen noch abgesehen) ist, was für Momente ... ein anderes Gefühl, sei das auch noch so vage, vom Leben gibt«. Mit anderen Worten, die halsstarrig-pauschale Zivilisationskritik wird wieder etwas zurückgenommen und vor allem differenziert, es kommt zu einer partiellen Aussöhnung mit dem Pop. »Westwärts 1& 2« war ein Neuanfang und trotz der bedrückenden Enge in der Kölner Wohnung, trotz Armut und Existenznot ein durchaus hoffnungsvoller – oder doch zumindest ein standhafter, unbeugsamer, mit zusammengebissenen Zähnen: »Die Geschichtenerzähler machen weiter, die Autoindustrie macht weiter, die Arbeiter machen weiter, die Regierungen machen weiter, die Rock 'n' Roll-Sänger machen weiter, die Preise machen weiter, das Papier macht weiter, die Tiere und Bäume machen weiter ...«

Und für Rolf Dieter Brinkmann macht schließlich Uli Becker weiter.

Der Jeans-Käfer

Jaja, die jungen Leute! Kucken Feindsender, trinken auf die Weltrevolution – und fahren einen Jeans-Käfer, das allererste Sondermodell des KdF-Wagens. Ha! Wieder einmal reingefallen. Denn auch hinter einem so fröhlichen Auto steckt natürlich knallhartes Marketingkalkül. Das Schweinesystem mithin.

Besonders bei der holden und dank Frauenemanzipation nun auch verdienenden Weiblichkeit erfreute sich der Jeans-Käfer bald großer Beliebtheit. Er sah aber auch zu schnuckelig aus: mit seinem satten, dropsigen Gelb-Orange, den schwarzen unterbrochenen Zierstreifen kurz über der Trittleiste, die an die Nähte einer echten Nietenhose gemahnten, und seinen schwarzen Kunstleder- resp. Plastiksitzen, die einem schon mal den geschmolzenen Leckerschmecker oder die verschüttete Sinalco verziehen, den miniberockten Insassinnen jedoch im Sommer regelmäßig den Arsch verbrannten.

Die Übersichtlichkeit des Armaturenbretts wirkte sich positiv auf den Kaufpreis aus, so daß der Jeans-Käfer für den sprichwörtlich schmalen Geldbeutel der jungen Erwachsenen halbwegs erschwinglich war. Und wenn es trotzdem nicht reichte, schoß Papa etwas vor – dem männlichen Nachkommen allerdings nur unter der Bedingung, daß er sich wieder einen »akkuraten Putz« zulegte (zumal ja auch noch seine Füße unter dem Tisch des gewesenen Frontkämpfers steckten).

Man kann sich nun fragen, warum die Designer bei VW ihn nicht blau gelackt haben, wie es der Name ja nahegelegt hätte. Es gibt drei gute Gründe: Erstens ist der farbliche Kontrast zu den schwarzen Zierstreifen (respektive »Nähten«) bei einem sonnigen Gelborange natürlich größer; zweitens hatte man das Jeans-Blau bereits am VW 412, dummerweise einer archetypischen Familienkutsche, erprobt, mit eher mäßigem Erfolg; und drittens sind gelbe Jeans-Hosen in den Siebzigern natürlich keine Seltenheit. Mein Bruder besaß eine solche – und trug sie auch tatsächlich.

Kirschblüte

Mein Opa machte das, solange er lebte. Im Mai oder Juni, je nachdem, manchmal auch schon im späten April, wenn die drei riesigen Kirschbäume bei den Nachbarn so weiß erblühten, daß sie einen blendeten, ging er hinüber, lehnte sich rücklings an den Stamm eines der Bäume und blieb dort oft über eine halbe Stunde lang stehen, um dem ruhigen Brummen des Insektenmotors zu lauschen.

Als ich nach dem Mittagessen hinausging, um zum Bolzplatz zu fahren – ich war früh dran, aber für ein Spiel zwei gegen zwei auf ein Tor fanden sich eigentlich immer genug –, erinnerte ich mich daran. Ich hatte das Bild vor Augen, wie er da stand, mitten im Sommer in seinem braunen Alltagsanzug, trotz der Hitze akkurat mit Hemd, Weste und Jacke bekleidet. Ich hatte den Film vor Augen, wie er mir zuwinkte, weil er wußte, daß ich ihn zum Essen holen sollte, und fröhlich herüberrief: »Geh man schon rein, ich komme!«

Ich holte mein Rad und schob es an den Bäumen vorbei – der gleichmäßige Leerlauf der Insektenmaschine. Ich winkelte nun doch den rostigen Ständer ab, zögerte einen Moment. Vor zwei Wochen waren neue Mieter in das Haus nebenan eingezogen, die sich ein bißchen komisch anstellten, bei den früheren Nachbarn wäre das kein Problem gewesen, die hatten einmal im Jahr mit meinen Eltern gefeiert, aber was würden die Neuen sagen, wenn sie mich auf ihrem Grundstück erwischten? Ich dachte nicht weiter darüber nach, stieg über den niedrigen Jägerzaun und lehnte mich rücklings an den Stamm. Im letzten Jahr hatte mein Opa hier noch so gestanden.

Über mir im Baum bewegte sich etwas, ich sah hinauf. Da saß ein Mädchen, mindestens so alt wie ich, vielleicht auch erst elf, mit einem aufgeschlagenen Buch in ihrer Hand. Das gibts doch gar nicht, dachte ich, die liest auf einem Baum!

»Was machst'n du hier, auf unserem Grundstück?« fragte sie mit ernster Miene, als hätte ich etwas wirklich Dummes getan. Ich fühlte mich ertappt.

»Ooach, nur so ...«, sagte ich zögernd, bemerkte dann aber, daß sie unsicher das Buch zuschlug, dabei sogar das Lesebändchen einzulegen vergaß. Sie brauchte aber nicht lange, um die Seite zu finden, weil sich das Buch fast an der gleichen Stelle wieder aufblätterte, wie von selbst.

»Und du«, sagte ich spöttisch, »was machst du da oben auf dem Baum. Kann mir'n besseren Platz zum Lesen vorstellen.«

»Du liest doch gar nicht«, sagte sie hastig und mit gepreßter Stimme.

»Na klar lese ich.«

»Dann sag doch mal«, jetzte grinste sie mich frech an, »wie das Buch heißt, das du gerade liest.«

Das war eine blöde Situation, weil mir nie der Titel eines Buches einfällt. »Es ist so ein Detektiv-Roman von Jo Pestum, den Titel habe ich vergessen ...«

»Ja klar, vergessen. Oder vielleicht doch gelogen?« sagte sie schnippisch.

»Nein, irgendwas mit ...«, ich überlegte krampfhaft, aber der Titel wollte mir nicht einfallen, »irgendwas mit ... ja, ich glaube ›Das grüne Amulett‹, so heißt er«, war mir aber ziemlich sicher, daß er nicht so hieß. Immerhin kam ein grünes Amulett drin vor. »Und was liest du da?« Ich zeigte auf ihren dicken Band.

»›Moby Dick‹ von Melville.«

»Ich weiß, hab ich mal im Fernsehen gesehen«, sagte ich mit Kennermiene.

»Na, dann brauchst du dir das Buch ja nicht mehr zu kaufen.« Mann, Mann, sie war eine echte Zicke.

»Ich muß jetzt los«, sagte ich, zögerte aber. »Du hast immer noch nicht erzählt, warum du zum Lesen auf den Baum kletterst.«

»Weil es mir Spaß macht«, fauchte sie zurück. »Und wenn ich auf den Kilimandscharo klettere – was geht es dich an?«

»Und wenn du abstürzt?« Ich wußte selbst nicht, was ich sagen wollte, redete einfach so drauflos. »Ja, mal angenommen, du hängst fest in einer Felskante, da oben auf dem Kilimandscharo«, lachte ich. »Es ist lausig kalt, und deine Vorräte gehen zur Neige, und ich

komme zufällig vorbei, dann ginge es mich doch etwas an, oder?«
»Auch dann nicht. Hau ab! Schließlich ist das hier immer noch unser
Grundstück.«
    Da war nichts zu machen. »Ja ja, schon gut«, sagte ich. »Man sieht
sich.« Und während ich mich umdrehte, um wieder auf unsere Seite
des Gartenzauns zu klettern, blickte ich ihr noch einmal ins Gesicht,
sie schien zaghaft zu lächeln, es sah so aus, als bisse sie sich auf die
Lippen, weil es ihr nun doch ein bißchen leid tat. Vielleicht. Vielleicht aber auch nicht. Schwer zu sagen.
    Als ich am späten Nachmittag verschwitzt und dreckig, aber auf
eine gute Weise kaputt nach Hause kam, mußte ich lachen. Die
zwei schneebedeckten Spitzen des Kilimandscharo. Womöglich saß
sie immer noch da oben und beobachtete mich nun, aber ich sah
sie nicht, das weiße Blütenkleid war einfach zu dicht.
    Es sollten die sonnigsten Sommerferien für viele Jahre werden,
so sonnig, daß sie schließlich von einem gewaltigen Waldbrand verzehrt wurden. Das war dann nicht mehr so lustig, weil ein paar Feu-
erwehrmänner dabei verbrannten. Aber dann kamen schließlich die
kanadischen Löschflugzeuge. Wasserbomber. Kurz bevor sie eingesetzt wurden, sah man in der »Tagesschau« Luftaufnahmen von
ihnen, und ich stellte mir vor, sie seien auf der Hälfte der Strecke
gefilmt worden, das hatte etwas Heroisches, ein Schauer lief mir
den Rücken herunter. Auch die alten »Wochenschau«-Aufnahmen
im Dritten fielen mir noch ein.
    In den folgenden Tagen sah ich immer mal wieder nach, ob sie
im Baum saß. Vormittags nie, aber nach dem Mittagessen kletterte
sie regelmäßig hinauf. Einmal beobachtete ich sie dabei durch den
Schlitz des gekippten Badezimmerfensters, wie sie sich scheu
umsah, ob niemand kuckte, ihr T-Shirt aus der abgeschnittenen
Jeans zog und das Buch vorn in den Bund klemmte, damit sie beide
Arme frei hatte zum Klettern. Ihr weißer Bauchnabel sah ziemlich
gut aus, das anschließende Geklettere dann schon weniger.
    An diesem Nachmittag ging ich noch einmal zu ihr an den Zaun.
»Naaa, ist der weiße Wal schon aufgetaucht?« »Naaa«, machte sie
mich nach, »ist das grüne Amulett schon aufgetaucht?« Ein bißchen

übertrieben, wie ich fand. Und sie setzte auch noch hinterher: »Überhaupt gibt es gar kein Buch von Jo Pestum, das so heißt. Ich habe in der Buchhandlung nachgefragt. Deine blöden Lügen kannst du dir also sparen, kommt ja doch alles raus.«

»War keine Lüge, ich wußte den Titel nur nicht genau«, verteidigte ich mich und versuchte dann abzulenken: »Was machst du eigentlich im Winter? Sitzt du dann auch noch da oben, oder was?«

»Vielleicht! Wenn ich sicher sein könnte, daß du nicht jeden Nachmittag vorbeikommst und dämliche Fragen stellst.«

Jetzt war ich aber doch sauer. Ich sah sie nicht einmal mehr an, ging weg und redete fortan nie mehr mir ihr. Abends fragte ich meine Eltern, ob sie wüßten, was mit diesem Mädchen los sei. »Die ist echt komisch, sitzt da fast jeden Nachmittag in ihrem Baum und liest.«

»Ach, vielleicht muß sie einfach mal da raus ...«, sagte meine Mutter und senkte den Kopf.

»Was heißt'n das, ›da raus‹?«

»Hör zu, das darfst du aber nicht herumerzählen, ja? Sie hat einen behinderten Bruder ... Den halten sie vor der Öffentlichkeit ... verborgen.« Meiner Mutter, die ohnehin nah am Wasser gebaut hatte, standen die Tränen in den Augen. Sie schluckte, bevor sie weitersprechen konnte. »Weil sie sich für ihn schämen ... Das ist alles so schlimm.«

»Woher weißt du das?« fragte ich sie.

»Hat mir Annegret heute nachmittag beim Einkaufen erzählt, die hat Verwandte an der See. Da wo sie vorher gewohnt haben.« Mein Vater schüttelte unwillig den Kopf und ging nach draußen, um den Rasensprenger umzustellen oder irgendeine andere sinnvolle Gartenarbeit zu verrichten.

Nun, das Mädchen wohnte nicht mehr lange neben uns. Noch vor dem Winter zog sie ins Nachbardorf, weil ihr Vater dort günstig ein altes Bauernhaus erworben hatte, nebenan wohnten sie ja nur zur Miete. Jahrelang hörte ich dann nichts mehr von ihr, wußte nicht einmal, wo sie zur Schule ging, bis meine Mutter kurz vor meinem 16. Geburtstag ihre Todesanzeige auf meinen Platz am

Küchentisch legte. Sie war tatsächlich so alt wie ich. Meine Mutter erzählte mir später, was nicht aus der Anzeige hervorging. Daß sie sich ein paar Tage zuvor das Leben genommen, daß sie sich mit einem Gürtel an der Türklinke ihres Zimmers erhängt hatte. Wir fragten uns, ob wir zur Beerdigung gehen sollten, gingen dann aber nicht hin.

If You Want To Be Free, Be Free

»Harold And Maude«

Wenn ein zwanzigjähriger Jüngling aus gutem Hause bei einer beinahe achtzigjährigen, zugegeben etwas durchgeknallten, Lady die Nacht verbringt, und wenn sich am noch etwas erschöpften, aber seligen Lächeln des jungen Mannes am Morgen danach unzweideutig ablesen läßt, daß die beiden knallharten Sex hatten – dann, ja dann braucht man sich über zuwenig Aufmerksamkeit in der rechten Ecke der Kinokritik nicht zu beklagen. Auch wenn gerade sie es ist, die lautstark betont, daß der Film eigentlich keine Aufmerksamkeit verdiene, jedenfalls nicht mehr »als ein zweiköpfiges Kalb auf einer Landwirtschaftsausstellung« (so ein amerikanischer Kritiker, dessen Namen ich hier nicht nenne, weil man die Toten in Frieden ruhen lassen soll).

Die meisten wissen längst, von welchem Film ich hier spreche, von »Harold And Maude«, dem veritablen Klassiker der Programmkinos (ach so, ja, das waren vor langer Zeit einmal die guten, kleinen, feinen Säle mit Spartenprogramm, die für ein bißchen mehr Ausgewogenheit in Geschmacksdingen sorgten, bevor sie von cineastischen Supermarktketten wie »Cinemaxx« über den Haufen gerannt wurden).

Harold, der sich gern auf fremder Leute Beerdigungen herumdrückt, einen Leichenwagen fährt und, um die Aufmerksamkeit seiner gleichgültigen Mutter zu wecken, mit großem Einfallsreichtum Selbstmorde inszeniert, soll endlich erwachsen werden und sich verheiraten. Die von Mom ausgesuchten heiratswilligen Damen schlägt er jedoch immer wieder mit spektakulären Aktionen in die Flucht: Er hat Pech beim russischen Roulette, geht plötzlich in Flammen auf, hackt sich eine Hand ab ...

Sein moribundes Leben nimmt eine Wendung, als er bei einer seiner usuellen Stippvisiten am offenen Grab Maude kennenlernt: eine alte Dame, die in einem gemütlich ausgebauten Eisenbahnwaggon lebt (wie weiland »der Nichtraucher« in Erich Kästners »Das fliegende Klassenzimmer«), schon mal ein Auto oder ein Motorrad »enteignet«, einen von der Stadtverwaltung frisch gepflanzten Baum wieder ausgräbt und in den Wald zurückbringt, weil er sich dort wohler fühlt, und einer Art Hippie-Ideologie anhängt, die auf gesellschaftliche Konventionen pfeift und einer bedingungslosen Selbstverwirklichung das Wort redet. Maude gelingt es, ihren »milky way of life« auch Harold nahezubringen. Und Cat Stevens schnurrt dazu im Titelsong: »If you want to be free, be free.« Harold verliebt sich in Maude – was das gibt, habe ich ja bereits eingangs erwähnt – und bittet sie schließlich sogar, seine Frau zu werden. Aber Maude hat andere Pläne. An ihrem achtzigsten Geburtstag nimmt sie eine Überdosis Schlaftabletten: »Mit fünfundsiebzig ist es zu früh zum Sterben, und mit fünfundachtzig tritt man auf der Stelle.« Eine bessere Begründung gibt es nicht. Harold ist verzweifelt und rast mit seinem Auto die Klippen hinunter, aber der Selbstmordversuch schlägt fehl, wie gehabt. Am Ende steht er unversehrt in einer vom Weichzeichner verklärten Landschaft.

Es ist nicht nur die skurrile, zwar anrührende, aber alles andere als weinerliche Liebesgeschichte, die den Film so sympathisch macht; es sind auch die Sottisen gegen den »American way of life«, den prüden Puritanismus der Upper-Class und gegen eine hoffnungslos anachronistische bürgerliche Gesellschaftsordnung, deren Institutionen (Polizei, Militär, Kirche, Wissenschaft) sich längst zur Karikatur verformt haben. Hinzu kommt die grelle Situationskomik, die uns unzählige Lieblingsszenen beschert. Etwa diese hier: Harold bekommt von seiner Mutter zum Geburtstag einen nagelneuen roten Sportwagen der Marke Jaguar; in der nächsten Einstellung sieht man ihn mit Werkzeug, Schweißbrenner und Pinsel hantieren, ein paar Sequenzen später fährt er mit einem Jaguar-Leichenwagen vom Hof.

Ich für meinen Teil finde das komisch. Wer hier unbedingt widersprechen muß, mag dies tun. Aber er verdient nicht mehr Aufmerksamkeit als ein ..., ach, lassen wir das!

Der Leckerschmecker

Ein sonniger Nachmittag, keine Hausaufgaben auf, ein orangefarbenes Bonanza-Rad unterm Hintern und 35 Pfennige in der Tasche – das war das Glück. Ab ging's zum nächsten »Kaufladen«, Kiosk oder Friseur, der bei uns auf dem Dorfe mit einem kleinen, aber erlesenen Süßigkeitensortiment ausgestattet war – und angesichts der Zonenrandlage unseres Fleckens auch sein mußte –, die vier Geldstücke auf den gläsernen Tresen gezählt – und die zuvorkommende Frage der freundlich lächelnden Bedienung abgewartet:»Na, willste 'nen ›Leckerschmecker‹?« Jaa, genau den wollten wir. Der »Leckerschmecker« war ein mit Vollmilchschokolade glasiertes Weichkaramelgitter in der Größes eines Dreißig-Zentimeter-Lineals – und deutlich mehr als die Summe seiner Zutaten. In ihm materialisiert sich Kindheit, eine unendlich eintönige, komplett ereignislose Kindheit, die ohne dieses Palliativ einfach nicht zu ertragen gewesen wäre. Nie sah man Erwachsene nach dem Friseurbesuch mit einem »Leckerschmecker« von hinnen ziehen, sie wußten andere Mittel und Wege – sehr viel später sollten wir ebenfalls Bekanntschaft mit ihnen schließen –, ihren ruralen Ennui zu befrieden. Auch scheint die Form wohl eher kindlichen Ansprüchen gerecht geworden zu sein, genauso der Produktname. Sollte es mithin die Mutter oder den Vater geniert haben, die zeitgemäße Zuckerstange zu verlangen, weil der just einmal wieder in der Stube arrestierte Sohn nicht selbst zur Stelle sein konnte, war das nur ein Akt von nachgerade göttlicher Gerechtigkeit. Vergeltung für jene Momente, in denen man uns zum Eisholen schickte und wir – eine mittlere Menschenschlange im Rücken – das obszöne »Kluten« einfach nicht ohne Erröten über die Lippen bekamen. Häufig logen wir zu Hause:»›Kluten‹ gab's nicht mehr. Hab' dir ein ›Happen‹ mitgebracht.« – – – Tja, so etwas fällt einem dann ein, wenn man im Supermarkt steht und kurz vor dem Laufband fieberhaft das Petitessen-Regal abzusuchen beginnt. Da! Es sehen und zu den übrigen schnöden Einkäufen in den Wagen werfen – ist eins: »Curlywurly«, ein mit Vollmilchschokolade glasiertes Weichkaramelgitter in der Größes eines Dreißig-Zentimeter-Lineals ...

Ein originärer Schmachtfetzen

»Love Story«

Ja, in den Siebzigern war man durchaus etwas freier als noch in den Jahrzehnten davor, aber wenn mit der bloßen Lust, die ja eigentlich ins Tierreich gehört, Gefühl einherging, dann war das mindestens ebenso groß, ja wenn nicht sogar ...»Love Story«! Wer bei diesem Film nicht Rotz und Wasser geheult hat, ist ein herzloser Dreckskerl, und ich spreche kein Wort mehr mit ihm. Kaltschnäuzige Kritikaster haben diesem Meisterwerk gleich nach seinem Erscheinen Gefühlsduseligkeit, Larmoyanz, und was dergleichen Synonyma mehr sind, vorgeworfen und damit nicht eigentlich den Film, sondern das Genre verdammt. Einem Rührstück Weinerlichkeit anzukreiden, ist nämlich nicht nur wohlfeil, es wirft auch jegliche kritische Prinzipien über Bord – das ist etwa so, als würde man George Lucas Vorhaltungen machen, weil in »Star Wars« Raumschiffe vorkommen. Nein, wenn ein originärer Schmachtfetzen, der überdies durch den Titel schon von weitem als solcher zu erkennen ist, wenn der nicht mehr tränentreibend sein darf, ja, bei meiner Treu, wer denn dann?

Oliver (Ryan O'Neal), Sohn aus reichem Elternhaus, lernt auf dem College die circenhafte Jenny (Ali MacGraw) kennen, ein Kind italienischer Einwanderer und entsprechend arm; sie verlieben sich ineinander und wollen schon nach kurzer Zeit heiraten. Olivers standesbewußter Vater mißbilligt eine Hochzeit, es kommt zum Zerwürfnis, woraufhin die väterlichen Unterhaltszahlungen ausbleiben. Durch Gelegenheitsjobs sichert Jenny, die dafür ihr Studium aufgegeben hat, die Subsistenz der Frischvermählten und finanziert Olivers Jura-Studium. Der besteht mit Auszeichnung und bekommt eine gutdotierte Anstellung in einem New Yorker Anwaltsbüro. Das Glück wäre vollkommen, würde sich nun auch ein Kind einstellen. Als Jenny nach Monaten immer noch nicht schwanger ist, unterziehen sich beide einer ärztlichen Untersuchung. Die bringt die grausame Wahrheit an den Tag: Jenny leidet unheilbar an Leukämie und hat nur noch kurze Zeit zu leben. »Weihnachten ist dieses Bett wieder frei«, prophezeit Jenny bei Olivers letztem Besuch. Er legt sich zu seiner großen Liebe, und sie stirbt in seinen Armen. Diese ebenso schlichte wie anrührende Geschichte »versetzte Kavalkaden kondolierender Kinogänger in tiefste Trauer«, wie sich im »Großen Filmlexikon von TV-Spielfilm« in anmutig alliterierender Rede ein manischer Meckerhannes mokiert. Die kongenial-schwermütige Filmmusik von Francis Lai hat sicher ihr Scherflein dazu beigetragen – und in der Folge nicht nur in Deutschland (unter dem wirklich seppeldummen Titel »Schicksalsmelodie«) eigene Berühmtheit erlangt.

Wegen des gewaltigen Erfolgs – »Love Story« spielte über 55 Millionen Dollar ein – ließ eine Fortsetzung nicht lange auf sich warten: »Olivers Story« teilt das Los aller verlängerten Suppen – sie schmecken fad, und Nudeln sind auch nicht so viele drin.

Tres Hombres

So, jetzt kurbeln wir mal das Fenster runter, lehnen den linken Ellenbogen raus, ziehen unseren Stetson tief ins Gesicht, legen den mitgebrachten Wackerstein aufs Gaspedal – und dann nur noch geradeaus. Auf der Route 66. Naja, die gute alte A2 tut's wohl auch. Was hier mit angemessenem Ernste zelebriert wird?»Tres Hombres« – die Offenbarung der texanischen Drei-Mann-Firma ZZ Top. Ihr Klapperschlangen-Blues'n'Boogie zeigt sich auf diesem 1973er Vinyl einmal mehr nackt und bar jedes Schnickschnacks – diesmal aber mit Songs, die sich in die Rockgitarrengeschichte für alle Zeiten einschreiben sollten: die komplementären, unteilbaren Texas-Twins»Waitin' For The Bus«und»Jesus Just Left Chicago«, der einfach makellose Klassiker»La Grange«, das Slide-Exerzitium »Precious And Grace« und natürlich»Beer Drinkers And Hellraisers«, ein straighter Rocker, so straight, daß ihn später sogar Motörhead aufs infamste veruntreuen zu können glaubten (das gleiche sollte übrigens auch»Tush« passieren – was man aber mit einem falschen Titel,»No Class«, zu camouflieren suchte –, einem weiteren All-Time-Gitarren-Standard vom Live-Album»Fandango«, dessen Slide-Solo-Linien direkt in den Himmel führen). Damit haben wir wohl fürs erste das wichtigste zusammengestoppelt. Verantwortlich für diese feinen gitarristischen Ohrenkneifer war der – wie seine bässerne Hälfte Dusty Hill – rauschebärtige Bandleader Billy Gibbons. Ein Name, den man sich merken sollte, wenn man ihn sich nicht schon längst gemerkt hat! Viehische Virtuosität, etwa in Form eines gesteigerten Notenaufkommens, gibt Gibbons gleich gänzlich dran, dafür widmet er sich mit viel Hingabe dem einzelnen Ton, streichelt, zieht, quetscht ihn, daß es eine Art hat, reißt die harmonisch pfeifenden Flageoletts aus ihm heraus oder läßt ihn einfach so stehen, mutterseelenallein, auf daß er zu heulen beginne und vor lauter Verzweiflung in einem warmen Feedback zerfließe. Natürlich berührt kein profanes Plektrum sein Goldstück, eine 59er Gibson Les Paul Standard in Sunburst-Lackierung, sondern ausschließlich ein stilechter mexikanischer Peso. Denn nach Mexiko sind die drei Kerls immer mal gerne rübergemacht, weil dort Karamba, Karacho und Whiskey billiger und wohl auch angenehmer zu haben waren als im Redneck-Nest Houston, wo so provozierend lange Bärte gern mal von einer 45er-Magnum gekrault werden.

»In The Fine Texas Tradition«, verspricht ein ironisches Gütesiegel auf dem Cover von »Tres Hombres«. Ganz recht. In den 80ern freilich hat man die zünftige Musike in ein zeitgenössisches Neongewand gesteckt – und dem staubigen Wüsten-Rock mit ein paar Sequenzern Einlaß in die Tanzpaläste verschafft. Auf »Eliminator«, dem 1983er Album, ist die Verkleidung denn auch noch überaus originell, weil man ganz gut sieht, wer hier Fasching spielt: Gibbons trägt immer noch die alten Cowboy-Stiefel, sprengt das Disco-Korsett, indem er seine indigenen Improvisationen bis zum Exzeß treibt. Und sein Duktus kommt sogar noch cooler. Bluesiger Pointillismus, träge vom heißen Südstaaten-Wind, aber immer weiter fortgetrieben von wohltätigem Mescalin ...

Ach, jetzt regnet es auch noch, kurbeln wir die Scheibe mal lieber wieder hoch!

Eine Praline ist eine Praline ist eine Praline

Wenn meine über alles geliebte, leider längst verstorbene Großmutter als Mann auf die Welt gekommen wäre, hätte sie (er!) möglicherweise ob der Unbilden und Absurditäten der menschlichen Existenz zur Flasche gegriffen. Als Frau indessen hatte sie Pech – oder je nach Standpunkt auch Glück: zunächst einmal Frau zu sein, und dann auch noch in einer Zeit zu leben, in der Frauen einfach nicht zur Flasche griffen. Aber natürlich hat jede noch so gut vermessene moralische Landkarte auch weiße Flecken. Ich meine nicht etwa den eher aus kurativen Erwägungen vor jeder Mahlzeit eingenommenen Schnaps, der nur für kurzweiliges Vergessen des notorischen Weltekels zu sorgen pflegte. Nein, wir, das heißt ihre Enkel mit Unterstützung der Firma Wissoll, verschafften ihr ein ständiges Refugium in Gestalt der Weinbrandbohne. Eine Praline ist eine Praline ist eine Praline – und somit sittlich unanfechtbar, mit welchem Feuerwasser auch immer sie gefüllt sein mochte. Solange ich denken kann, sorgten wir deshalb an Weihnachten, Ostern, ihrem Geburtstag oder einfach nur so, was auch vorgekommen sein soll, für einen gut gefüllten Weinbrandbohnenfundus – und sie dankte es uns mit diversen Geldgeschenken, die den Wert des gelieferten Kontingents selbstverständlich weit-weit überstiegen. Bei aller Bescheidenheit darf ich mir das späte Pensionärinnenglück anrechnen, weil ich es war, der in einem »Spiegel« von 1971 zufällig auf eine Werbeanzeige der Firma Wissoll stieß, die in ihrer ebenso ehrlichen wie kompromißlosen Schlichtheit überzeugen mußte. Sie zeigt mehrere Pralinenkästen, die hintereinander schweben und sich vom Betrachter entfernen, sich offenbar in der Unendlichkeit des Raumes verlieren sollen; darunter das alles erklärende Epitheton »unendlich gut«. Auf jedem Kasten sehen wir den hübsch ordentlich aufgereihten Inhalt, einen gutgefüllten Kognakschwenker mit dem Firmenlogo und eine Aufschrift »10 Weinbrandbohnen«, die mir heute doch verhältnismäßig endlich erscheinen. Damals freilich hatten wir noch keinen Sinn für dergleichen Sophistereien. »Unendlich gut« war gerade gut genug. Und so enthob uns der ehrenwerte Pralinenfabrikant Wilhelm Schmitz-Scholl (alias Mr. Wissoll) fortan jeglicher Geschenksorgen und bescherte unserer Großmutter ein gerüttelt Maß an Alterszufriedenheit. Die wurde einmal allerdings empfindlich gestört, als wir uns aus finanzieller Not zu sehr auf das elterliche Sideboard verließen und dort nur eine Großpackung »Edle Tropfen in Nuß« der Firma Trumpf zutage förderten. Schon das Verpacken ging nicht ohne Selbstvorwürfe ab, weil alle wußten, daß wir keinen vollgültigen Ersatz in den pittoresken Geschenkbogen einschlugen. Der Großmutter zutiefst enttäuschter Blick aber zerschnitt unsere liebenden Enkelherzen so glatt wie ihre Schere das allzu manierierte Blümchenpapier. Wir waren erst wiederhergestellt, als eine Gesandtschaft, von tragischer Verwechslung raunend, die »Edlen Tropfen« gegen echte Weinbrandbohnen ausgetauscht hatte. Großmutter nahm die Entschuldigung an – noch mal davongekommen.

Und wie ich hier sitze und über Weinbrandbohnen sinniere, spielt mir das launige Schicksal doch eine Schachtel Weinbrandbohnen der Firma Wissoll aus dem Jahre 2002 zu. Wie soll ich Ihnen meine Wiedersehensfreude beschreiben? Es hat doch noch etwas Bestand auf dieser Welt: Auf der Verpackung sind immer noch die geradezu militärisch in Reihe und Glied drapierten Bohnen zu sehen, der gutgefüllte Kognakschwenker ist noch da, das Firmenlogo, und immer noch ist das alles »unendlich gut«. Allein, die Schachtel hat nunmehr »18 Weinbrandbohnen«. Wir nähern uns langsam der Unendlichkeit.

Absolut verdächtig

Yes

Art-Rock-Hörer waren schwul. Ich meine, sie waren nicht wirklich schwul, vielleicht auch gelegentlich, aber sie waren es nicht notwendig, wir sagten damals nur, daß sie es wären, weil aus ihren Augen so etwas wie Jenseitserfahrung sprach, so eine wonnige Seligkeit und astrale Gemütsruhe, so eine Ignoranz des Fleischlichen, was einem jungen Mann mit brummenden Drüsen ABSOLUT VERDÄCHTIG sein mußte. Der Art-Rock selbst ist zu vielgestaltig, als daß ich mich hier so aphoristisch über ihn äußern könnte, ich kenne ihn dafür auch zuwenig, gehörte damals eben zu den Brummern. Damals! In den Jahren danach hat man ein bißchen was nachgeholt, nicht viel, aber ein bißchen schon. Yes zum Beispiel, diese Geschmäcklerbande, deren Markenzeichen Fantasy-Cover und ausgefeilte Arrangements waren und die zwei virtuose Instrumentalisten in ihren Reihen zählten: den Hohepriester der Heimorgel Rick Wakeman, im silbernen Pailletten-Ornat, von einem gewaltigen Orgel-Gebirge herunter den Konzertbesuchern musikalische Absolution erteilend, und den Gitarristen Steve Howe, von dem man sich erzählte, er habe mit seiner Schnelligkeit Plektren zum Schmelzen gebracht.

Howe war einer von diesen etiolierten Ästheten, ein dünnhäutiges, feinnerviges Bübchen, technisch versiert, aber ein echtes Bübchen, das von Rock 'n' Roll auch nicht die Bohne verstand. Kein Alkohol, keine Mädchen, nur ausgedehnte Masturbationen am Griffbrett. Ein Gitarrengnom, der aussah wie ein mittelalterlicher Hofnarr (bisweilen schlug er ja auch die Laute) und in der Klassik, im Folk und im Jazz gleichermaßen zu Hause war. Aber Rock 'n' Roll? Jahre später, als Howe mit der miesen, aber gehypten und somit kommerziell einigermaßen erfolgreichen Yes-Attrappe Asia auf Tour war und sich Backstage allzusehr als Rockgitarrist aufführte, warf ihm einer von der Vorgruppe an den Kopf: »Du bist doch kein Rockgitarrist. Paul Kossoff von Free, das war ein Rockgitarrist.«Howe soll nur kurz aufgesehen haben, mit ungläubigem Blick – und dann wieder das Griffbrett rauf und runter.

Der eigentliche Star, jedenfalls das von den Medienmotten am meisten umschwärmte Mitglied, der Band aber war Rick»Die Taste«Wakeman: blonde Haare bis zum Arsch, eine genußsüchtigfeiste Visage und dicke Ringe an den Fingern – bereitwillig und mit viel Freude am Detail bediente er das Stereotyp vom gefallenen Engel (und macht heute esoterische Schnorchelmusik). Daneben besaß er genügend Eitelkeit und dekadente Exzentrik, um der Öffentlichkeit als lebendige Verkörperung der überfeinerten Rokoko-Musik von Yes zu erscheinen – zu der die eunuchalen Gesänge von Jon Anderson und Chris Squire denn auch wie der sprichwörtliche Tritt in die Eier paßten.

Selbstverständlich haben auch Wakeman und seine Ministranten, wie jede Band, die sich damals für ambitioniert hielt (Emerson, Lake & Palmer, Deep Purple), mal zusammen mit einem klassischen Orchester musiziert. Bei Yes war das so naheliegend, daß es einem schon wieder überflüssig vorkam – und das Ergebnis dann auch kaum überzeugen konnte. Die nahtlos eingepaßten Streicher füllten ein paar Lücken, die Wakeman ohne Mühe auch synthetisch gestopft hätte. Und natürlich harmonierte alles so schön wie immer. Bei Deep Purple ist es da schon kontrastreicher zugegangen (ein großer Schmarrn war's freilich auch hier): Immer wenn Ritchie Blackmores verzerrte Gitarre die Krawattenrunde in die Schranken weist, spiegeln sich Empörung und blanker Haß auf den so seriösen Gesichtern. Bei Yes hingegen erhellt kein Zornesblitz die finstre Ödnis. Nur Steve Howe glimmt ein bißchen neidisch vor sich hin, weil er nie Geige gelernt hat.

Lied der siebziger Jahre

Oben ohne, Watergate
Walkmen, Buttons, Super 8
Telespiele, Gatsby-Look
Fernkopierer, Datenschutz

Döner Kebab, Dosenbier
ABS, Rock gegen Rechts
Tiefkühlpizza, Mikrowelle
Haifischkragen, Indien-Läden

Alcantara, Heisse Tasse
Atheist als Bundeskanzler,
geht in Warschau in die Knie,
Feuerrotes Spielmobil

Doppelklinge, Liedermacher
Num'rus Clausus, Skateboardfahrn
Charlies Engel, drei gleich
Atika, Retortenbalg

Der Jackenaufnäher

Weniger chic (wenn überhaupt, dann schick), aber für den gesuchten Distinktionsgewinn absolut notwendig. Er gab der sonst eher uniformen Jeans-Jacke so etwas wie persönliche Note, einen kaum zu unterschätzenden Ausdruck von subkultureller Identität. Das Procedere sah folgendermaßen aus. Man suchte sich eine Jeans-Jacke aus (vorzugsweise der Firma Wrangler, Lee ging noch, verpönt waren Billigprodukte von Bronco und Palomino), ließ sie nach dem Kauf mindestens fünf- bis zehnmal waschen, also etwas ausbleichen, eben getragener aussehen. Danach waren der Phantasie nur mehr durch den Geldbeutel gewisse Grenzen gesetzt. Großer Beliebtheit erfreuten sich jene Flügel-Aufnäher bekannter Motorradhersteller (Kawasaki, Honda, Yamaha), die sich – wie deren Produkte – eigentlich nur im Namen unterschieden. Sie trug man in der Regel auf dem Jacken-Rücken. Auf dem Oberarm machten sich die kleinen viereckigen Aufnäher der klassischen Kleinkraftrad-Hersteller Zündapp, Herkules und Kreidler ganz gut. Die Firma Puch war auf deutschen Oberarmen eigentlich nicht präsent!

Unter »Bikern« sah man auch häufig ein motorradfahrendes Skelett mit der Überschrift »Live Fast – Die Young« (alternativ auch »Ride to Live, Live to Ride«) und ähnlich martialisch anmutende Stoffdrucke. Ganz oben auf der Skala der beliebtesten Motive standen freilich Rock-Bands: allen voran Status Quo, AC/DC, Led Zeppelin, Deep Purple und natürlich die Stones-Zunge. Kenner kauften Thin Lizzy.

Wenn das Taschengeld nicht reichte, schrieben sich einige Übereifrige den geliebten Bandnamen mit Kugelschreiber auf die Jacke – und ernteten einhelliges Naserümpfen dafür. Dieses Naserümpfen, wenn sich das blonde Gift da drüben plötzlich für Ihre schöne Tätowierung interessiert und Sie einschränken müssen, es sei aber nur ein Kaugummi-Tattoo.

Materialien zu einer Soziologie des Kleinkraftrads

Das Moped, so hießen es von jeher die Alten, das motorisierte kleinhubraumige Zweirad mithin, wird wohl für alle Zeiten ein unverzichtbares Requisit der geschlechtsreifen Jugend bleiben. Am weitesten verbreitet scheint es »auf dem Lande« zu sein, weil man hier bisweilen große Entfernungen für die Erlangung des hormonellen Gleichgewichts zurückzulegen hat. In den 80ern fährt man eine 80er, in den 70ern keine 70er, wie es die Analogie will, sondern nur eine 50er, woraus aber keine falschen Rückschlüsse gezogen werden sollten.

Der Bauerssohn bekam zum 16. Geburtstag eine robuste, in der Regel nicht sehr gepflegte Zündapp (in schmuddligem Grün oder Orange), die bedingte Geländetauglichkeit verhieß und sich auch schon mal mit Treckersprit betanken ließ, ohne es dem Fahrer gleich mit Abwurf zu verargen. Der Proletarier schenkte seinem Sohn nach Abschluß der Volksschule eine heliumblaumetallicfarbene Herkules K 50 RL und achtete peinlich genau darauf, daß diese wie der bar bezahlte Jahreswagen samstags um 15.30 Uhr gewienert wurde. Der vergleichbar heißblütige Antipode »im anderen Teil Deutschlands« ward S 50 geheißen, gab sich zumeist einen etwas dandyhaften Rot- oder Grün-Anstrich und blitzte selbst unter dem Bitterfelder Purpurhimmel, daß man sich die Augen wund rieb. Zonen-Hippies und Ewiggestrige schraubten lieber an ihrer SR 2 herum, so einer Art Modelleisenbahn-Substitut. Auf zehn Stunden Bosselei kam eine halbe Stunde Fahrzeit, und die machte auf diesem ab Werk mit dreckigem Linsenbrei beworfenen »Gefährt« nicht mal viel her. Aber immerhin, es wurde nicht mehr gebaut – durfte also unbedingt mit einem großen Nostalgiebonus rechnen. Der war dann auch nötig bei solchen Vögeln wie – Sperber, Star, Habicht und Schwalbe. »Undefinierbare Dinger der vorherigen Generation«, gibt unser Greizer Gewährsmann Michael Rudolf zu Protokoll und spuckt noch einmal voller Abscheu aus. Rudolf beruhigt sich aber sehr schnell wieder, denn hier heißt es, der Wissenschaft einen Dienst zu erweisen, und wenn es darum geht, ist er voll da: »Hatten allerhand geschwungenen Un- und Zierrat dran, nix, wovon man Latte krichte!«

Aber machen wir zum Schluß noch einen kleinen Hüpfer über die Mauer, nach Westen. Hier war nämlich auch nicht alles Gold, was dergestalt glänzte: Metzgersöhne, Arschgeigen und Austriophile besaßen eine honiggelbe Puch Cobra, die wirklich nach Mokick, also nach nichts, aussah und von allen abgehängt wurde, weil für Metzgersöhne, Arschgeigen und die meisten Austriophilen Begriffe wie »Ritzel« oder »Krümmer« böhmische Dörfer und sie also kaum in der Lage waren (viel weniger noch den Mut aufbrachten), das Gesetz zu mißachten und ihren »Hobel« um die entscheidenden 3–5 km/h mehr Endgeschwindigkeit zu »frisieren«. Ältere Herren indessen, die einst in einer ruhmreichen Kradstaffel Dienst taten und sich gern an die gloriosen Tage der Jugend erinnerten, besaßen eine veritable Kreidler Florett, den schartigen, gleichwohl unzerbrechlichen Säbel unter den Mopeds. Nie habe ich einen älteren Herrn sein Krad nach Hause schieben sehen, denn eine Kreidler Florett verreckte unterwegs einfach nicht. »War noch echte deutsche Wertarbeit, findet man heute ja gar nicht mehr«, erzählte mir jüngst ein einschlägig erfahrener Rentner in der zackigen Art des gewesenen Feldwebels. »Würde mir sofort wieder so eine Maschine kaufen, gibt's aber nirgends zu kaufen, verkauft natürlich kein vernünftiger Mensch.«

Noch andere Kleinkrafträder sind zu nennen – aber eigentlich nicht der Rede wert.

Und packte seine Tasche
für die Spätschicht

Niedersachsen liegt bei Wolfsburg. Und daß es so etwas wie Wolfsburg gibt, liegt am KdF-Wagen. Schlimme Sache!

Nun, als der Krieg dann aber vorbei war, nannte man ihn schlicht Jahreswagen, denn man muß ja nicht gleich mit der Tür ins Haus fallen, wenn man schon unheilvolle Traditionen wiederbelebt – beziehungsweise gar nicht erst mit ihnen bricht! Jahreswagen klingt wie Jahresurlaub, Jahrhundertsommer, Jawort oder Jalousette und soll wohl suggerieren, daß es sich hier um eine schöne, zumindest unbedenkliche Sache handelt – die Normalität eben, das Alltägliche. Und das stimmt auch wirklich, jedenfalls für Niedersachsen, denn hier hat jeder einen Jahreswagen, denn hier arbeitet jeder bei VW und bekommt den motorisierten Wechselbalg folglich einenhalb Mille günstiger. Aber ist Gevatter Alltag, unser ständiger Begleiter, nicht allzuoft ein rechter Januskopf? Fürwahr.

So freut sich der Werksangehörige alle Jahre wieder auf sein fabrikneues Auto, für das er nach dem Verkauf des alten, einschließlich der Preissteigerung, nur läppische 2000 Mark »beilegen« muß: er ist gespannt, seine Hände reiben nervös an der Hosennaht der Bundfaltenjeans, die tabakgelben Grindfinger nesteln noch eine weitere Lord aus der kein bißchen zerknautschten Schachtel – und dann ist es doch bloß wieder ein Golf, weil der sich als »Einjähriger« am besten verkaufen läßt.

Damit sind wir denn auch schon beim eigentlichen, nämlich Nerven zerspleißenden Problem. Da der Gebrauchtwagenmarkt der Region stets ein gewisses Maß an Sättigung aufweist, hängen in den letzten 6 bis 8 Wochen vor Lieferung des neuen Gefährts tiefschwarze Gewitterwolken unter der holzgetäfelten Decke hiesiger Wohnküchen: Man wird das alte, nunmehr verhaßte Mobil partout nicht los. Statt dessen wechseln probate Vorwürfe ihre Besitzer: »Ich hab dir gleich gesagt, die Farbe kannstu bis an dein Lebensende fahren!« – »Wieso, du fandst die doch auch hübsch.« – »Hübsch! Hübsch! Wenn ich das schon höre.«

Und dabei hat man doch alles getan, um die Attraktivität des Kraftfahrzeugs wiederherzustellen, ist eigens zum »Beuler« gefahren, der die kleine Delle auf dem Dach mit geübtem Schlag seines Gummihämmerchens entfernte, hat gewaschen, gewienert, gewachst wie nur je ein autoritärer Zwangscharakter Wilhelm Reichscher Provenienz – und dann sogar über Nacht den kleinen Elektromotor angeschlossen, der den Tacho-Kilometerstand von 35.000 auf die gerade noch so akzeptablen 14.988 zurückdreht.

Als ich ihn zum ersten Mal surren hörte, war ich noch ein kleiner Junge und wußte nichts von den Usancen in diesem tristen Jammertal nahe der Autostadt. Also fragte ich meinen Vater, was da vor sich gehe. »Der Wagen soll doch verkauft werden«, erinnerte er mich, »ich muß noch die Batterie aufladen.« Er konnte lügen, ohne dabei einen Lidschlag mehr als nötig zu tun. Wie ich. Es sind also die Gene. Angemessen überrascht rief ich aus: »Was? Ist die Batterie etwa schon leer? Es ist doch ein Jahreswagen!«

Aber er lachte nur und packte seine Tasche für die Spätschicht: »Da hast du auch wieder recht!«

Propheten des Partykellers

The Sweet

Der archetypische Fall von Glam-Rock-Band mit »string of instantly catchy, immediately forgettable bubble gum singles«, wie es der Musikjournalist Nick Logan mal auf eine schöne Formel gebracht hat.

Wie es so geht in den rockigen Siebzigern: Eine drittklassige Disco-Band (die alte Bluesweisheit, wonach jemand, um großen Erfolg zu haben, erst »ganz unten« gewesen sein müsse, besaß demnach immer noch Gültigkeit) trifft auf einen findigen Produzenten, der Ausstrahlung und Bühnenpräsentation der good lookin' boys mag, dem aber ihr mangelndes musikalisches Potential nicht lange verborgen bleibt. Er tut das, was auch heute noch alle tun, er kauft sich seine Hits. Das damals noch relativ unbekannte Songwriter-Gespann Nicky Chinn/Mike Chapman, das später häufiger als kreative Blutkonserve für anämische Rockbands (etwa die Arrows oder Mud) eingesetzt wird, legt sich ordentlich ins Zeug und übernimmt nebenbei auch noch das Management!

Schon bald trägt die Arbeit Früchte. Die grützdumme, durch die Latin-Anleihen aber sehr tanzbare Single »Co-Co« landet auf Platz 2 der Billboard-Charts. Hier stört kein überflüssiger Sinn das Tanzvergnügen. Der Chorus ist absurde Poesie: »Hoh-tschi-kaka-hoh, Co-Co, Hoh-tschi-kaka-hoh, Co-Co, Hoh-tschi-kaka-hoh, Co-Co-Co-Co.«

Die »Chinnichap«-Hitmaschine beginnt langsam rundzulaufen. In den Jahren 1972–1974 erreichen die vier Süßhölzer ganze acht Chartplazierungen: »Poppa Joe« versucht noch einmal, wie der erfolgreiche Vorgänger, karibische Lebensfreude mit der Absurdität der Moderne zu paaren. Wir steigen gleich im Chorus ein: »Poppa, rumba, rumba, hey Poppa Joe, coconut, Poppa Joe, hey Poppa Joe / ... (dito) / Poppa, rumba, rumba, hey Poppa Joe, coconut – heeey Poppa Joe, heeey Poppa Joe, hey Pop-Pop-Pop-Poppa Joe.«

»Little Willie« ist ein kleines versautes Lied über den kleinen versauten Willie (und der reimt sich natürlich auf »silly«). Mit »Wig Wam Bam«, einer Liebesgeschichte bei den nordamerikanischen Indianern, beginnt die eigentliche Glam-Rock-Phase von The Sweet; die dreckige Rhythmusgitarre Andy Scotts (bei mehr als vier Akkorden: eines Studiogitarristen) gibt nun deutlich den Ton an, auch Brian Connollys Gesang klingt etwas kehliger. Das von ferne an Status Quo erinnernde Boogie-Stück »Blockbuster« wird von einer Sirene eingeleitet, die dann später immer wieder von einem Kastratenchor (»Ahaaaaaa«) aufs affigste nachgeahmt wird. »Hell Raiser« besitzt alle Ingredienzen eines typischen Hardrock-Titels: Schrei und Explosion am Anfang, finaltreibendes Riff, Chorus-Brüller und ein paar recht exaltierte Gesangspassagen; nur zum wieselflinken Heldensolo hat's nicht gereicht – aber schon ganz nett. »Teenage Rampage« probt den Aufstand (»I join the revolution now«), und »Ballroom Blitz« hat den originellsten Anfang der Rockgeschichte (der ist einfach zu originell, um ihn hier unerwähnt zu lassen): »Ready Steve?« – »Aha!« – »Andy?« – »Yeah!« – »Mick?« – »O.K.« – »All right now. Let's gooooo.«

Das wirklich Schöne daran ist: Der Schlagzeuger Mick Tucker gibt als letzter sein »O.K.« zum nun endlich zu spielenden Song, obwohl er von Beginn an das Frage-Antwort-Spiel mit seinem harten Beat unterlegt – und damit ja eigentlich indirekt bereits sein Einverständnis signalisiert hat. Oder ist dieser nicht ganz einfache Drum-Track möglicherweise von einem Studio-Schlagzeuger eingespielt worden? Und Mick Tucker sitzt nur so dabei, als moralische Stütze gleichsam, Daumen hoch, »O.K., haut rein Jungs!«

Live sollen die vier ein Ereignis gewesen sein, trotz der eher rudimentären Beherrschung ihrer Instrumente. Sexuelle Anzüglichkeiten in Songs und Show bescheren ihnen da und dort ein Auftrittsverbot – und natürlich enorme Presseresonanz. Einmal habe ich sie in Ilja Richters »Disco« gesehen. Allerdings war mein Vater zugegen, und so kam es mich doch irgendwie peinlich an, wie Connolly (mittlerweile auch schon tot) in den Gesangspausen einherstolzierte, seine Knie so affektiert an die Brust ziehend. Poppa Joe verließ kopfschüttelnd den Raum und hatte nicht mal unrecht damit. Wie so viele andere Marionetten-Bands versuchen auch The Sweet nach einer Weile, sich von ihren Drahtziehern Chinn/Chapman zu emanzipieren. Das gelingt ihnen zunächst sogar halbwegs erfolgreich. Mit dem selbstkomponierten »Fox On The Run«, einem aalglatten Rocker, tummeln sie sich sofort wieder für einige Wochen in den Charts. Man setzt nun voll auf die härtere, dem musikalischen Können angemessene Spielart, macht viel, aber leider auch nur sehr durchschnittlichen Krach. Nach ein paar Langspielplatten mit nicht mehr als zwei, drei Highlights, etwa dem von Queen abgekupferten »Action« oder dem altersweisen »Love Is Like Oxygen« (»Love is like oxygen / You get too much you get too high / Not enough and you're gonna die«), trennt sich Frontman Brian Connolly von der Band. Der Rest ist die Ochsentour in billigen Clubs, schließlich der endgültige Split.

Wenn ich mich nicht irre, habe ich irgendwann auch mal etwas von Drogenmißbrauch gelesen. Wer weiß, ist ja auch schon so lange her. Jedenfalls haben The Sweet weder das weiße Pulver erfunden noch die Rockmusik revolutioniert, aber in Verbindung mit einer dreikanaligen Lichtorgel waren sie doch so etwas wie – Propheten des Partykellers.

Die Lichtorgel

Kleines Plastikkästchen in den Farben der Saison (also meistens in Orange), das etwa die Größe von zwei übereinandergestellten Zigarrenkartons mit abgerundeten Ecken besaß. Ab Werk gehörte eine sogenannte »Lichtleiste« dazu, die mit einer roten, gelben und wahlweise grünen oder blauen Lampe bestückt und dazu angetan war, jedes Jugendzimmer beziehungsweise den elterlichen Partykeller in einen ganz respektablen Hexenkessel zu verwandeln – jedenfalls wenn die äußerlichen Lichtverhältnisse es zuließen oder sich eine Verdunkelungsmöglichkeit bot.

Man mußte beim Kauf darauf achten, daß die Lichtorgel mit drei Kanälen (je einem für die Höhen, Tiefen, Mitten) und vier Reglern (einem zusätzlichen für die Gesamtempfindlichkeit des Geräts) ausgestattet war, obwohl mir andererseits nie eine untergekommen ist, die diese technischen Details nicht aufwies. Vermutlich haben die Gerätehersteller selbst jene Losung ausgegeben, weil sich für noch weniger als drei Kanäle und vier Regler der Aufwand gar nicht gelohnt hätte.

Die Lichtorgel wurde an die Stereoanlage angeschlossen, man lud sich Gäste ein, legte Kiss oder Sweet und für die Mädchen auch schon mal ABBA auf (verkopfte Intellektuelle hörten lieber Yes oder Emerson, Lake & Palmer, nannten aber keine Lichtorgel ihr eigen): die Stimmung kam dann meistens ganz von selbst. Die Siebziger waren eben auch ein genügsames Jahrzehnt.

Was man an der Lichtorgel hatte, wurde einem bisweilen schmerzlich bewußt: wenn sie auf dem Höhepunkt einer hemmungslos exzessiven Fete, wo sich das Beziehungskarussell wieder eine Runde weiterdrehte (die Siebziger waren eben auch ein genußsüchtiges Jahrzehnt), plötzlich den dreikanaligen Geist aufgab. Das waren Stunden schwerer Not – mit voller Deckenbeleuchtung und unruhig an der Hosennaht kratzenden Händen, die sich plötzlich nichts mehr trauten.

Dann steht die Sache

So sieht es in den ganz frühen Siebzigern aus: Der Porno-Paragraph 184 StGB ist noch nicht gekippt, die Herstellung von »Schweinkram«, wie der weltläufige Bundeskanzler Willy Brandt die Produkte der Porno-Branche zusammenfassend definiert, immer noch mit dem Attribut »unzüchtig« verboten, aber das Geschäft bumst. Nach dem statistischen Durchschnitt gibt jeder bundesdeutsche Mann für pornographische Artikel jährlich 19 Mark aus – also etwa genausoviel wie für Unterwäsche.

Die 19 Mark wollen gut angelegt sein! Man kann wählen zwischen Scherzartikeln wie der Sexy-Röntgenbrille, dem Auszieh-Kugelschreiber oder der Partykerze in Penisform (kurz »Johnny« genannt), Romanen mit vielversprechenden Titeln wie »Das Loch zur Welt«, zwischen einschlägigen Illustrierten (von »St. Pauli Nachrichten« bis »Wochenend«) und natürlich den heißen, zumeist aus Dänemark – durchaus mit dem Wissen der Behörden – eingeschmuggelten Super-8-Farbfilmen. Da sind immerhin 60 Meter knallharter Erotik drauf. Für einen solchen Streifen muß der bundesdeutsche Mann aber durchschnittlich 7 Jahre und einen Monat sparen, denn er kostet so gegen 135 Mark; bei einer durchschnittlichen Lebenserwartung von 70 Jahren vererbt der bundesdeutsche Mann also durchschnittlich eine immerhin achtteilige Pornofilmsammlung, wenn er kurz vor seinem 14. Lebensjahr zu sammeln begonnen hat.

Das Highlight dieser Sammlung ist eine Rolle der Deutschen Climax-Filmproduktions- und Vertriebsgesellschaft mbH (»Climax de Luxe Filme haben Weltruf!«) mit dem originellen und zeitgemäßen Titel »Beatschuppen-Orgie«. Die verführerisch kurze Inhaltsangabe auf der Verpackungsrückseite verspricht: »Zwei süße Miezen ziehen 1. mit einem Jungen auf ihre sturmfreie Bude, 2. sich splitternackt aus. Und dann geht der Sturm los! Und wie! Miezen zeigen Kätzchen und alles andere – mit viel Routine und großem Erfolg. Eine Sache mit akrobatischer Eleganz, wobei ein Miezchen den Mund ganz schön voll nimmt.«

Bei einem so superben Super-8-Angebot hat das geschriebene Wort zwangsläufig das Nachsehen. Die Romane und Heftchen werden folglich immer bebilderter. Sexshop-Besitzer Heinz Hirsch, 37, ein früherer Polier, der vor drei Jahren noch Tierfutter verkaufte und auch »mit Käse handeln würde, wenn die Gewinne größer wären als beim Sex«, verrät dem »Spiegel« 1971 sein Verkaufsrezept für Gedrucktes: »Es muß auf jeder Seite etwas Schweinisches sein, dann steht die Sache.«

Die Stereoanlage

Das veritable Dingsymbol dieses mondänen Jahrzehnts. Die Ausmaße der Stereoanlage entsprachen etwa einem Kind im Vorschulalter, ausgestreckt in Rückenlage. Das Mitschneiden der »Hits, frisch vom Plattenteller« war plötzlich kein Problem mehr. Das führte in letzter Konsequenz dazu, daß man auf privaten Festveranstaltungen nur Lieder mit merkwürdig elliptischen Schlüssen zu hören bekam. Etwa: »Bambambam – liebe Hör...« Manchmal auch: »Uhuhu – die heutige Nummer ei...«

Auffälligstes Merkmal: die durchsichtige Plexiglasabdeckung, die vor der Inbetriebnahme erst angehoben werden mußte; häufiger Gebrauch ließ die Scharniere sehr schnell ausleiern und den Deckel zum unpassenden Zeitpunkt herunterfallen – das trübte die Freude am Homerecording.

Der Schwachpunkt aller Stereoanlagen war die Plattenspielersektion, outrierte Trittschallsensibilität ging einher mit im Alter zunehmenden Gleichlaufschwankungen des Riemengetriebes. Der Tonarm, mit dem man durch leichten Zug in Gegenrichtung auch den Plattenteller in Betrieb setzte, erwies sich in den meisten Fällen als zu leicht, so daß er ohne erkennbare Gesetzmäßigkeit Passagen übersprang (bei entsprechender Fusseldicke an der Nadel bisweilen ganze Platten). Nicht nur einfallsreiche Halbstarke behalfen sich mit Zehnpfennigstücken, die sie auf den Tonkopf klebten. »Bank-deutscher-Länder«-Fünfziger hielt man meist zurück, weil man glaubte, es seien Fehlprägungen, die man sammeln müsse, um sie dereinst mit großem Gewinn zu verkaufen.

Wickie, Laura, Mistel Caltlight

Fernsehen in den Siebzigern

»Hey, hey Wickie, der Wikinger, er löst das Rätsel ahauf ...« – so nahm einem schon der Gesang im Vorspann die Spannung und oftmals jede Lust, sich einzulassen auf ein neues Zeichentrick-Abenteuer der rauhbauzigen, aber im Grunde recht gutmütigen Wikingerhorde um den gewitzten Häuptlingssohn. Hier war der Kleinste mal wieder der Größte! Denn tauchte ein schier unlösbares Problem auf, und das tauchte nun in jeder Sendung einmal auf, fragte man einfach Wickie: Der war stets und prompt mit einer weit hergeholten, völlig unrealistischen Lösung bei der Hand. Fürs Leben lernen konnte man hier nichts, soviel steht fest.

Die Zeichner boten solides Handwerk, kurzum die Figuren waren bessere Strichmännchen. Einigen Einfallsreichtum bewiesen sie jedoch mit der nuancierten Darstellung kognitiver Vorgänge. Während die Ratlosigkeit der »starken Männer« sich in den völlig unbewegten, halb geöffneten Mündern widerspiegelt, äußert Wickie seine intellektuelle Flexibilität in einer Art Ritual: Er reibt sich die Oberlippe, die Nase, dann wieder die Oberlippe, ein Fingerschnippen – und auf einmal sieht er Sterne, als hätte er vom vierschrötigen Wikingervater einen vor den Hals gekriegt oder zu tief in den Met-Krug geguckt ... Die kurzzeitige Bewußtseinserweiterung führt dann zu den schon genannten abstrusen Problemlösungsstrategien. Und am Ende jeder Sendung wird Wickie auf Schultern getragen. Kurze Zeit später gab es dann einen Zeichentrickporno mit einer ähnlichen, aber auch wieder ganz anders gearteten Hauptfigur: Wie die wohl hieß?

Die langweiligste Es-ist-Sonntagnachmittag-und-wir-haben-nichts-Besseres-zu-tun-Familienserie, die sich überhaupt denken läßt? »Unsere kleine Farm«!!!! Eine Folge ist mir in guter Erinnerung geblieben, weil sie mich kurz vor Schluß zum Umschalten nötigte und in mir den Vorsatz reifen ließ, von jetzt an meine Eltern beim sonntäglichen Spaziergang zu begleiten ...

Laura, die zweitälteste Tochter der armen, aber immer anständigen kleinen Farmerfamilie Ingalls – das rotzopfige, sommerbesproßte Monster! – versagt auf einmal in der Schule. Die Lehrerin wundert sich sehr, gehörte doch Laura bisher immer zu ihren besten, wenn auch nicht hübschesten Schülerinnen. Sie verhaut noch eine Arbeit, noch eine und noch eine. Ihr ist das Ganze überaus unangenehm, und natürlich dürfen Mom und Dad davon nichts wissen. Also schwindelt sie (mehr schlecht als recht, denn nicht mal anständig lügen können die Ingalls!), fälscht Unterschriften und baut Etage um Etage ihres reichlich windschiefen Flunkergebäudes – bis es schließlich zusammenstürzt und diese ebenso abseitige wie himmelschreiend unmotivierte Auflösung zu Tage bringt: Laura ist mir nichts, dir nichts kurzsichtig geworden, kann nicht mehr lesen, was auf der Tafel steht, folglich auch nicht mitschreiben, nicht entsprechend lernen und also auch keine guten Noten mehr abliefern. Man kann jetzt wohl in etwa nachschmecken, was die Serie ausmachte: allerschnödeste Alltagserlebnisse einer farblosen Familie, die mir noch farbloser als meine eigene vorgekommen wäre, wenn sie nicht einen gewissen Standortvorteil für sich hätte verbuchen können, nämlich im Wilden Westen der USA zu leben.

Die mit deutlichem Abstand beliebteste Western-Serie der Zeit (aller Zeiten?) war, das weiß man auch ohne das bestätigende Nicken Noelle-Neumanns – klar!: »Bonanza«. Sie löste den früheren Sonntagvorabendliebling »Am Fuß der blauen Berge« ab und sorgte dafür, daß dieser Verlust nicht weiter auffiel.

In immer neuen Anläufen werden die nicht ganz alltäglichen Abenteuer der Familie Cartwright erzählt. Stellen wir sie kurz vor. Ben »Pa« Cartwright (Lorne Greene) ist das Familienoberhaupt; seine Söhne heißen Hoss (Dan Blocker), ein gutmütiger Dicker, der aber auch zuschlagen kann (allwo dann kein Gras mehr wächst), Little Joe (Michael Landon), der Benjamin der Serie und der »Schwarze«, weil der immer so schwarze Kleidung trägt (seinen richtigen Namen konnte man sich nicht merken, übrigens auch den des Schauspielers nicht). Der englische Titel bedeutet soviel wie »Goldgrube« und ist vermutlich auf die Farm der Cartwrights gemünzt, die sich als sehr einträglich erweist (und auf der dann auch tatsächlich einmal Gold gefunden wird). Das alles war leicht zu verstehen, der Vorspann gab dann aber regelmäßig Rätsel auf. Nach der visuellen Vorstellung des »Bonanza«-Personals wird eine Karte gezeigt, die den recht umfänglichen Cartwrightschen Landbesitz verzeichnet, am Ende Feuer fängt und von innen nach außen verbrennt. Ein Menetekel, wie es im Buche steht – das sich aber nie bewahrheiten sollte, denn natürlich ging immer alles zur vollsten Familienzufriedenheit aus. Nicht selten endet eine Sendung mit dem Abendessen auf der Ponderosa, dem Stammsitz der Cartwrights: Das Kaminfeuer brennt, Hoss lädt sich die dritte Fernfahrerportion Bohnen mit Speck auf, und Pa resümiert noch mal die Message dieser Folge – für uns sinnsuchende Zuschauer da draußen.

Die Serie war bald so beliebt, daß man sie auch als Kosenamenlieferant beanspruchte. So nannten wir eine gar nicht unbeliebte Gemeinschaftskundelehrerin mit dem Allerweltsnamen Hoppe, in ihrer Abwesenheit, nach dem alten, weisen Schlitzauge, das die Cartwrights bekochte. Na, die Klasse? Wer weiß es? Hop Sing heißt der chinesische Küchenphilosoph (»Mistel Caltlight«).

Durch einen hohen Wiedererkennungswert zeichnet sich die Titel-Melodie aus (gesungen u.a. von Johnny Cash, dt. Fassung Ralf Paulsen): Wahre Fans wollen sie sogar in Schwundstufen, etwa wenn ein Betrunkener sie auf einem Kneipentresen trommelt, als solche identifizieren können.

Raushämmern, was drin ist

Über Charles Bukowski

Was er nicht alles war, gewesen sein wollte oder doch von seinem ebenso kongenialen wie gewitzten Hauptübersetzer Carl Weissner, der Bukowskis grandiosen Erfolg in Deutschland erst richtig ankurbelte, als vormalige Tätigkeit zugeschrieben bekam:»Leichenwäscher, Tankwart, Werbetexter für ein Luxus-Bordell in New Orleans, Möbelpacker, Nachtportier, Schlachtergehilfe, Sportreporter, Müllkutscher, Hafenarbeiter, Zuhälter, Birnenpflücker, Bremser bei der Eisenbahn, und schließlich ... Briefsortierer in einem Postamt in downtown Los Angeles.« Freier Schriftsteller nicht zu vergessen, jedenfalls seit den frühen 70er Jahren, als ihm der x-te Lyrikband »Gedichte, die einer schrieb, bevor er im 8. Stockwerk aus dem Fenster sprang« und nicht zuletzt sein erster Roman »Post Office« (dt. »Der Mann mit der Ledertasche«) so bekanntmachten, daß ein bescheidenes Auskommen durch die Schreiberei nicht mehr völlig abwegig schien.

Ein ziemlicher Erfolg in diesem – wenn auch nur die Hälfte von dem stimmt, was er davon zu berichten weiß – exzessiven und gebeutelten Leben, das sich sichtlich niederschlug in seiner Physis. Die hängenden Schultern. Die Bierwanne. Und dann dieses Gesicht, das aussah wie von einer Ladung 00-Schrot durchsiebt. Selbst der hartgesottene Weissner zeigte sich beeindruckt bei ihrer ersten Begegnung vis-à-vis:»Shit, dachte ich, dagegen würde sogar Eddie Constantine vergeblich anstinken ...«

Sichtbarer ist der Abdruck dieser Underdog-Existenz nur noch in seiner Literatur:»In all den Jahren, die ich in Schlachthöfen und Tankstellen, an Fließbändern und in U-Bahn-Tunnels geschuftet habe, ist mein Vokabular auf einen letzten Rest zusammengeschrumpft, aber mit diesem Rest versuche ich rauszuhämmern, was nur drin ist.« Klartext also. Ein nachgerade anarchisches, formal undomestiziertes Erzählen, hart entlang der eigenen Biographie, denn nur hier ist so etwas wie Authentizität ja überhaupt zu haben.

Er schreibt so, als säße er einem gegenüber und erzähle so nebenher eine Geschichte, die er gerade erlebt hat, nichts Großes, Weltbewegendes, einfach eine Geschichte, die er auch jederzeit abzubrechen bereit wäre, wenn etwa das Bier zur Neige geht und er dran ist, runter zum Kiosk zu laufen. Das äußerste, was Bukowski sich und seinen Texten an literarischer Brechung zumutet, sind Sarkasmus und Ironie. Die hat er allerdings ganz gut im Griff: »Der Tod von Henrys Mutter machte keine Komplikationen. Nettes katholisches Begräbnis, wie es sich gehörte. Der Sarg blieb zu. Der Priester schwenkte ein paarmal sein Rauchfaß, und damit hatte es sich. Henry ging von der Beerdigung aus direkt zum Rennplatz, erwischte einen guten Lauf und bandelte schließlich mit einer Chinesin an, die ihn mit auf ihr Zimmer nahm. Sie machte Steaks, und dann stiegen sie ins Bett.«

So sehen sie aus, die typischen Bukowski-Anfänge, die so unverstellt geradeaus und von einer Lakonie sind, daß der Leser auf die teilweise vernichtenden Urteile der Großkritik gerne pfeift, das sowieso, und sich dann überlegt, ob das nicht doch auch ziemlich gekonnt ist. Vor allem tut das der adoleszente Leser, der transitorische Outcast, der Generation für Generation wieder in Bukowski den Leidensgenossen und das Musterbeispiel seiner eigenen gesellschaftlichen Randständigkeit erkennt. Bukowski selbst bediente »dieses Scheiß-Image, dieses Humphrey-Bogart-Image«, er lebte auch davon – und haßte es dennoch wie die Pest. Was er in erster Linie wollte, war, diese polymorph perverse Realität, die conditio humana, wie sie sich ihm darbot, ganz unverbrämt »zu Papier zu bringen, anstatt einfach nur Literatur zu machen«. Dahinter steckt also durchaus poetologisches Kalkül, und zumindest an einer Stelle, in den »Aufzeichnungen eines Außenseiters«, kann man dabei zusehen, wie sich dieses Kalkül plötzlich offenbart und dem »Dichter« in die Parade fährt: »Ich ging zum Fenster meiner Zelle im 8. Stock. Ich knüllte die Zeitung zusammen, ich ballerte sie in die Gitterstäbe und boxte sie durch und sah ihr nach, wie sie durch die Luft fiel, und es sah aus, als hätte sie Flügel, naja, Scheiß drauf, sie flatterte runter wie jedes andere Stück Papier, runter ins Meer, diese weißen und blauen Wellen da unten ...« Bukowski fällt sich selbst ins Wort und nimmt die falsche Poetisierung der Situation wieder zurück, weil sie sich entfernt von dem, was passiert ist, die Unmittelbarkeit preisgibt. »Scheiß drauf« – auf die Kunst nämlich. Insofern haben die vielen (hauptsächlich universitären) Gegner Bukowskis schon auch recht, wenn sie das Unliterarische seiner Texte hervorheben, nur muß man damit ja nicht unbedingt gleich ein Verdammungsurteil verbinden, denn auch zu einem forcierten Naturalismus gehört ja doch ein gewisses Ingenium. Und ob man diese Mischung aus bisweilen schon etwas arg degoutanter Misogynie, krudem Zynismus, Koprophilie, aber auch schrundiger Zärtlichkeit und tiefer Humanität mag oder nicht, einräumen muß man doch immerhin, daß der Sound dieser Rough 'n' tumble-Poesie so originell wie unverwechselbar ist. Und auch so suggestiv, daß ihn immer wieder junge Menschen als Initialzündung fürs eigene Schreiben erleben: »Ich mag Hunde lieber / als Menschen und / Katzen lieber als / Hunde und mich / am liebsten von allen, besoffen / in meiner Unterwäsche / aus dem Fenster schauend.«

Sex Pistols, Punk Rock etc.

So müßte der Punk eigentlich dargestellt werden wollen, wenn er sich denn mal klar und deutlich und einstimmig artikuliert hätte: so wie in Jon Savages großer, nein, fulminanter, nachgerade onomatopoetischer Kulturgeschichte »England's Dreaming. Anarchie, Sex Pistols, Punk Rock« (Edition Tiamat, Berlin 2001), die Conny Lösch nun endlich und angemessen dreckig ins Deutsche übertragen hat. Savages Buch ist selber Punk. Wenn man schon so heißt resp. einen solchen Namen zum Pseudonym wählt, wird man das auch erwarten dürfen. Während Greil Marcus in »Lipstick Traces«, der einzigen Darstellung zum Thema von vergleichbarer Relevanz, das Phänomen transzendiert, es einbettet in den Kontext politisch ambitionierter Avantgardekunst des 20. Jahrhunderts und es letztlich damit auch ästhetisiert, bleibt Savage auf Tuchfühlung und liefert statt dessen das, was Soziologen wohl eine »dichte Beschreibung« nennen würden. Er kompiliert Zeugenaussagen, läßt die Menschen reden, die dabeigewesen sind, wie er selbst, montiert ohne Rücksicht auf Übersichtlichkeit immer wieder neue O-Töne und Gesprächsfetzen, Zitate aus der zeitgenössischen Journaille sowie Sekundärliteratur. Und wenn er mit Worten nicht mehr weiterkommt, hat er allemal passendes Bildmaterial, Fotos, Flyer, Plattencover etc. zur Hand, die das Milieu, die Atmosphäre, den Geist der Zeit visualisieren. Eine polyphone, stilistisch alles andere als brillante, dem Gegenstand gemäß eher heterogene, unelegante Montage-Chronik ist das, eine im Stoff wühlende Oral-History, so unordentlich und anarchisch wie das Szene-Leben selbst – und genauso spannend.

Savage bemüht sich um Objektivität, wenn es nötig ist, wenn er mal den Kopf herausstreckt aus dem Quellenmaterial, um die wirtschaftlichen, gesellschaftspolitischen und ästhetischen Korrespondenzen zu analysieren. Denn ohne die schwere Rezession in Großbritannien (und der Welt), die rasche Verdopplung der Arbeitslosenzahlen (von November 1974 bis Dezember 1976), von der vor allem die Altersgruppe der 15–24jährigen betroffen war, ohne die Law-and-Order-Stimmung in großen Teilen der Bevölkerung, die sukzessive Zurücknahme der 60er-Jahre-Liberalität – ohne solche Rahmenbedingungen mithin, wer weiß?, vermutlich auch kein Punk! Aber dann kommt Savage doch wieder ein zünftig-stimmungsvolles Zitat unter, und noch eins und noch eins. Er läßt sich hin- und mitreißen, wie er auch damals als 22jähriger Fan und Fanzine-Schreiber mitgerissen war. Seine immer mal wieder eingestreuten Tagebuchnotate aus jenen Tagen dokumentieren das, und näher als in diesen Passagen kommt man den wilden 76/77er Jahren wohl nicht mehr: »Am Ende des (Clash-)Konzerts, das eher einem Kampf gleicht, springt der mit Speed vollgepumpte Sänger zusammen mit einem Helfer von der Bühne und wirft sich auf zwei Langhaarige, die für die Zwischenrufe und fliegenden Gläser verantwortlich waren ... Eine schmutzige und ergebnislose Schlägerei beginnt am Boden zwischen den Bierpfützen. Die Leute sehen mit leeren Augen zu: Aus der PA kommt das gemeine, leere ›No Fun‹ von den Stooges. Alles verschmilzt miteinander.«

Nicht von ungefähr geht es hier den Langhaarigen an den Kragen, den Hippies, die zu Beginn der Bewegung das zentrale Feindbild markierten, die ehemalige, längst sedierte Protestgeneration, deren positiv-onkelhafte Love-&-Peace-Botschaft den bedrückenden sozialen Realitäten Mitte der Siebziger Hohn sprach, folglich von der ersten (!) Generation X als weltflüchtiger Opportunismus entlarvt wurde.

»Hippos« nannte sie ebenso verächtlich wie treffend Malcolm McLaren, jener abgebrochene, ein bißchen von den Situationisten und Anarchisten anpolitisierte Kunststudent, das Kommunikationsgenie, der größenwahnsinnige Egomaniac, der sich in New York herumdrückte, um sich Anregungen zu holen für seine zusammen mit Vivienne Westwood geführte Modeboutique »Sex« in der Londoner King's Road 430, und der dort im legendären »CBGB's« dem Punk ansichtig ward und ihn dann nach England importierte. Die Ramones, Dictators, Television, New York Dolls, Dead Boys,

Heartbreakers, und vorher schon die Stooges und MC5 – die Staaten waren einfach früher dran. Dafür sattelte England dem Punk noch eine schärfere politische Ambition drauf. Nicht zuletzt, nein, zuallererst die Sex Pistols, die Band zur Boutique gleichsam, McLarens Eleven, die er in kurzer Zeit und im virtuosen Spiel mit den Medien zu den weltweit meistbeachteten und -gehaßten, vor allem aber zu den finanziell erfolgreichsten Exponenten der Punk-Bewegung modellierte.

Die Kooperation mit der Musikindustrie barg von Anfang an den fundamentalen Widerspruch, der schließlich auch für das Ende der Sex Pistols und des Punk an sich verantworlich zeichnete. Denn zwangsläufig ging damit die Assimilation an das verhaßte System einher. »Auf konventionelle Weise erfolgreich zu sein«, muß Savage denn auch einräumen, und es macht ihn wütend, »hieß, daß man nach den eigenen Maßstäben gescheitert war. Scheitern bedeutete, erfolgreich zu sein.« John Lydon alias Johnny Rotten hat das wohl genauso gesehen und das eigene Scheitern noch einmal bedeutungsschwanger inszeniert und aufs Publikum zurückgespiegelt, als er das ausverkaufte letzte Konzert am 14. Januar 1978 im Wintergarden, San Francisco, mit den Worten beendete: »Ever get the feeling you've been cheated? Good night.«

Schon mal daran gedacht, daß die ganze Punk-Idee, dieses ganze hehre Renegatentum, diese Revoluzzer-Attitüde nur den einen Zweck gehabt haben könnte, euch die Kohle aus der Tasche zu ziehen? Daß also unterm Strich alles nichts weiter war als eine gut verkäufliche Mode? Schon mal daran gedacht? Gute Nacht.

Vollständige Tiere

»Blues Brothers«

Jeder vernünftige Mensch und also Leser dieser privatistischen Kulturgeschichte hat »Blues Brothers« sowieso mindestens drei Mal gesehen. (Andernfalls sollte er schleunigst Land gewinnen, sich rar machen, verlustig gehen, denn für solche Typen haben wir hier nichts übrig, und darf erst wieder ankommen, wenn er die drei Mal voll hat. Kleiner Scherz.) Nur zur Erinnerung. Jake Blues wird aus dem Knast entlassen (»Eine Timex-Digitaluhr – zerbrochen. Ein unbenutztes Präservativ. Ein benutztes.«) und macht sich zusammen mit seinem Bruder Elwood auf, Schwester Mary zu besuchen, die »Pinguin-Tante«, die für ihr Waisenhaus, in dem die beiden aufgewachsen sind, binnen elf Tagen 5000 Dollar benötigt. Niedergeschlagen überlegen sie, wie hier zu helfen sei. Während eines wilden Soul-Gottesdienstes (mit James Brown als Preacher) kommt Jake die Erleuchtung: »Die Bääänd ... Wir bringen die Bääänd wieder zusammen!«

Von nun an sind sie »sozusagen im Auftrag des Herrn unterwegs«, bringen tatsächlich die Bääänd wieder zusammen, organisieren (nach einem eher mäßig erfolgreichen Auftritt in Bob's Country-Bunker) ein triumphales Konzert in der City Hall, kassieren von einem verzückten Plattenproduzenten die benötigten fünf Riesen und hauen schleunigst ab – denn in der Zwischenzeit haben sie den halben Bundesstaat gegen sich aufgebracht –, um noch pünktlich das Geld zu überweisen. Der wortkarge Elwood bringt die Situation einmal mehr auf den Punkt: »Es sind 106 Meilen nach Chicago, wir haben genug Benzin im Tank, 'n halbes Päckchen Zigaretten, es ist dunkel, und wir tragen Sonnenbrillen!«

Die lange Verfolgungsgjagd am Ende, bei der etwa vier Dutzend Polizeiwagen auf der Strecke bleiben (»Die Anwendung von unnötiger Gewalt bei der Festnahme der besagten Blues Brothers ist genehmigt worden!« – »Yeaaaaaaaaah!«), die ständig scheiternden Attentate auf die Brüder durch Jakes Ex-Braut, die Nazis im spießigen

Vauxhall-Kombi mit Luger-Wehrmachtsknarre, die knüppelbewehrte All American Country-Kapelle Good Ole Boys ohne Gewerkschaftsausweis, der einfältige Bob, der in seinem Etablissement »beides« spielt: »Country und Western« etcetera etcetera – all das gehört längst zum humoristischen Hausschatz des gebildeten Abendländers. Aber von kaum zu überbietender, beinahe hätte ich gesagt: überirdischer Komik sind die grandios lakonischen Dialoge des Streifens. Ein Beispiel. In Aretha Franklins Imbißstube, wo Matt »Guitar« Murphy den Küchenchef spielt, wollen sich die Gebrüder Blues zunächst ein wenig stärken, bevor sie Matt mit auf Tour nehmen.

ELWOOD: Haben Sie etwas weißes Brot?
ARETHA: Ja.
ELWOOD: Dann möchte ich bitte – etwas getoastetes Weißbrot, bitte.
ARETHA: Mit Butter oder Marmelade auf dem Toast, Schatz?
ELWOOD: Nein, Ma'am – trocken.
JAKE: Haben Sie auch 'n Brathahn?
ARETHA: Den verdammt noch mal besten Brathahn der Stadt.
JAKE: Dann nehm ich vier gebratene Brathähne und 'ne Cola.
ARETHA: Was willst du haben? Die Keulen oder die Flügel?
JAKE: Ich will vollständige Tiere. Und 'ne Cola.
ELWOOD: Und etwas trockenen weißen Toast, bitte.
ARETHA *(zu Elwood)*: Und wollen Sie auch was dazu trinken?
ELWOOD: Nein, Ma'am.
JAKE: Ich Cola.

Sui generis sind auch die musikalischen Einlagen. Neben der hochkarätig besetzten All Star Blues Band tritt hier so ziemlich jeder auf, der in der Rhythm & Blues-Szene einen klingenden Namen hat: die schon genannten Aretha Franklin und James Brown, Ray Charles als treffsicherer Musikalienhändler, John Lee Hooker und ein hinreißender Cab Calloway als singender Conferencier, der die wartende Menge bei Laune hält (»I'll tell ya a story 'bout Minnie

the Moocher. She was a real Hoochie-Coocher ... Heidiheidihei-
diho, hidihidihidihi ...«).

Schließlich bleibt noch folgendes zu bedenken: Der Film kam
1979 in die Kinos, da war das Jahrzehnt schon ziemlich am
Abkacken, und die ersten Neonröhren wurden geputzt, die einem
nicht nur den eigenen Anblick im Spiegel versauten, sondern auch
noch dies und das. 1979 also – ein später Höhepunkt der Dekade!

Damit der Wind das nicht alles wegweht.

Nachbemerkung

Die in diesem Buch versammelten Erzählungen, Aufsätze, Glossen, Miszellen, Dialoge, Kritiken, Polemiken und Dummheiten sind fast ausschließlich schon einmal veröffentlicht worden. Zu einem kleinen Teil in dem wirklich schönen Vademekum »Die goldenen Siebziger. Ein notwendiges Wörterbuch«, an dem meine lieben Freunde Gerald Fricke und Rüdiger Wartusch mitschrieben, und in dem nicht minder hübschen Glossarium »Petting statt Pershing. Das Wörterbuch der Achtziger«, das Gerald Fricke mitverfaßte. Zwei Bücher, die bald von Reclam Leipzig verramscht wurden, und zwar immer kurz bevor das einschlägige Revival einsetzte und andere Verlage sich infolgedessen die Rosette vergolden ließen. In beiden Fällen kann man nur sagen: Schade eigentlich! Aber wer weiß, wozu es gut ist. Für den Wiederabdruck habe ich die Texte gedengelt, punziert, geschliffen, gewienert und umgeschrieben, wenn es notwendig war, und das war es oft.

Der größere Teil der hier versammelten Artikel jedoch stand zuvor in Zeitungen resp. Zeitschriften, und zwar im »Rolling Stone«, der »taz«, »Neuen Zürcher Zeitung«, »Konkret«, »Jungle World«, der »jungen Welt«, »Titanic« und dem »Griffel«. Auch sie erscheinen hier in fundamental überarbeiteter und nicht selten zum ersten Mal ungekürzter Form.

Ich hätte es gern, wenn sich diese sehr unterschiedlichen und verstreut publizierten Texte zu einem Bild zusammenfügten, das die drei Dekaden populärer Kultur, die hier verhandelt werden, konturiert und vielleicht sogar an ein paar Stellen richtig lebensecht darstellt, also hübsch bunt und in den jeweiligen Farben der Saison. Auf daß die Forderung Arno Schmidts, der Schriftsteller habe nicht zuletzt »ein Bild der Zeit uns zu hinterlassen, in der er lebte«, zumindest teilweise erfüllt werde. Oder wie Richard Brautigan (in der ganz wundervollen Übersetzung von Günter Ohnemus) gesagt hat: »Damit der Wind das nicht alles wegweht ...«

Namen- und Sachregister

261

The Boys Are Back In Town

Mein erstes Rockkonzert – ein Lesebuch über ein prägendes Erlebnis

Mein erstes Rockkonzert – das heißt Bier, Schweiß, Tränen, das heißt Ekstase, Exaltation, Enttäuschung, Haß. Es geht hier um den sentimentalen Bodensatz der Musik, um Adoleszenz, Nostalgie, Initiationserfahrungen, kurzum: Es geht um alles. Es sieht so aus, als habe man den emotionalen Caramba-Hämmern in jeder individuellen musikalischen Biografie, die ja vermutlich gemeinsam, im Kollektiverlebnis, eine viel größere Durchschlagskraft besitzen, noch nicht die Beachtung geschenkt, die sie doch fraglos verdienen. Diese Lücke wird nun ein für allemal geschlossen.

»Im Lesebuch ›The Boys Are Back In Town‹«, freut sich der »Spiegel«, »erzählen die richtig coolen Jungs, viele davon Musikjournalisten, von ihren ersten Konzerten: Stones 1965 in Münster, Hendrix 1969 in Berlin. Übersetzer Harry Rowohlt übertrifft sie alle – Bill Haley Ende der Fünfziger in Hamburg. Keine Karte zwar, aber draußen auf der Straße: Bullen gegen Rocker.«

Neben Harry Rowohlt erinnern sich Gerhard Henschel, Gerald Fricke, Jürgen Roth, Ralf Sotschek, Arne Willander, Hartmut El Kurdi, Oliver Maria Schmitt, Birgit Fuß, Jörg Feyer, Jörg Gülden, Martin Büsser, Wolfgang Welt, Wolfgang Doebeling und viele andere, um die vierzig Autoren, neben Musikjournalisten auch Literaten und andere fachfremde Publizisten.

Das hier beschworene »erste« war nicht unbedingt immer das »allererste« Konzert. Es geht hier vielmehr

Frank Schäfer (Hrsg.)
THE BOYS ARE BACK IN TOWN
Mein erstes Rockkonzert – ein Lesebuch. Mit Beiträgen von Harry Rowohlt, Ulrich Holbein, Ralf Sotschek, Gerhard Henschel u.v.a.

**240 Seiten, 45 Abbildungen
ISBN 3-89602-342-X, Broschur,
12,90 EUR**

Das Buch versammelt Live-Ereignisse aus den sechziger bis neunziger Jahren, also aus vier Jahrzehnten Rock-Geschichte. Da die Anordnung der Artikel der Chronologie gehorcht, läßt sich das Buch auch als kleine Live-Rock-Historie lesen.

um jene Hörerlebnisse, die eine initiative, katalytische oder was auch immer für eine Wirkung zeitigten.

Durch den Abdruck von Original-Eintrittskarten, Konzertplakaten und sonstigen Devotionalien offenbart sich zudem in suggestiver Weise der historische Ort der beschriebenen Erlebnisse. Der jeweilige Geist der Zeit rematerialisiert sich vor unseren Augen. Wiglaf Droste übersetzt uns in seiner Besprechung für die »Junge Welt« noch einmal sehr richtig den Titel des Buches:»Die Jungs sind regressiv. Auch wenn sie Mädchen sind.«

Fürwahr, nichts anderes geschieht hier. Das Buch versammelt Live-Ereignisse aus den sechziger bis neunziger Jahren, also aus immerhin vier Jahrzehnten Rock-Geschichte.

Und da die Anordnung der Artikel der Chronologie gehorcht, läßt sich das Buch auch als kleine Live-Rock-Historie lesen. »Lesenswert«, so urteilt Droste weiter, werde »The Boys Are Back In Town« vor allem, »wenn Reflexion und Distanz – durch den Abstand der Jahre eigentlich bei allen Autoren erwartbar – von ihnen ins Spiel kommen.« Er meint nicht zuletzt Fritz Tietz. Der beklagt: »Nirgends wurde häufiger gegen meine Menschenwürde verstoßen als bei Rock-Konzerten.«

»Man möchte ihn küssen dafür – und klammheimlich das nächste Ticket kaufen«, jubelt auch der »Musikexpress« und spendiert in seiner Buchkritik die zweithöchste Wertung für »The Boys Are Back In Town«.

Kultbücher – alles was man lesen muß

Von »Schatzinsel« bis »Pooh's Corner«: Die Bücher dieses Jahrhunderts in einem Buch

Sicher haben Sie die folgenden Losungen schon mal irgendwo gehört oder gelesen: »Hat das Zeug zu einem veritablen Kultbuch«; »Das Kultbuch der 60er« (wahlweise auch 50er, 70er, 80er ... Jahre). Und wohl auch jene unverfrorenen Epitheta: »Kultcharakter!«; »Kultpotential!«; »Echt kultig!«. Man beachte die suggestiv warnenden Ausrufungszeichen (»Achtung!«), als habe man es nicht mit Büchern, sondern rezeptpflichtigen Psychopharmaka zu tun. Davon lassen Sie sich mal nicht irre machen. Bücher, die eins der eben genannten (oder vergleichbare) »Gütesiegel« auf den Deckel bekommen haben, spielen im folgenden keine Rolle, es handelt sich bei ihnen nämlich in aller Regel nicht um Kultbücher, sondern um aufgeblasene PR-Popanze.

Denn merke: Ein Kultbuch wird nicht vom Verlag »gemacht«; hier entscheidet einmal nicht die Größe des Werbebudgets, sondern der Leser, wes Buch der Ritterschlag ereilt. Kultbücher konstituieren einen Kanon hinter dem Kanon.

Während sich dort eine bildungsbürgerliche Elite in schöner feudal-absolutistischer Tradition erdreistet, die gesamte Gesellschaft zu repräsentieren und für diese einen Kanon des unbedingt Lesenswerten aufzustellen, regiert hier das republikanische Prinzip: Ein mündig-munteres Lesevölkchen erliest sich sein eigenes literarisches Repräsentantenhaus. Das ist doch mal gelesene Demokratie! Da können Deutschlehrer noch so sehr ihr »Lesebuch« knallen lassen – ihre Stimme hat nicht mehr Gewicht als

Frank Schäfer (Hrsg.)
KULTBÜCHER
*Von »Schatzinsel« bis
»Pooh's Corner« – eine Auswahl.
Mit Gastbeiträgen von
Hartmut El Kurdi,
Gerald Fricke, Jürgen Roth und
Michael Rudolf*
**288 Seiten, 50 Abbildungen
ISBN 3-89602-330-6, Broschur,
15,90 EUR**

> **»Abseits vom bürgerlichen Kanon
> hat Frank Schäfer Geschichten
> zu Büchern gesammelt, die zur
> soliden Grundausstattung eines
> jeden Kennerregals gehören.«**
> *Abendzeitung*

die jenes desillusionierten Punkers, der nur zwei Dinge liebt auf dieser »komplett beschissenen Welt«: seine handzahme Ratte – und Douglas Adams' »Per Anhalter durch die Galaxis«.

»Kult«, hat der »Musikexpress« sehr gut erkannt, ist noch »nicht zwangsläufig gleichbedeutend mit ›Qualität‹. Ginge es nur um letztere, hätte ›Kultbücher‹ sicher das Zeug zum Kultbuch.« »Ein lesbares und lesenswertes Nachschlagewerk«, urteilte denn auch das Magazin »Format«, und der Berliner »Tagesspiegel« lobte: »ein zum Lesen anregendes Lese-Buch über Bücher.«

Literaturkritisch verhandelt würden hier Schriftsteller wie May, Joyce, Salinger, Tolkien, Nabokov, Burroughs, Bukowski oder Coupland«, schreibt »BuchJournal Online« und nennt damit nur einige wenige der vorkommenden Autoren, um dann fortzufahren:

»Schäfer stellt die epochemachenden Werke vor, umreißt ihre Wirkungsgeschichte, nennt die Gründe für ihren Kultstatus. Das Schönste an der schönen Sammlung aber ist, daß er all das nicht im dozierenden Ton versucht, sondern lockig, flockig, amüsant, ohne daß das zu Lasten von Wissen funkelnder Gedanken ginge.«

Am schönsten hat es Arne Willander vom »Rolling Stone« getroffen: »Schäfer bleibt gelassen im Tonfall, illuminiert manche unvergeßliche Passage, rettet Kerouac und weist Burroughs in die Schranken und vergießt eine Träne für Holden Caulfield. Schäfer lesen ist wie Herz waschen.« Recht hat der Mann.

Zeitung für Leser.

Bücher für alle. Bücher für jeden.

Die »Leseprobe« stellt das umfangreiche Programm von Schwarzkopf & Schwarzkopf und Lexikon Imprint

Liebe Leserin, lieber Leser!

Sie halten die zweite Ausgabe der »Leseprobe« der Verlage Schwarzkopf & Schwarzkopf und Lexikon Imprint aus Berlin in den Händen.

Nachdem wir im Frühjahr 2001 die erste Ausgabe der »Leseprobe« herausgebracht hatten, erhielten wir ein überwältigendes Echo auf unsere Zeitung. Sowohl Leser und Buchhändler, als auch Autoren und Branchenkollegen zeigten sich vom Inhalt und von der Gestaltung der »Leseprobe« sehr angetan. Der Zuspruch bestärkte uns, halbjährlich weitere Ausgaben der »Leseprobe« herauszubringen. Unser Ziel ist es, Sie, liebe Leser, in angemessener Ausführlichkeit über unsere Bücher und unser breites Programm zu informieren. Ihnen zahlreiche wöhnliche Fotografien zu zeigen und Ihnen auch ein spannendes Leservergnügen zu bereiten. Sie können die »Leseprobe« natürlich, ganz in unserem Sinne, von vorne nach hinten durchlesen – Sie können sich aber anhand der Rand stehenden Rubriken orientieren.

Schwarzkopf & Schwarzkopf und Lexikon Imprint: Das sind Musik, Jugend, Lust, Leben, Szene, Entertainment, Film, Fernsehen, Kunst, Kultur, Zeitgeschichte – um nur einige unserer Schwerpunktthemen zu nennen.

Besonders stolz sind wir dieses Mal darauf, Ihnen die offizielle Biographie der besten Band der Welt vorstellen zu können: DIE ÄRZTE. Beinahe 500 Seiten im Großformat mit tausenden farbigen Abbildungen. Ein Buch, das auf Anhieb den Sprung in die SPIEGEL-Bestsellerliste schaffte. Für unseren Verlag war es übrigens die erste Plazierung auf dieser Bestseller-Liste – keine Frage, daß wir uns darüber ebenso wie die Band sehr freuen. Aber unser Musik-Programm enthält noch viel mehr. Lesen Sie weiter ab Seite 9 (Tokk & Teen) und ab Seite 25 (Jugend und Szene). Dort finden Sie Bücher zu Tattoo & Piercing, Gothic & Dark Wave, HipHop& Graffiti (ab Seite 33), Techno & Trance, Rock & Pop.

Ein anderer wichtiger Teil unseres Programms ist der Bereich Film & Fernsehen. Bücher über Karl May, Franka Potente, die Baumgartentrouille Orion, Edgar Wallace und vieles mehr finden Sie ab Seite 41.

Ganz besonders empfehlen wir Ihnen »Das große Personenlexikon des Films«. In jahrzehntelanger Arbeit hat Dr. Kay Weniger die Biographien von weit über 6.000 Filmschaffenden aller Bereiche von grundlegend recherchiert. Sein Werk umfaßt die Schauspieler, Regisseure, Kameraleute, Produzenten, Komponisten, Drehbuchautoren, Filmarchitekten, Ausstatter, Kostümbildner, Cutter, Tontechniker, Maskenbildner und Special Effects Designer des 20. Jahrhunderts in 8 Bänden auf über 6.000 Seiten. Das Erscheinen ist Grund genug für einen achttägigen Sonderteil in dieser »Leseprobe«, beginnend auf Seite 57.

Ein ganz neues Segment für unseren Verlag ist der Bereich Lust & Leben. Lassen Sie sich überraschen und lesen Sie ab Seite 17, was Frauen zu »ich habe einen Liebhaber« zu erzählen wissen. Und unsere Bildbände mit den Themen: Mode, Fotografie und Zeitgeschichte finden Sie ab Seite 3. Unsere besondere Empfehlung bei Georg Guillemins Bildband Erster Akt – Junge Frauen in Berlin (Seite 4/5), dem wir auch das repräsentative Titelbild entnahmen.

Entdecken Sie nun selbst die Bücher-Vielfalt der Verlage Schwarzkopf & Schwarzkopf sowie Lexikon Imprint. Wir wünschen Ihnen viel Vergnügen!

Ihr Oliver Schwarzkopf, Verleger

Der Autor

Frank Schäfer, geb. 1966, Dr. phil., schreibt regelmäßig für Rolling Stone, Neue Zürcher Zeitung, taz, Titanic u.a. – Buchpublikationen (zuletzt): (als Hrsg.): *The Boys Are Back In Town. Mein erstes Rockkonzert – ein Lesebuch.* Schwarzkopf & Schwarzkopf, Berlin 2000; *Heavy Metal. Geschichten, Bands und Platten.* Reclam Leipzig, Leipzig 2001; *Die Welt ist eine Scheibe.* Roman. Oktober Verlag, Münster 2001.

Impressum

Frank Schäfer:
ICH BIN DANN MAL WEG
Streifzüge durch die Pop-Kultur
ISBN 3-89602-394-2

Umschlaggestaltung: Frank Wonneberg

Katalog
Wir senden Ihnen gern unseren kostenlosen Katalog.
Schwarzkopf & Schwarzkopf Verlag, Abt. Service
Kastanienallee 32, 10435 Berlin.
Service-Telefon: 030 – 44 33 63 00
Service-Fax: 030 – 44 33 63 044

Internet
www.schwarzkopf-schwarzkopf.de
www.lexxxikon.de

Email
info@schwarzkopf-schwarzkopf.de